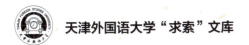

天津外国语大学"求索"文库

WISDOM OF RATIONALISTIC PHILOSOPHERS

西方哲人智慧丛书

佟 立 ◎ 主编

理性主义 哲学家的智慧

姚东旭　武威利　季文娜 等 ◎ 编著

天津出版传媒集团

天津人民出版社

图书在版编目(CIP)数据

理性主义哲学家的智慧/姚东旭等编著. -- 天津:
天津人民出版社,2019.11
(西方哲人智慧丛书/佟立主编)
ISBN 978-7-201-14907-3

Ⅰ.①理… Ⅱ.①姚… Ⅲ.①理性主义 Ⅳ.
①B089

中国版本图书馆 CIP 数据核字(2019)第 138824 号

理性主义哲学家的智慧
LIXINGZHUYI ZHEXUEJIA DE ZHIHUI

出　　版　天津人民出版社
出 版 人　刘　庆
地　　址　天津市和平区西康路 35 号康岳大厦
邮政编码　300051
邮购电话　(022)23332469
网　　址　http://www.tjrmcbs.com
电子信箱　reader@ tjrmcbs.com

策划编辑　王　康
责任编辑　王佳欢
封面设计　明轩文化·王烨

印　　刷　天津旭丰源印刷有限公司
经　　销　新华书店
开　　本　710 毫米×1000 毫米 1/16
印　　张　28.75
插　　页　2
字　　数　300 千字
版次印次　2019 年 11 月第 1 版　2019 年 11 月第 1 次印刷
定　　价　118.00 元

天津外国语大学"求索"文库

天津外国语大学"求索"文库编委会

主　任：陈法春

副主任：余　江

编　委：刘宏伟　杨丽娜

总序　展现波澜壮阔的哲学画卷

2017 年 5 月 12 日，在 56 岁生日当天，我收到天津外国语大学佟立教授的来信，邀请我为他主编的一套丛书作序。当我看到该丛书各卷的书名时，脑海里立即涌现出的就是一幅幅波澜壮阔的哲学画卷。

一、古希腊哲学：西方哲学的起点

如果从泰勒斯算起，西方哲学的发展历程已经走过了两千五百多年。按照德国当代哲学家雅斯贝斯在他的重要著作《历史的起源与目标》中所提出的"轴心时代文明"的说法，公元前800—前 200 年所出现的各种文明奠定了后来人类文明发展的基石。作为晚于中国古代儒家思想和道家思想出现的古希腊思想文明，成为西方早期思想的萌芽和后来西方哲学的一切开端。英国哲学家怀特海曾断言："两千五百年的西方哲学只不过是柏拉图哲学的一系列脚注而已。"① 在西方人看来，从来没有一个民族能比希腊人更公正地评价自己的天性和组织制度、道德及习俗，从

---

① 转引自［美］威廉·巴雷特：《非理性的人》，段德智译，上海译文出版社，2012 年，第 103 页。

来没有一个民族能以比他们更清澈的眼光去看待周围的世界，去凝视宇宙的深处。一种强烈的真实感与一种同等强烈的抽象力相结合，使他们很早就认识到宗教观念实为艺术想象的产物，并建立起凭借独立的人类思想而创造出来的观念世界以代替神话的世界，以"自然"解释世界。这就是古希腊人的精神气质。罗素在《西方哲学史》中如此评价古希腊哲学的出现："在全部的历史里，最使人感到惊异或难于解说的莫过于希腊文明的突然兴起了。构成文明的大部分东西已经在埃及和美索不达米亚存在了好几千年，又从那里传播到了四邻的国家。但是其中却始终缺少着某些因素，直到希腊人才把它们提供出来。"① 亚里士多德早在《形而上学》中就明确指出："不论现在还是最初，人都是由于好奇而开始哲学思考，开始是对身边所不懂的东西感到奇怪，继而逐步前进，而对更重大的事情发生疑问，例如关于月相的变化，关于太阳和星辰的变化，以及万物的生成。"② 这正是古希腊哲学开始于惊奇的特点。

就思维方式而言，西方哲学以理论思维或思辨思维为其基本特征，而希腊哲学正是思辨思维的发源地。所谓"思辨思维"或者"理论思维"也就是"抽象思维"（abstraction），亦即将某种"属性"从事物中"拖"（traction）出来，当作思想的对象来思考。当代德国哲学家文德尔班指出："古代的科学兴趣，尤其在希腊人那里，被称为'哲学'。它的价值不仅仅在于它是历史研究和文明发展研究中的一个特殊主题。实际上，由于古代思想的

---

① ［英］罗素：《西方哲学史》，李约瑟译，商务印书馆，1982年，第24页。
② ［古希腊］亚里士多德：《形而上学》，吴寿彭译，商务印书馆，1997年，第31页。

内容在整个西方精神生活的发展过程中有其独特的地位，因此它还蕴含着一种永恒的意义。"的确，希腊人把简单的认知提升到了系统知识或"科学"的层次，不满足于实践经验的积累，也不满足于因宗教需要而产生的玄想，他们开始为了科学本身的缘故而寻求科学。像技术一样，科学作为一种独立事业从其他文化活动中分离出来，所以关于古代哲学的历史探究，首先是一种关于普遍意义上的西方科学之起源的洞察。文德尔班认为，希腊哲学史同时也是各个分支科学的诞生史。这种分离的过程首先开始于思想与行动的区分、思想与神话的区分，然后在科学自身的范围内继续分化。随着事实经验的积累和有机整理，被希腊人命名为"哲学"的早期简单的和统一的科学，分化为各门具体科学，也就是各个哲学分支，继而程度不同地按照各自的线索得到发展。古代哲学中蕴含的各种思想开端对后世整个科学的发展有着非常重要的影响。尽管希腊哲学留下来的材料相对较少，但是它以非常简明扼要的方式，在对事实进行理智性阐述的方面搭建了各种概念框架；并且它以一种严格的逻辑，在探索世界方面拓展出了所有的基本视域，其中包括了古代思想的特质，以及属于古代历史的富有教育意义的东西。

事实上，古代科学的各种成果已经完全渗透到了我们今天的语言和世界观之中。古代哲学家们带有原始的朴素性，他们将单方面的思想旨趣贯彻到底，得出单边的逻辑结论，从而凸显了实践和心理层面的必然性——这种必然性不仅主导着哲学问题的演进，而且主导着历史上不断重复的、对这些问题的解答。按照文德尔班的解释，我们可以这样描绘古代哲学在各个发展阶段上的典型意义：起初，哲学以大无畏的勇气去探究外部世界。然而当它在这里遭遇阻碍的时候，它转向了内部世界，由这个视域出发，它以新的力量尝试去思考"世界-大全"。即使在服务社会和满足宗教需要的方面，古代思想赖以获取概念性知识的这种方式也具有一种超越历史的特殊意义。然而古代文明的显著特征就在于，它具有"容易识别"的精神生活，甚至是特别单纯和朴素的精神生活，而现代文明在相互关联中则显得复杂得多。

二、中世纪哲学：并非黑暗的时代

古希腊哲学的幅幅画卷向我们展示了古代哲学家们的聪明才智，更向我们显示了西方智慧的最初源头。而从古希腊哲学出发，我们看到的是中世纪教父哲学和经院哲学在基督教的召唤下所形成的变形的思维特征。无论是奥古斯丁、阿伯拉尔，还是托马斯·阿奎那、奥卡姆，他们的思想始终处于理智的扭曲之中。这种扭曲并非说明他们的思想是非理智的，相反，他们是以理智的方式表达了反理智的思想内容，所以中世纪哲学往往被称作"漫长的黑暗时代"。一个被历史学家普遍接受的说法是，"中世纪黑暗时代"这个词是由 14 世纪意大利文艺复兴人文主义学者彼特拉克所发明的。他周游欧洲，致力于发掘和出版经典的拉丁文和希腊文著作，志在重新恢复罗马古典的拉丁语言、艺术和文化，对自罗马沦陷以来的变化与发生的事件，他认为不值得研究。人文主义者看历史并不按奥古斯丁的宗教术语，而是按社会学术语，即通过古典文化、文学和艺术来看待历史，所以人文主义者把这900年古典文化发展的停滞时期称为“黑暗的时期”。自人文主义者起，历史学家们对“黑暗的时期”和“中世纪”也多持负面观点。在16世纪与17世纪基督教新教徒的宗教改革中，新教徒也把天主教的腐败写进这段历史中。针对新教徒的指责，天主教的改革者们也描绘出了一幅与“黑暗的时期”相反的图画：一个社会与宗教和谐的时期，一点儿也不黑暗。而对“黑暗的时期”，许多现代的负面观点则来自于17世纪和18世纪启蒙运动中的伏尔泰和康德的作品。

然而在历史上，中世纪文明事实上来自于两个不同的但又相互关联的思想传统，即希腊文明和希伯来文明传统，它们代表着在理性与信仰之间的冲突和融合。基督教哲学，指的就是一种由信仰坚定的基督徒建构的、自觉地以基督教的信仰为指导的，但又以人的自然理性论证其原理的哲学形态。虽然基督教哲学对后世哲学的发展带来了巨大的负面影响，但其哲学思想本身却仍然具有重要的思想价值。例如，哲学的超验性在基督教哲学中就表现得非常明显。虽然希腊思想中也不乏超验的思想（柏拉图），但是从主导方面看是现实主义的，而基督教哲学却以弃绝尘世的方式向人们展示了一个无限的超感性的世界，从而在某种程度上开拓并丰富了人类的精神世界。此外，基督教哲学强调精神的内在性特征，这也使得中世纪哲学具有不同于古希腊哲学的特征。基督教使无限的精神（实体）具体化于个人的心灵之中，与希腊哲学对自然的认识不同，它诉诸个人的内心信仰，主张灵魂的得救要求每个人的灵魂在场。不仅如此，基督教的超自然观念也是中世纪哲学的重要内容。在希腊人那里，自然是活生生的神圣的存在，而在基督教思想中自然不但没有神性，而且是上帝为人类所创造的可供其任意利用的"死"东西。基督教贬斥自然的观念固然不利于科学的发展，然而却从另一方面为近代机械论的自然观开辟了道路。当然，中世纪哲学中还有一个重要的观念值得关注，这就是"自由"的概念。因为在古希腊哲学中，"自由"是一个毋庸置疑的概念，一切自主的道德行为和对自然的追求一定是以自由为前提的。但在中世纪，自由则是一个需要讨论的话题，因为只有当人们缺乏自由意志但又以为自己拥有最大自由的时候，自由才会成为一个备受关注的话题。

三、文艺复兴与启蒙运动：人的发现

文艺复兴和思想启蒙运动是西方近代哲学的起点。虽然学界对谁是西方近代哲学的第一人还存有争议，但 17 世纪哲学一般被认为是近代哲学的开端，中世纪的方法，尤其是经院哲学在路德宗教改革的影响下衰落了。17 世纪常被称为"理性的时代"，既延续了文艺复兴的传统，也是启蒙运动的序曲。这段时期的哲学主流一般分为两派：经验论和唯理论，这两派之间的争论直到启蒙运动晚期才由康德所整合。但将这段时期中的哲学简单地归于这两派也过于简单，这些哲学家提出其理论时并不认为他们属于这两派中的某一派。而将他们看作独自的学派，尽管有着多方面的误导，但这样的分类直到今天仍被人们所认可，尤其是在谈论 17 世纪和 18 世纪的哲学时。这两派的主要区别在于，唯理论者认为，从理论上来说（不是实践中），所有的知识只能通过先天观念获得；而经验论者认为，我们的知识起源于我们的感觉经验。这段时期也诞生了一流的政治思想，尤其是洛克的《政府论》和霍布斯的《利维坦》。同时哲学也从神学中彻底分离开来，尽管哲学家们仍然谈论例如"上帝是否存在"这样的问题，但这种思考完全是基于理性和哲学的反思之上。

文艺复兴（Renaissance）一词的本义是"再生"。16世纪意大利文艺史家瓦萨里在《绘画、雕刻、建筑的名人传》里使用了这个概念，后来沿用至今。这是一场从14世纪到16世纪起源于意大利，继而发展到西欧各国的思想文化运动，由于其搜集整理古希腊文献的杰出工作，通常被称为"文艺复兴"，其实质则是人文主义运动。它主要表现为"世界文化史三大思想运动"：古典文化的复兴、宗教改革（Reformation）、罗马法的复兴运动，主要特征是强调人的尊严、人生的价值、人的现世生活、人的个性自由和批判教会的腐败虚伪。莎士比亚在《哈姆雷特》中赞叹道："人是多么了不起的一件作品！理想是多么高贵，力量是多么无穷，仪表和举止是多么端正，多么出色。论行动，多么像天使，论了解，多么像天神！宇宙的精华，万物的灵长！"[①] 恩格斯则指出，文艺复兴"是一次人类从来没有经历过的最伟大的、进步的变革，是一个需要巨人而且产生了巨人——在思维能力、热情和性格方面，在多才多艺和学识渊博方面的巨人的时代"[②]。

文艺复兴的重要成就是宗教改革、人的发现和科学的发现。

---

① ［英］莎士比亚：《莎士比亚全集》（第九卷），人民文学出版社，1978年，第49页。
② 《马克思恩格斯全集》（第3卷），人民出版社，1960年，第445页。

在一定意义上，我们可以把宗教改革看作人文主义在宗教神学领域的延伸，而且其影响甚至比人文主义更大更深远。宗教改革直接的要求是消解教会的权威，变奢侈教会为廉洁教会，而从哲学上看，其内在的要求则是由外在的权威返回个人的内心信仰：因信称义（路德）、因信得救（加尔文）。

"人文主义"（humanism）一词起源于拉丁语的"人文学"（studia humanitatis），指与神学相区别的那些人文学科，包括文法、修辞学、历史学、诗艺、道德哲学等。到了 19 世纪，人们开始使用"人文主义"一词来概括文艺复兴时期人文学者对古代文化的发掘、整理和研究工作，以及他们以人为中心的新世界观。人文主义针对中世纪抬高神、贬低人的观点，肯定人的价值、尊严和高贵；针对中世纪神学主张的禁欲主义和来世观念，要求人生的享乐和个性的解放，肯定现世生活的意义；针对封建等级观念，主张人的自然平等。人文主义思潮极大地推动了西欧各国文化的发展和思想的解放，文艺复兴由于"首先认识和揭示了丰满的、完整的人性而取得了一项尤为伟大的成就"，这就是"人的发现"。

文艺复兴时代两个重要的发现：一是发现了人；二是发现了自然，即"宇宙的奥秘与人性的欢歌"。一旦人们用感性的眼光重新观察它们，它们便展露出新的面貌。文艺复兴主要以文学、艺术和科学的发现为主要成就：文学上涌现出了但丁、薄伽丘、莎士比亚、拉伯雷、塞万提斯等人，艺术上出现了达·芬奇、米开朗基罗、拉斐尔等人，科学上则以哥白尼、特勒肖、伽利略、开普勒、哈维等人为代表，还有航海上取得的重大成就，以哥伦布、麦哲伦为代表。伽利略有一段广为引用的名言："哲学是写在那本永远在我们眼前的伟大书本里的——我指的是宇宙——但是，我们如果不先学会书里所用的语言，掌握书里的符号，就不能了解它。这书是用数学语言写出的，符号是三角形、圆形和别的几何图像。没有它们的帮助，是连一个字也不会认识的；没有它们，人就在一个黑暗的迷宫里劳而无功地游荡着。"①

实验科学的正式形成是在 17 世纪，它使用的是数学语言（公式、模型和推导）和描述性的概念（质量、力、加速度等）。这种科学既不是归纳的，也不是演绎的，而是假说-演绎的（hypothetico-deductive）。机械论的自然是没有活力的，物质不可能是自身运动的原因。17 世纪的人们普遍认为上帝创造了物质并使之处于运动之中，有了这第一推动，就不需要任何东西保持物质的运动，运动是一种状态，它遵循的是惯性定律，运动不灭，动量守恒。笛卡尔说："我的全部物理学就是机械论。"新哲学家们抛弃了亚里士多德主义的质料与形式，柏拉图主义对万物的等级划分的目的论，把世界描述为一架机器、一架"自动机"（automaton），"自然是永远和到处同一的"。因此，自然界被夺去了精神，自然现象只能用自身来解释；目的论必须和精灵鬼怪一起为机械论的理解让路，不能让"天意成为无知的避难所"。所有这些导致了近代哲学的两个重要特征，即对确定性的追求和对能力或力量的追求。培根提出的"知识就是力量"，充分代表了近代哲学向以往世界宣战的口号。

马克思和恩格斯在《神圣家族》中指出："18 世纪的法国启

---

① ［美］M. 克莱因：《古今数学思想》（第二册），北京大学数学系数学史翻译组译，上海科学技术出版社，1979 年，第 33 页。

蒙运动,特别是法国唯物主义,不仅是反对现存政治制度的斗争,还是反对现存宗教和神学的斗争,而且还是反对17世纪的形而上学和反对一切形而上学,特别是反对笛卡尔、马勒伯朗士、斯宾诺莎和莱布尼茨的形而上学的公开而鲜明的斗争。"① 黑格尔在《哲学史讲演录》中写道:"我们发现法国人有一种深刻的、无所不包的哲学要求,与英国人和苏格兰人完全两样,甚至与德国人也不一样,他们是十分生动活泼的:这是一种对于一切事物的普遍的、具体的观点,完全不依靠任何权威,也不依靠任何抽象的形而上学。他们的方法是从表象、从心情去发挥;这是一种伟大的看法,永远着眼于全体,并且力求保持和获得全体。"② 当代英国哲学家柏林在《启蒙的时代》中认为:"十八世纪天才的思想家们的理智力量、诚实、明晰、勇敢和对真理的无私的热爱,直到今天还是无人可以媲美的。他们所处的时代是人类生活中最美妙、最富希望的乐章。"③ 本系列对启蒙运动哲学的描绘,让我们领略了作为启蒙思想的先驱洛克、三权分立的倡导者孟德斯鸠、人民主权的引领者卢梭、百科全书派的领路人狄德罗和人性论的沉思者休谟的魅力人格和深刻思想。

四、理性主义的时代:从笛卡尔到黑格尔

笛卡尔是西方近代哲学的奠基人之一,黑格尔称他为"现代

---

① 《马克思恩格斯全集》(第2卷),人民出版社,1957年,第159页。

② [德]黑格尔:《哲学史讲演录》(第四卷),贺麟、王太庆译,商务印书馆,1983年,第220页。

③ [英]以赛亚·柏林:《启蒙的时代》,孙尚扬译,光明日报出版社,1989年,第25页。

哲学之父"。他自成体系，熔唯物主义与唯心主义于一炉，在哲学史上产生了深远的影响。笛卡尔在哲学上是二元论者，并把上帝看作造物主。但他在自然科学范围内却是一个机械论者，这在当时是有进步意义的。笛卡尔堪称 17 世纪及其后的欧洲科学界最有影响的巨匠之一，被誉为"近代科学的始祖"。笛卡尔的方法论对于后来物理学的发展有重要的影响。他在古代演绎方法的基础上创立了一种以数学为基础的演绎法：以唯理论为根据，从自明的直观公理出发，运用数学的逻辑演绎推出结论。这种方法和培根所提倡的实验归纳法结合起来，经过惠更斯和牛顿等人的综合运用，成为物理学特别是理论物理学的重要方法。笛卡尔的普遍方法的一个最成功的例子是，运用代数的方法来解决几何问题，确立了坐标几何学，即解析几何学的基础。

　　荷兰的眼镜片打磨工斯宾诺莎，在罗素眼里是哲学家当中人格最高尚、性情最温厚可亲的人。罗素说："按才智讲，有些人超越了他，但是在道德方面，他是至高无上的。"① 在哲学上，斯宾诺莎是一名一元论者或泛神论者。他认为宇宙间只有一种实体，即作为整体的宇宙本身，而"上帝"和宇宙就是一回事。他的这个结论是基于一组定义和公理，通过逻辑推理得来的。"斯宾诺莎的上帝"不仅仅包括了物质世界，还包括了精神世界。在伦理学上，斯宾诺莎认为，一个人只要受制于外在的影响，他就是处于奴役状态，而只要和上帝达成一致，人们就不再受制于这种影响，而能获得相对的自由，也因此摆脱恐惧。斯宾诺莎还主张"无知是一切罪恶的根源"。对于死亡，斯宾诺莎的名言是："自

---

① ［英］罗素：《西方哲学史》(下卷)，马元德译，商务印书馆，1976 年，第 92 页。

由人最少想到死，他的智慧不是关于死的默念，而是对于生的沉思。"① 斯宾诺莎是彻底的决定论者，他认为所有已发生事情的背后绝对贯穿着必然的作用。所有这些都使得斯宾诺莎在身后成为亵渎神和不信神的化身。有人称其为"笛卡尔主义者"，而有神论者诋毁之为邪恶的无神论者，但泛神论者则誉之为"陶醉于神的人""最具基督品格"的人，不一而足。但所有这些身份都无法取代斯宾诺莎作为一位特征明显的理性主义者在近代哲学中的重要地位。

笛卡尔最为关心的是如何以理性而不是信仰为出发点，以自我意识而不是外在事物为基础，为人类知识的大厦奠定了一个坚实的地基；斯宾诺莎最为关心的是，如何确立人类知识和人的德性与幸福的共同的形而上学基础；而莱布尼茨的哲学兴趣是，为个体的实体性和世界的和谐寻找其形而上学的基础。笛卡尔的三大实体是心灵、物体和上帝，人被二元化了；斯宾诺莎的实体是唯一的神或自然，心灵和身体只是神的两种样式；而莱布尼茨则要让作为个体的每个人成为独立自主的实体，"不可分的点"。按照莱布尼茨的观点，宇宙万物的实体不是一个，也不是两个或者三个，而是无限多个。因为实体作为世界万物的本质，一方面必须是不可分的单纯性的，必须具有统一性；另一方面必须在其自身之内就具有能动性的原则。这样的实体就是"单子"。所谓"单子"就是客观存在的、无限多的、非物质性的、能动的精神实体，它是一切事物的"灵魂"和"隐德来希"(内在目的)。每

---

① ［荷］斯宾诺莎：《伦理学》，贺麟译，商务印书馆，1997年，第222页。

个单子从一种知觉到另一种知觉的发展，也具有连续性。"连续性原则"只能说明在静态条件下宇宙的连续性，而无法解释单子的动态的变化和发展。在动态的情况下，宇宙这个单子的无限等级序列是如何协调一致的呢？莱布尼茨的回答是，因为宇宙万物有一种"预定的和谐"。整个宇宙就好像是一支庞大无比的交响乐队，每件乐器各自按照预先谱写的乐谱演奏不同的旋律，而整个乐队所奏出来的是一首完整和谐的乐曲。莱布尼茨不仅用"预定的和谐"来说明由无限多的单子所组成的整个宇宙的和谐一致，而且以此来解决笛卡尔遗留下来的身心关系问题。一个自由的人应该能够认识到他为什么要做他所做的事。自由的行为就是"受自身理性决定"的行为。"被决定"是必然，但是"被自身决定"就是自由。这样，莱布尼茨就把必然和自由统一起来了。莱布尼茨哲学在西方哲学史上具有极其重要的历史地位。在他之后，沃尔夫（Christian Wolff）曾经把他的哲学系统发展为独断论的形而上学体系，长期统治着德国哲学界，史称"莱布尼茨—沃尔夫哲学"。黑格尔在他的《哲学史讲演录》中这样评价沃尔夫哲学："他把哲学划分成一些呆板形式的学科，以学究的方式应用几何学方法把哲学抽绎成一些理智规定，同时同英国哲学家一样，把理智形而上学的独断主义捧成了普遍的基调。这种独断主义，是用一些互相排斥的理智规定和关系，如一和多，或简单和复合，有限和无限，因果关系等等，来规定绝对和理性的东西的。"①

康德哲学面临的冲突来自牛顿的科学和莱布尼茨的形而上学、

---

① ［德］黑格尔：《哲学史讲演录》（第四卷），贺麟、王太庆译，商务印书馆，1978年，第185页、187页、188页。

理性主义的独断论和怀疑主义的经验论、科学的世界观和道德宗教的世界观之间的对立。因此，康德的努力方向就是要抑制传统形而上学自命不凡的抱负，批判近代哲学的若干立场，特别是沃尔夫等人的独断论，也要把自己的批判立场与其他反独断论的立场区分开来，如怀疑论、经验论、冷淡派（indifferentism）等。在反独断论和经验论的同时，他还要捍卫普遍必然知识的可能性，也就是他提出的"要限制知识，为信仰留下地盘"的口号，这就是为知识与道德的领域划界。他在《纯粹理性批判》中明确指出："我所理解的纯粹理性批判，不是对某些书或体系的批判，而是对一般理性能力的批判，是就一切可以独立于任何经验而追求的知识来说的，因而是对一般形而上学的可能性和不可能性进行裁决，对它的根源、范围和界限加以规定，但这一切都是出自原则。"

费希特是康德哲学的继承者。他在《知识学新说》中宣称："我还应该向读者提醒一点，我一向说过，而且这里还要重复地说，我的体系不外就是跟随康德的体系。"[1] 他深为批判哲学所引起的哲学革命欣欣鼓舞，但也对康德哲学二元论的不彻底性深感不满。因此，费希特一方面对康德保持崇敬的心情，另一方面也对康德哲学进行了批评。对费希特来说，康德的批判哲学是不完善的，理论理性和实践理性分属两个领域，各个知性范畴也是并行排列，没有构成一个统一的有机体系。康德不仅在自我之外设定了一个不可知的物自体，而且在自我的背后亦设定了一个不可知的"我自身"，这表明康德的批判也是不彻底的。按照费希特的观点，哲学的任务是说明一切经验的根据，因而哲学就是认识

---

① 梁志学主编：《费希特著作选集》（卷二），商务印书馆，1994年，第222页。

论，他亦据此把自己的哲学称为"知识学"（Wissenschaftslehre，直译为"科学学"）。于是费希特便为了自我的独立性而牺牲了物的独立性，将康德的理论理性和实践理性合为一体，形成了"绝对自我"的概念。从当代哲学的角度看，费希特的哲学是试图使客观与主观合一的观念论哲学，与实在论相对立。但他提供了丰富的辩证法思想，包括发展的观点、对立统一的思想、主观能动性的思想等。总之，费希特改进了纯粹主观的唯心论思想，推进了康德哲学的辩证法，影响了黑格尔哲学的形成。

正如周瑜的感叹"既生瑜何生亮"，与黑格尔同时代的谢林也发出了同样的感叹。的确，在如日中天的黑格尔面前，谢林原本是他的同窗和朋友，最后也不得不承认自己生不逢时。但让他感到幸运的是，他至少可以与费希特并驾齐驱。谢林最初同意费希特的观点，即哲学应该是从最高的统一原则出发，按照逻辑必然性推演出来的科学体系。不过他很快也发现了费希特思想中的问题。在谢林看来，费希特消除了康德的二元论，抛弃了物自体，以绝对自我为基础和核心建立了一个知识学的体系，但他的哲学体系缺少坚实的基础，因为在自我之外仍然有一个无法克服的自然或客观世界。谢林认为，绝对自我不足以充当哲学的最高原则，因为它始终受到非我的限制。谢林改造了斯宾诺莎的实体学说，以自然哲学来弥补费希特知识学的缺陷，建立了一个客观唯心主义的哲学体系。谢林始终希望表明，他的哲学与黑格尔的哲学之间存在着某种根本的区别。这种区别就在于，他试图用一种积极肯定的哲学说明这个世界的存在根据，而黑格尔则只是把思想的观念停留在概念演绎之中。他对黑格尔哲学的批判动摇了唯心主义的权威，费尔巴哈的唯物主义为此要向谢林表示真诚的敬意，恩格斯称谢林和费尔巴哈分别从两个方面批判了黑格尔，从而宣告了德国古典唯心主义的终结。

作为德国古典哲学的最后代表和集大成者，黑格尔哲学面临的问题就是康德哲学的问题。的确，作为德国古典哲学的开创者和奠基人，康德一方面证明了科学知识的普遍必然性，另一方面亦通过限制知识而为自由、道德和形而上学保留了一片天地，确立了理性和自由这个德国古典哲学的基本原则。由于其哲学特有的二元论使康德始终无法建立一个完善的哲学体系，这就给他的后继者们提出了一个亟待解决的难题。黑格尔哲学面临的直接问题是如何消解康德的自在之物，将哲学建立为一个完满的有机体系，而就近代哲学而言，也就是思维与存在的同一性问题。自笛卡尔以来，近代哲学在确立主体性原则，高扬主体能动性的同时，亦陷入了思维与存在的二元论困境而不能自拔。康德试图以彻底的主体性而将哲学限制在纯粹主观性的范围之内，从而避免认识论的难题，但是他却不得不承认物自体的存在。费希特和谢林都试图克服康德的物自体，但是他们并不成功。费希特的知识学实际上是绕过了物自体，由于谢林无法解决绝对的认识问题，因而也没有完成这个任务。当费希特面对知识学的基础问题时，他只好诉诸信仰，当谢林面对绝对的认识问题时，他也只好诉诸神秘性的理智直观和艺术直观。

黑格尔扬弃康德自在之物的关键在于，他把认识看作一个由知识与对象之间的差别和矛盾推动的发展过程。康德对理性认识能力的批判基本上是一种静态的结构分析，而黑格尔则意识到，认识是一个由于其内在的矛盾而运动发展的过程。如果认识是一个过程，那么我们就得承认，认识不是一成不变的，而认识的发展变化则表明知识是处于变化更新的过程之中的，不仅如此，对象也一样处于变化更新的过程之中。因此，认识不仅是改变知识的过程，同样也是改变对象的过程，在认识活动中，不仅出现了新的知识，也出现了新的对象。黑格尔的《精神现象学》所展示的就是这个过程，它通过人类精神认识绝对的过程，表现了绝对自身通过人类精神而成为现实，成为"绝对精神"的过程。换句话说，人类精神的认识活动归根结底乃是绝对精神的自我运动，因为人类精神就是绝对精神的代言人，它履行的是绝对精神交付给它的任务。从这个意义上说，《精神现象学》也就是对于"绝对即精神"的认识论证明。

对黑格尔来说，这个艰苦漫长的"探险旅行"不仅是人类精神远赴他乡，寻求关于绝对的知识的征程，同时亦是精神回归其自身，认识自己的还乡归途。马克思曾经将黑格尔《精神现象学》的伟大成就概括为"作为推动原则和创造原则的否定的辩证法"①。在《精神现象学》中，黑格尔形象地把绝对精神的自我运动比喻为"酒神的宴席"：所有人都加入了欢庆酒神节的宴席，每个人都在这场豪饮之中一醉方休，但是这场宴席却不会因为我或者你的醉倒而终结，而且也正是因为我或者你以及我们大家的醉倒而成其为酒神的宴席。我们都是这场豪饮不可缺少的环节，而这场宴席本身则是永恒的。

黑格尔是有史以来最伟大的形而上学家，他一方面使自亚里

---

① ［德］马克思：《1844 年经济学—哲学手稿》，刘丕坤译，人民出版社，1979 年，第 116 页。

士多德以来哲学家们所怀抱的让哲学成为科学的理想最终得以实现，另一方面亦使形而上学这一古典哲学曾经漫步了两千多年的哲学之路终于走到了尽头。黑格尔哲学直接导致了马克思主义哲学的诞生：马克思和恩格斯在吸收了黑格尔辩证法的基础上打破了他的客观唯心主义思想体系，建立了辩证的唯物主义和历史的唯物主义，完成了哲学上的一场革命。黑格尔哲学是当代西方哲学批判的主要对象，也是西方哲学现代转型的重要起点。胡塞尔正是在摈弃了黑格尔本质主义的基础上建立了"描述的现象学"，弗雷格、罗素和摩尔等人也是在反对黑格尔哲学的基础上开启了现代分析哲学的先河。

五、20世纪西方哲学画卷：从现代到后现代

本丛书的一个重要特征是重视现代哲学的发展，这从整个系列的内容排列中就可以明显地看出来：本丛书共有九卷，其中前五卷的内容跨越了两千多年的历史，而展现现代哲学的部分就有四卷，时间跨度只有百余年，但却占整个系列的近一半篇幅。后面的这四卷内容充分展现了现代西方哲学的整体概貌：既有分析哲学与欧洲大陆哲学的区分，也有不同哲学传统之间的争论；既有对哲学家思想历程的全面考察，也有对不同哲学流派思想来源的追溯。从这些不同哲学家思想的全面展示，我们可以清楚地看到，20世纪西方哲学经历了从现代到后现代的历程。

从哲学自身发展的内在需要看，传统哲学的理性主义精神受到了当代哲学的挑战。从古希腊开始，理性和逻辑就被看作哲学

的法宝；只有按照理性的方式思考问题，提出的哲学理论只有符合逻辑的要求，这样的哲学家才被看作重要的和有价值的。虽然也有哲学家并不按照这样的方式思考，如尼采等人，但他们的思想也往往被解释成一套套理论学说，或者被纳入某种现成的学说流派中加以解释。这样哲学思维就被固定为一种统一的模式，理性主义就成为哲学的唯一标志。但是自 20 世纪 60 年代开始，从法国思想家中涌现出来的哲学思想逐渐改变了传统哲学的这种唯一模式。这就是后现代主义的哲学。

如今我们谈论后现代主义的时候，通常把它理解为一种反传统的思维方式，于是后现代主义中反复提倡的一些思想观念就成为人们关注的焦点，也由此形成了人们对后现代主义的一种模式化理解。但事实上，后现代主义在法国的兴起直接是与社会现实问题，特别是与现实政治密切相关的。我们熟知的"五月风暴"被看作法国后现代主义思想最为直接的现实产物，而大学生们对社会现实的不满才是引发这场革命的直接导火索。如果说萨特的自由主义观念是学生们的思想导师，那么学生们的现实运动则引发了像德里达这样的哲学家们的反思。在法国，政治和哲学从来都是不分家的，由政治运动而引发哲学思考，这在法国人看来是再正常不过的了，而这种从现实政治运动中产生的哲学观念，又会对现实问题的解决提供有益的途径。正是在这种意义上，后现代主义的兴起应当被看作西方哲学家的研究视角从纯粹的理论问题转向社会的现实问题的一个重要标志。

如今我们都承认，"后现代"并不是一个物理时间的概念，因为我们很难从年代的划分上区分"现代"与"后现代"。"后现代"这个概念主要意味着一种思维方式，即一种对待传统以及处理现实问题的视角和方法。从这个意义上来说，特别是从对待传统的不同态度上来看，我们在这里把"后现代"的特征描述为"重塑启蒙"。近代以来的启蒙运动都是以张扬理性为主要特征的，充分地运用理性是启蒙运动的基本口号，这也构成了现代哲学的主要特征。但在后现代主义者的眼里，启蒙不以任何先在的标准或目标为前提，当然不会以是否符合理性为标准。相反，后现代哲学家们所谓的启蒙恰恰是以反对现代主义的理性精神为出发点的。这样，启蒙就成为反对现代性所带来的一切思想禁令的最好标志。虽然不同的哲学家对后现代哲学中的启蒙有不同的理解和解释，但他们不约而同地把对待理性的态度作为判断启蒙的重要内容。尽管任何一种新的思维产生都会由于不同的原因而遭遇各种敌意和攻击，但对"后现代"的极端反应却主要是由于对这种思想运动本身缺乏足够的认识，而且这种情况还由于人们自以为对"现代性"有所了解而变得更为严重。其实，我们不必在意什么人被看作"后现代"的哲学家或思想家。我们应当关心的是，"后现代"的思想为现代社会带来的是一种新的启蒙。这种启蒙的意义就在于，否定关于真实世界的一切可能的客观知识，否定语词或文本具有唯一的意义，否定人类自我的统一，否定理性探索与政治行为、字面意义与隐晦意义、科学与艺术之间的区别，甚至否定真理的可能性。总之，这种启蒙抛弃了近代西方文明大部分的根本思想原则。在这种意义上，我们可以把"后现代主义"看作对近现代西方启蒙运动的一种最新批判，是对 18 世纪以来近代社会赖以确立的某些基本原则的批判，也是对以往一切批判的延续。归根结底，这种启蒙就是要打破一切对人类生活起着支配作用、占有垄断地位的东西，无论它是宗教信念还是理性本身。

历史地看，后现代对现代性的批判只是以往所有对现代性批判的一种继续，但西方社会以及西方思想从现代到后现代的进程却不是某种历史的继续，而是对历史的反动，是对历史的抛弃，是对历史的讽刺。现代性为人类所带来的一切已经成为现实，但后现代主义会为人类带来什么却尚无定数。如今，我们可以在尽情享受现代社会为我们提供的一切生活乐趣的同时对这个社会大加痛斥，历数恶果弊端，但我们却无法对后现代主义所描述的新世界提出异议，因为这原本就是一个不可能存在的世界，是一个完全脱离现实的世界。然而换一个角度说，后现代主义又是对现代社会的一个很好的写照，是现代性的一个倒影、副产品，也是现代性发展的掘墓人。了解西方社会从现代走向后现代的过程，也就是了解人类社会（借用黑格尔的话说）从"自在"状态到"自为"状态的过程，是了解人类思想从对自然的控制与支配和人类自我意识极度膨胀，到与自然的和谐发展和人类重新确立自身在宇宙中的地位的过程。尽管这是一个漫长的历史进程，对人类以及自然甚至是一个痛苦的过程，但人类正是在这个过程中真正认识了自我，学会了如何与自然和谐相处，懂得了发展是以生存为前提这样一个简单而又十分重要的道理。

最后，我希望能够对本丛书的编排体例说明一下。整个丛书按照历史年代划分，时间跨度长达两千五百多年，包括了四十九位重要哲学家，基本上反映了西方哲学发展历史中的重要思想。我特别注意到，本丛书中的各卷结构安排独特，不仅有对卷主的生平介绍和思想阐述，更有对卷主理论观点的专门分析，称为"术语解读与语篇精粹"，所选的概念都是哲学家最有特点、最为突出，也是对后来哲学发展产生重要影响的概念。这些的确为读者快速把握哲学家思想和理论观点提供了非常便利的形式。这种编排方式很是新颖，极为有效，能够为读者提供更为快捷的阅读体验。在这里，我要特别感谢该丛书的主编佟立教授，他以其宽阔的学术视野、敏锐的思想洞察力以及有效的领导能力，组织编写了这套丛书，为国内读者献上了一份独特的思想盛宴。还要感谢他对我的万分信任和倾力相邀，让我为这套丛书作序。感谢他给了我这样一个机会，把西方哲学的历史发展重新学习和仔细梳理了一遍，以一种宏观视角重新认识西方哲学的内在逻辑和思想线索。我还要感谢参加本丛书撰写工作的所有作者，是他们的努力才使得西方哲学的历史画卷如此形象生动地展现在读者面前！

  是为序。

2017 年 8 月 18 日

前　言

西方哲人智慧，是人类精神文明成果的重要组成部分，也是人类社会历史发展的产物。从古希腊到当代，它代表了西方各历史时期思想文化的精华，影响着人类社会发展进步的方向。我们对待不同的文明，需要取长补短、交流互鉴、共同进步。如习近平指出："每种文明都有其独特魅力和深厚底蕴，都是人类的精神瑰宝。不同文明要取长补短、共同进步，文明交流互鉴成为推动人类社会进步的动力、维护世界和平的纽带。"① 寻求文明中的智慧，从中汲取营养，加强中外文化交流，为人们提供精神支撑和心灵慰藉，对于增进各国人民友谊，解决人类共同面临的各种挑战，维护世界和平，都具有重要的实践意义。习近平指出："对待不同文明，我们需要比天空更宽阔的胸怀。文明如水，润物无声。我们应该推动不同文明相互尊重、和谐共处，让文明交流互鉴成为增进各国人民友谊的桥梁、推动人类社会进步的动力、维护世界和平的纽带。我们应该从不同文明中寻求智慧、汲取营养，为人们提供精神支撑和心灵慰藉，携手解决人类共同面临的各种挑战。"② 本丛书坚持以马克思主义哲学为指导，深入考察西

---

① 习近平于2017 年1 月18 日在联合国日内瓦总部的演讲。
② 习近平于2014 年3 月27 日在联合国教科文组织总部的演讲。

方哲学经典，汲取和借鉴国外有益的理论观点和学术成果，对于加快构建中国特色哲学社会科学，促进中外学术交流，为我国思想文化建设，提供较为丰厚的理论资源和文献翻译成果，具有重要的理论和现实意义。

如果说知识就是力量，那么智慧则是创造知识的力量。智慧的光芒，一旦被点燃，顷刻间便照亮人类幽暗的心灵，散发出启迪人生的精神芬芳，创造出提升精神境界的力量。

古往今来，人们对知识的追求，对智慧的渴望，一天也没停止过，人们不断地攀登时代精神的高峰，努力达到更高的精神境界，表现出对智慧的挚爱。热爱智慧，从中汲取营养，需要不断地交流互鉴，克服认知隔膜，克服误读、误解和误译。习近平指出："纵观人类历史，把人们隔离开来的往往不是千山万水，不是大海深壑，而是人们相互认知上的隔膜。莱布尼茨说，唯有相互交流我们各自的才能，才能共同点燃我们的智慧之灯。"①

"爱智慧"起源于距今两千五百年前的古希腊，希腊人创造了这个术语"Φιλοσοφία"。爱智慧又称"哲学"（Philosophy）。希腊文"哲学"（Philosophia），是指"爱或追求（philo）智慧（sophia）"，合在一起是"爱智慧"。人类爱智慧的活动，是为了提高人们的思维认识能力，试图富有智慧地引导人们正确地认识自然、社会和整个世界的规律。哲学家所探讨的是人类认识世界和改造世界的根本性问题，其中最基本的问题是思维与存在、精神与物质、主观与客观、人与自然等关系问题。对这些问题的研究，丰富了人类思想文化的智库，对于推动物质文明和精神文明

---

① 习近平于2014年3月28日在德国科尔伯基金会的演讲。

建设，发挥了重要作用。如习近平指出：“人类社会每一次重大跃进，人类文明每一次重大发展，都离不开哲学社会科学的知识变革和思想先导。”①

西方哲学源远流长，从公元前6世纪到当代，穿越了大约两千五百多年的历史，其内容丰富，学说繁多，学派林立。习近平总书记在哲学社会科学工作座谈会上的讲话中深刻揭示了西方思想文化发展的历史规律，阐明了各个历史时期许多西方重要的哲学家、思想家和文学艺术家对社会构建的深刻思想认识。习近平指出：“从西方历史看，古代希腊、古代罗马时期，产生了苏格拉底、柏拉图、亚里士多德、西塞罗等人的思想学说。文艺复兴时期，产生了但丁、薄伽丘、达·芬奇、拉斐尔、哥白尼、布鲁诺、伽利略、莎士比亚、托马斯·莫尔、康帕内拉等一批文化和思想大家。他们中很多人是文艺巨匠，但他们的作品深刻反映了他们对社会构建的思想认识。”②英国资产阶级革命、法国资产阶级革命和美国独立战争前后“产生了霍布斯、洛克、伏尔泰、孟德斯鸠、卢梭、狄德罗、爱尔维修、潘恩、杰弗逊、汉密尔顿等一大批资产阶级思想家，形成了反映新兴资产阶级政治诉求的思想和观点。”③

习近平在谈到马克思主义的诞生与西方哲学社会科学的关系时指出：“马克思主义的诞生是人类思想史上的一个伟大事件，而马克思主义则批判吸收了康德、黑格尔、费尔巴哈等人的哲学思想，圣西门、傅立叶、欧文等人的空想社会主义思想，亚当·斯密、大卫·李嘉图等人的古典政治经济学思想。可以说，没有

---

①②③　习近平于2016年5月17日在哲学社会科学工作座谈会上的讲话。

18、19 世纪欧洲哲学社会科学的发展，就没有马克思主义的形成和发展。"①习近平为我们深刻阐明了马克思、恩格斯与以往西方哲学家、同时代西方哲学家的关系。历史表明，社会大变革的时代，一定是哲学社会科学大发展的时代。"当代中国正经历着我国历史上最为广泛而深刻的社会变革，也正在进行着人类历史上最为宏大而独特的实践创新。这种前无古人的伟大实践，必将给理论创造、学术繁荣提供强大动力和广阔空间。这是一个需要理论而且一定能够产生理论的时代，这是一个需要思想而且一定能够产生思想的时代。"②

20 世纪以来，西方社会矛盾不断激化，"为缓和社会矛盾、修补制度弊端，西方各种各样的学说都在开药方，包括凯恩斯主义、新自由主义、新保守主义、民主社会主义、实用主义、存在主义、结构主义、后现代主义等，这些既是西方社会发展到一定阶段的产物，也深刻影响着西方社会"③。他们考查了资本主义在文化、经济、政治、宗教等领域的矛盾与冲突，反映了资本主义社会的深刻危机。如贝尔在《资本主义文化矛盾》中所说："我谈论七十年代的事件，目的是要揭示围困着资产阶级社会的文化危机。从长远看，这些危机能使一个国家瘫痪，给人们的动机造成混乱，促成及时行乐（carpe diem）意识，并破坏民众意志。这些问题都不在于机构的适应能力，而关系到支撑一个社会的那些意义本身。"④欧文·克利斯托曾指出，资产阶级在道德和思想

①②③ 习近平于2016 年 5 月 17 日在哲学社会科学工作座谈会上的讲话。
④ ［美］丹尼尔·贝尔：《资本主义文化矛盾》，赵一凡、蒲隆、任晓晋译，生活·读书·新知三联书店，1989 年，第73～74 页。

上都缺乏对灾难的准备。"一方面，自由主义气氛使人们惯于把生存危机视作"问题"，并寻求解决的方案。（这亦是理性主义者的看法，认为每个问题都自有答案。）另一方面，乌托邦主义者则相信，经济这一奇妙机器（如果不算技术效益也一样）足以使人获得无限的发展。然而灾难确已降临，并将不断袭来。"①

　　研究西方哲学问题，需要树立国际视野，加快构建中国特色哲学社会科学。一是要坚持马克思主义哲学的指导地位，二是要坚持传承中国传统文化的优秀成果，三是要积极吸收借鉴国外有益的理论观点和学术成果，坚持外国哲学的研究服务我国现代化和思想文化建设的方向。恩格斯指出："一个民族想要站在科学的最高峰，一刻也不能没有理论思维。但理论思维仅仅是一种天赋的能力。这种能力必须加以发展和锻炼，而为了进行这种锻炼，除了学习以往的哲学，直到现在还没有别的手段。"② 习近平继承和发展了马克思主义，他指出："任何一个民族、任何一个国家都需要学习别的民族、别的国家的优秀文明成果。中国要永远做一个学习大国，不论发展到什么水平都虚心向世界各国人民学习，以更加开放包容的姿态，加强同世界各国的互容、互鉴、互通，不断把对外开放提高到新的水平。"③

　　西方哲人智慧丛书共分九卷，分别介绍了各历史时期著名哲学家的思想。

　　《古希腊罗马哲学家的智慧》(*Wisdom of Ancient Greek & Roman*

---

　　① ［美］丹尼尔·贝尔：《资本主义文化矛盾》，赵一凡、蒲隆、任晓晋译，生活·读书·新知三联书店，1989 年，第 74 页。

　　② 《马克思恩格斯选集》（第三卷），人民出版社，1972 年，第 467 页。

　　③ 习近平于 2014 年 5 月 22 日在上海召开外国专家座谈会上的讲话。

Philosophers），我们选编的著名哲学家代表有：苏格拉底（Socra-tes）、柏拉图（Plato）、亚里士多德（Aristotle）、普罗提诺（Plotinus）、塞涅卡（Lucius Annaeus Seneca）等。

《中世纪哲学家的智慧》（*Wisdom of Medieval Philosophers*），我们选编的著名哲学家代表有：奥古斯丁（Saint Aurelius Augustinus）、阿伯拉尔（Pierre Abelard）、阿奎那（Thomas Aquinas）、埃克哈特（Meister Johannes Eckhar）、奥卡姆（Ockham，William of）等。

《文艺复兴时期哲学家的智慧》（*Wisdom of Philosophers in the Renaissance*），我们选编的著名哲学家、思想家的重要代表有：但丁（Dante Alighieri）、彼特拉克（Francesco Petrarca）、达·芬奇（Leonardo di ser Piero da Vinci）、马基雅维里（Niccolò Machiavelli）、布鲁诺（Giordano Bruno）等。

近代欧洲哲学时期，我们选编的著名哲学家代表有：洛克（John Locke）、孟德斯鸠（Charles de Secondat，Baron de Montesquieu）、卢梭（Jean－Jacques Rousseau）、狄德罗（Denis Diderot）、休谟（David Hume）、笛卡尔（Rene Descartes）、斯宾诺莎（Baruch de Spinoza）、莱布尼茨（Gottfried Wilhelm Leibniz）、康德（Immanuel Kant）、黑格尔（Georg Wilhelm Friedrich Hegel）等。为便于读者了解世界历史上著名的启蒙运动和理性主义及其影响，我们把近代经验主义哲学家、启蒙运动时期的哲学家、近代理性主义哲学家、德国古典哲学家等重要代表选编为《启蒙运动时期哲学家的智慧》（*Wisdom of Philosophers in the Enlightenment*）和《理性主义哲学家的智慧》（*Wisdom of Rationalistic Philosophers*）。

《分析哲学家的智慧》（*Wisdom of Analytic Philosophers*），我们

选编的著名哲学家的重要代表有：罗素（Bertrand Russell）、维特根斯坦（Ludwig Josef Johann Wittgenstein）、卡尔纳普（Paul Rudolf Carnap）、蒯因（Quine，Willard Van Orman）、普特南（Hilary Whitehall Putnam）等。

《现代人本主义哲学家的智慧》（*Wisdom of Modern Humanistic Philosophers*），我们选编的著名哲学家的重要代表有：叔本华（Arthur Schopenhauer）、尼采（Friedrich Wilhelm Nietzsche）、柏格森（Henri Bergson）、弗洛伊德（Sigmund Freud）、萨特（Jean-Paul Sartre）、杜威（John Dewey）、列维-斯特劳斯（Claude Lévi-Strauss）等。

《科学-哲学家的智慧》（*Wisdom of Scientific Philosophers*），我们选编的著名哲学家、科学家的重要代表有：爱因斯坦（Albert Einstein）、石里克（Friedrich Albert Moritz Schlick）、海森堡（Werner Karl Heisenberg）、波普尔（Karl Popper）、库恩（Thomas Sammual Kuhn）、费耶阿本德（Paul Feyerabend）等。

《后现代哲学家的智慧》（*Wisdom of Postmodern Philosophers*），我们选编了后现代思潮的主要代表有：詹姆逊（Fredric R. Jameson 国内也译为杰姆逊）、霍伊（David Couzen Hoy）、科布（John B. Cobb Jr.）、凯尔纳（Douglas Kellner）、哈钦（Linda Hutcheon）、巴特勒（Judith Butler）等。

本丛书以西方哲人智慧为主线，运用第一手英文资料，以简明扼要、通俗易懂的语言，阐述各历史时期先贤智慧、哲人思想，传承优秀文明成果。为便于读者进一步理解各个时期哲学家的思想，我们在每章的内容中设计了"术语解读与语篇精粹"，选引了英文经典文献，并进行了文献翻译，均注明了引文来源，便于读者查阅和进一步研究。

本丛书有三个特点：

一是阐述了古希腊至当代以来的四十九位西方哲学家的身世背景、成长经历、学术成就、重要思想、理论内涵、主要贡献、后世影响及启示等。

二是选编了跨时代核心术语，做了比较详尽的解读，尽力揭示其丰富的思想内涵，反映从古希腊到当代西方哲学思潮的新变化。

三是选编了与核心术语相关的英文经典文献，并做了有关文献翻译，标注了引文来源，便于读者能够在英文和汉语的对照中加深理解，同时为哲学爱好者和英语读者进一步了解西方思想文化，提供参考文献。

需要说明的是，在后现代主义思潮中，有一批卓有建树的思想家，如福柯（Michel Foucault）、德里达（Jacques Derrida）、利奥塔（Jean‑Francois Lyotard）、罗蒂（Richard Rorty）、贝尔（Daniel Bell）、杰姆逊（Fredric R. Jameson）、哈桑（Ihab Hassan）、佛克马（Douwe W. Fokkema）、斯潘诺斯（William V. Spanos）、霍尔（Stuart Hall）、霍兰德（Norman N. Holland）、詹克斯（Charles Jencks）、伯恩斯坦（Richard Jacob Bernstein）、格里芬（David Ray Griffin）、斯普瑞特奈克（Charlene Spretnak）、卡斯特奈达（C·Castaneda）等。我在拙著《西方后现代主义哲学思潮》(天津人民出版社，2003年) 和《全球化与后现代思潮研究》(天津人民出版社，2012年) 中，对上述有关人物和理论做

了浅尝讨论，欢迎读者批评指正。

西方后现代思潮与西方生态思潮在理论上互有交叉、互有影响。伴随现代工业文明而来的全球性生态危机，超越了国家间的界限，成为当代人类必须面对和亟需解决的共同难题。从哲学上反省现代西方工业文明，批判西方中心论、形而上学二元论和绝对化的思想是当代西方"后学"研究的重要范畴，这些范畴所涉及的理论和实践进一步促进了生态哲学思想的发展，从而形成了"后学"与生态哲学的互动关系和有机联系。一方面，"后学"理论对当代人类生存状况的思考、对时代问题的探索、对现代性的质疑和建构新文明形态的认识，为生态哲学的研究提供了理论基础；另一方面，生态哲学关于人与自然的关系研究，关于生态伦理、自然价值与生物多样性及生命意义的揭示，对种族歧视、性别歧视、物种歧视的批判，丰富了哲学基本问题的研究内容和言说方式，为当代哲学研究提供了新的范式。二者在全球问题的探索中，表现出殊途同归的趋势，这意味着"后学"理论和生态思潮具有时代现实性，促进了生态语言学（ecolinguistics）和生态思想（ecological thought）在全球的传播。我在《天津社会科学》（2016 年第 6 期）发表的《当代西方后学理论研究的源流与走向》一文，对此做了初步探讨，欢迎读者批评指正。

在当代西方生态哲学思潮中，涌现出一批富有生态智慧的思想家，各种流派学说在人与自然、人与人、人与社会的关系问题上（包括生态马克思主义、心灵生态主义等），既存在着相互渗透、相互影响和相互融合的倾向，也存在着分歧。他们按照各自的立场、观点和方法，研究人类共同关心的人与生态环境问题，即使在同一学派也存在着理论纷争，形成了多音争鸣的理论景观。主要代表有：

施韦泽（Albert Schweitzer）、利奥波德（Aldo Leopold）、卡逊（Rachel Carson）、克利考特（J. Baird Callicott）、纳斯（Arne Naess）、特莱沃（Bill Devall）、塞逊斯（George Sessions）、福克斯（Warwick Fox）、布克金（Murray Bookchin）、卡普拉（Fritjof Capra. Capra）、泰勒（Paul Taylor）、麦茜特（Carolyn Merchant）、高德（Greta Gaard）、基尔（Marti Kheel）、沃伦（Karen J. Warren）、罗尔斯顿（Holmes Rolston）、克鲁岑（Paul Crutzen）、科韦利（Joel Kovel）、罗伊（Michael Lowy）、奥康纳（James O'Connor）、怀特（Lynn White）、克莱顿（Philip Clayton）、梭罗（Henry David Thoreau）、艾比（Edward Abbey）、萨根（Carl Sagan）、谢帕德（Paul Shepard）、福克斯（Matthew Fox）、卡扎（Stephanie Kaza）、洛夫洛克（James Lovelock）、马西森（Peter Matthiessen）、梅茨纳（Ralph Metzner）、罗扎克（Theodore Roszak）、施耐德（Gary Snyder）、索尔（Michael Soule）、斯威姆（Brian Swimme）、威尔逊（Edward O. Wilson）、温特（Paul Winter）、怀特海（Alfred North Whitehead）、戈特利布（Roger S. Gottlieb）、托马肖（Mitchell Thomashow）、帕尔默（Martin Palmer）、蒂姆（Christian Diehm）、怀特（Damien White）、托卡（Brian Tokar）、克沃尔（Joel Kovel）、瓦尔·普鲁姆伍德（Val Plumwood）、卡罗尔·J·亚当斯（Carol J. Adams）、克里斯坦·蒂姆（Christian Diehm）、海森伯（W·Heisenberg）、伍德沃德（Robert Burns Woodward）等。我在主编的《当代西方生态哲学思

潮》(天津人民出版社，2017 年) 中，对有关生态哲学思潮做了浅尝讨论。2017 年 5 月 31 日《天津教育报》以 "服务国家生态文明建设" 为题，做了专题报导。今后有待于深入研究《西方生态哲学家的智慧》，同时希望与天津人民出版社继续合作，努力服务我国生态文明建设。

习近平指出："文明因交流而多彩，文明因互鉴而丰富。文明交流互鉴，是推动人类文明进步和世界和平发展的重要动力。"① 这为哲学社会科学工作者开展中西学术交流与互鉴指明了方向。

我负责丛书的策划和主编工作。本丛书的出版选题论证、写作方案、写作框架、篇章结构、写作风格等由我策划，经与天津人民出版社副总编王康老师协商，达成了编写思路共识，组织了欧美哲学专业中青年教师、英语专业教师及有关研究生开展文献调研和专题研究工作及编写工作，最后由我组织审理九卷书稿并撰写前言和后记，报天津人民出版社审理出版。

参加编写工作的主要作者有：

《古希腊罗马哲学家的智慧》：吕纯山（第一章至第五章）、刘昕蓉（第一章术语文献翻译、第二章术语文献翻译、第五章术语文献翻译）、李春侠（第三章术语文献翻译）、张艳丽（第四章术语文献翻译）、方笑（搜集术语资料）。

《中世纪哲学家的智慧》：聂建松（第一章）、张洪涛（第二章、第三章、第四章）、姚东旭（第五章）、任悦（第一章至第五章术语文献翻译）。

---

① 习近平于2014 年 3 月 27 日在联合国教科文组织总部的演讲。

　　《文艺复兴时期哲学家的智慧》：金鑫（第一章至第四章）、曾静（第五章）、夏志（第一章至第三章术语文献翻译）、刘瑞爽（第四章至第五章术语文献翻译）。

　　《启蒙运动时期哲学家的智慧》：骆长捷（第一章至第五章）、王雪莹（第一章、第二章、第三章术语文献翻译）、王怡（第四章、第五章术语文献翻译，选译第一章至第五章开篇各一段英文）、袁鑫（第一章至第五章术语解读）、王巧玲（收集术语资料）。

　　《理性主义哲学家的智慧》：马芳芳（第一章）、姚东旭（第二章、第三章）、季文娜（第一章术语解读及文献翻译、第二章术语解读及文献翻译）、郑淑娟（第三章术语解读及文献翻译）、武威利（第四章、第五章）、郑思明（第四章术语文献翻译、第五章术语文献翻译）、袁鑫（第四章术语解读、第五章术语解读）、王巧玲（搜集第四章、第五章术语部分资料）。

　　《分析哲学家的智慧》：吴三喜（第一章）、吕雪梅（第二章、第三章）、那顺乌力吉（第四章）、沈学甫（第五章）、夏瑾（第一章术语解读及文献翻译、第三章术语解读部分）、吕元（第二章至第五章术语解读及文献翻译）、郭敏（审校第一章至第五章部分中文书稿、审校术语文献翻译）。

　　《现代人本主义哲学家的智慧》：方笑（第一章）、孙瑞雪（第二章）、郭韵杰（第三章）、张亦冰（第四章）、刘维（第五章）、朱琳（第六章）、姜茗浩（第七章）、马涛（审校第一章至第七章部分中文书稿、审校术语文献翻译）、于洋（整理编辑审校部分书稿）。

　　《科学-哲学家的智慧》：方笑（第一章并协助整理初稿目录）、孙瑞雪（第二章）、刘维（第三章）、张亦冰（第四章）、郭韵杰、朱琳（第五章）、姜茗浩（第六章）。冯红（审校第一章至第六章术语文献翻译）、郭敏（审校第一至第二章部分中文）、赵春喜（审校第三章部分）、张洪巧（审校第四章部分中文）、赵君（审校第五章部分中文）、苏瑞（审校第六章部分中文）。

　　《后现代哲学家的智慧》：冯红（第一章）、高莉娟（第二章）、张琳（第三章）、王静仪（第四章）、邓德提（第五章）、祁晟宇（第六章）、张虹（审校第二章至第六章术语文献翻译，编写附录：后现代思潮术语解读）、苏瑞（审校第一至六章部分中文书稿）、郭敏（审校附录部分中文）。

　　由于我们编著水平有限，书中一定存在诸多不足和疏漏之处，欢迎专家学者批评指正。

佟　立

2019 年 4 月 28 日

目　录

第一章　笛卡尔：欧洲近代哲学之父

Cogito，ergo sum.

I think，therefore I am. [①]

——René Descartes

我思故我在。

——勒内·笛卡尔

勒内·笛卡尔

[①] René Descartes，*Meditations On First Philosophy*，Cambridge：Cambridge University Press，1996，p. 14.

一、人生历程

(一) 来自普瓦图的勒内

勒内·笛卡尔（René Descartes，1596 年 3 月 31 日—1650 年 2 月 11 日），生于法国图赖讷省（La Touraine）拉海镇（La Haye）的一个下层贵族家庭。为了纪念在本地出生的这位伟大的哲人，1967 年拉海镇更名为"笛卡尔镇"。

拉海镇是笛卡尔的祖母的住处，但是由于笛卡尔的整个家族多年居住于普瓦图区（Poitou-Charentes），因此笛卡尔的朋友仍然称呼他为"来自普瓦图的勒内"。笛卡尔的父亲约克翰·笛卡尔（Joachim Descartes）在布列塔尼地区从事律师工作，他的母亲珍·布罗夏尔（Jeanne Brochard）在笛卡尔出生一年多以后去世。笛卡尔幼年时生活在自然气息浓厚的图赖讷，童年的笛卡尔经常到郊外散步游玩，见识了各种草木与走兽，这使得笛卡尔从小就对自然的奥秘有着很强的亲近感和好奇心。在笛卡尔的母亲去世之后，他被送到拉海镇的祖母那里生活，直到他的父亲再婚，才回到普瓦图。1607 年，笛卡尔进入拉弗莱什教会学校（Jesuit college at La Fleche）学习。这里的学生生活作息严格有序，每天五点就要起床做晨祷，而学习内容有人文科学、修辞学、数学、音乐和哲学，还要学习拉丁文和希腊文，这样严格的古典学教育的目标是培养上层绅士和教会人员。在其所学的课程中，笛卡尔对数学和物理学格外感兴趣，对于教授的古希腊几何学中直尺、圆规等工具的使用更是感到惊奇。在拉弗莱什教会学校学习的这段经历，对笛卡尔严谨的性格和他的理性主义哲学观产生了重要的影响。

（二）命中注定的 11 月 10 日

11 月 10 日对笛卡尔来讲是个非同寻常的日子，似乎是他哲学之路中命中注定的关键日子。1618 年，笛卡尔在荷兰南部布雷达的一所军事学校学习，在当年的 11 月 10 日，他遇到了对自己一生有着重要影响的一个荷兰人——伊萨克·贝克曼（Isaac Beekman）。笛卡尔解开了贝克曼提出的一道数学难题，这引起了贝克曼的注意。在随后的交往中，贝克曼不断惊诧于笛卡尔的数学天赋，而笛卡尔则感激贝克曼的思想引导，两人的友谊也由此展开。

1619 年的 11 月 10 日夜里，笛卡尔在军营的暖炉旁做了三个梦，他认为这是上帝对自己未来的指引，是自己科学使命的开始。在第一个梦中，一场邪恶的暴风将笛卡尔从学校里的教堂吹到别处，并得到了一个甜瓜；在第二个梦中，笛卡尔在一间老房子里遇上了狂风暴雨，但是却没能伤害到他；在第三个梦中，笛卡尔发现了《百科全书》和《诗集》两本书，他朗诵着奥索尼乌斯的"是与否"——"我应该走向哪一条路呢？（Quod vitae secatabor iter?）"笛卡尔认为这三个梦境是上帝对他的启示，告诉他，他的使命将是统一科学，走向哲学。

1620 年 11 月 10 日，笛卡尔在充满浪漫气息的布拉格漫游，突然间他有一个灵感闪现。"这份灵感让他在次日写下了现已失传的《奥林匹克》：'公元 1620 年 11 月 11 日，我开始构思一个绝妙发明的基本架构'。"① 除此之外，笛卡尔的硕士论文也是在 1616 年 11 月 10 日通过的，他获得了法学硕士学位。11 月 10 日，在笛卡尔的生命中总是不经意地发生着许多看似命中注定却影响其一生的故事。

（三）沉思中的方法与哲学

1619 年以后，笛卡尔怀揣着对科学和哲学的渴求，决定去各地旅行。在 1619 年至 1628 年期间，他在欧洲进行游历，途经德国、匈牙利、荷兰、法国、意大利、瑞士、奥地利等国家。在旅途中，笛卡尔不断地进行沉思，同时结合当时对自然的观察，对自己之前的想法进行修正和改进。1629 年之后，笛卡尔正式在荷兰定居，开始了长达 20 年的独居哲学沉思生活，留下了许多哲学著作和笔记。

笛卡尔著作中比较具有代表性的是以下几本：《探求真理的指导原则》（*Règles pour la direction de l'sprit*）是笛卡尔的早期著作，书中介绍了探求真理的 21 个指导原则（第三部分增加的十五个原则在笛卡尔去世后出版）。1637 年，笛卡尔的《谈谈方法》（*Discours de la méthode*）最早在荷兰发行，包括了"方法谈""屈光学""气象学"和"几何学"四大部分。其中"方法谈"是最重要的部分，它是笛卡尔的哲学方法的总结与推进；"屈光学"

---

① ［美］阿米尔·艾克塞尔：《笛卡儿的秘密手记》，萧秀姗、黎敏中译，上海人民出版社，2008 年，第 82 页。

是笛卡尔在光学领域的成就，包含了光的本质、折射、视觉等内容；"气象学"涉及风、蒸汽、风暴等自然现象；"几何学"中提到了很多数学方法，其难度之大让人不得不钦佩笛卡尔的天才能力。1641 年出版的《第一哲学沉思集》（*Meditationes de prima philosophia*）由六个沉思、六组反驳和答辩构成，是笛卡尔最重要的一本哲学著作，将笛卡尔的哲学思考彰显得淋漓尽致。1644 年出版的《哲学原理》（*Principia philosophiae*）集中了笛卡尔的物理学思想，其中第一部分是对形而上学的简单介绍。1649 年出版的《论灵魂的激情》（*Les passions de l'âme*）是笛卡尔与伊丽莎白公主的问答所得。它探讨了灵魂和身体的问题，被后来的研究者总结为"身心二元论"，对后世心身问题的讨论有着深刻的影响。

（四）在瑞典的最后岁月

1646 年，受到克里斯蒂娜女皇（Queen Christina）的召唤，笛卡尔前往瑞典为女王讲授哲学，他的生命的最后岁月在瑞典度过。克里斯蒂娜女皇对一般女性热爱的时尚事物毫无兴趣，反而对学术有着浓厚的热情。她邀请欧洲音乐、美术、文学、科学等各界名人学者齐聚斯德哥尔摩，在宫廷里上演了一场场思辨盛宴。笛卡尔先是与女皇通过书信交流，但是最后由于女皇的盛情难却，他在 1649 年成为女皇的老师。在给女皇授课的过程中，笛卡尔每天五点起床，讲授一个小时左右的哲学课程。这对 53 岁的笛卡尔来说不仅是极大的精神损耗，而且他的身体也无法抵抗瑞典的寒冬，仅仅几个月后他便被诊断出肺炎，并于 1650 年 2 月 11 日与世长辞，年仅 54 岁。

虽然笛卡尔的身体离开了人世，但是他的不朽巨著和哲学思想却永远流传下来。天主教将笛卡尔的书列为禁书，这更从反面印证了他的思想的重要性。笛卡尔去世后，他的物理学、伦理学、形而上学等内容越来越为人们所重视。笛卡尔成为研究近现代哲学不可绕开的重要人物，被誉为"近代哲学之父"。斯宾诺莎、莱布尼茨等哲学家的思想都明显受到笛卡尔的影响。

这正如笛卡尔墓志铭上的那句话——"笛卡尔，欧洲文艺复兴以来，第一个为人类争取并保证理性权利的人"。

二、理性沉思的智慧

笛卡尔被称为"近代哲学之父"，其原因是他在很多重要的、根本性的方面播下了新哲学的种子，并摒弃了旧的哲学。这里所指的"旧的哲学"主要是经过亚里士多德哲学化的中世纪基督教哲学。基督教哲学认为所有的真理都可以在《圣经》中发现，任何想要从别的地方寻求真理的学者都会被视为异端，受到惩罚。笛卡尔旗帜鲜明地与中世纪经院哲学分道扬镳。笛卡尔的哲学通过方法论的基本原则，以对形而上学的沉思为目的，对我们如何获得认识、上帝的存在、真理与错误的关系、身心关系等问题进行思考，最终达到他一生所追求的自然科学的高峰。在他的哲学体系中，怀疑的方法和理性精神始终贯穿其中。这对后来的哲学研究有着深远的影响，他也因此成为欧洲理性主义的奠基者。

（一）在方法论中探求真理

笛卡尔生活在法国急剧动荡与变革的时代。传统教会统治的国家权威不断受到各方的挑战，国家与教会完全分离的趋势在欧洲大陆蔓延，自由主义和理性主义的思潮传入法国，教会的权威受到严重威胁。在教会思想的控制下，人类所能享有的一切都来自于对教义的坚定信仰。在对自然的解释方面，教会仍然宣扬着地球是宇宙的中心，宇宙由水、火、土、气组成的中世纪基督教哲学思想。而与此同时，新兴思想正在逐渐改变教会对人们思想的控制，越来越多的人开始进行自然科学的学习和研究。在学术界，整个欧洲，包括法国在内，都呈现出一种热情拥护和欣然接受新知识的景象。

与当时的经院哲学不同，新兴的自然科学尊崇哥白尼的日心说。培根在《新工具》中提出了科学的新方法——归纳方法，这些对笛卡尔的思想理论有很大影响。此外，在笛卡尔自己的游学经历中，他结交了一批像贝克曼这样对近代科学有极大兴趣的朋友，他们在通信中互相交流思想，表达观点。这些都为后来笛卡尔哲学体系的形成奠定了基础。

除了科学思潮的兴起以外，当时的法国还盛行着怀疑主义的风气。在当时，古典怀疑论者塞克斯特的论著被重新出版，法国人民开始关注其中的怀疑思想。文艺复兴带来的思想解放从侧面推动了怀疑精神的进一步蔓延，其中比较具有代表性的是蒙田的怀疑论思想。蒙田的怀疑论对人类认识真理的能力提出怀疑。因为人的知性和判断能力是有限的，还会受到所处的环境、教育和文化传统等客观因素的影响，即使知识和判断是在理性的外衣下进行，也不能保证知识的确定性，探求真理的过程必须经过层层怀疑才能确定，但是即便如此，探求的结果也往往会带来理性的混乱。

笛卡尔的哲学中也存在怀疑的精神，但是不同于蒙田一类的怀疑主义者。笛卡尔将怀疑作为一种探求真理的方法，通过最彻底的怀疑来达到最确定无疑的知识。因此，笛卡尔哲学中首先需要明确的就是，如何理解他提出的探求真理的哲学方法，除了这种怀疑的方法，他在《探求真理的指导原则》和《谈谈方法》中都详细阐释了他的方法论思想。

笛卡尔在《探求真理的指导原则》中用二十一条原则总结了他的方法论大纲，其中包含目的、必要性、对象、内容、基本方法等内容。关于方法，笛卡尔在第五条原则中这样解释，"全部方法，只不过是：为了发现某一真理而把心灵的目光应该观察的那些事物安排为秩序。如欲严格遵行这一原则，那就必须把混乱暧昧的命题逐级简化为其他较单纯的命题，然后从直观一切命题中最单纯的那些出发，试行同样逐级上升到认识其他一切命题"①。也就是说，所谓方法的核心在于"秩序"，而要做到有秩序，则需要从命题复杂的表象中，通过直观、演绎、归纳等具体操作将其转化成简单的、清楚明白的东西。不仅是命题，整个科学结构应是如此，是由充满秩序的事物构成。要想获得这种秩序，必然需要运用人类的理性，它是心灵中一种无间断的、连续的思维运动，其考察对象不仅包含单纯的单个命题，还包括命题之间的联系，因为科学内部的事物正如链条上的纽扣一样，是彼此相连的。除了理性思维，感觉、想

---

① ［法］笛卡尔：《探求真理的指导原则》，管震湖译，商务印书馆，1991年，第21页。

象、记忆、悟性等也给我们的方法提供帮助，尽管它们不是认识最可靠的来源，但其作用不可被忽视。总之，所有方法的最终目的在于："指导我们的心灵，使它得以对于（世上）呈现的一切事物，形成确凿的、真实的判断。"①

如果说二十一条原则还是过于复杂，那么笛卡尔在《谈谈方法》中进一步将其简化成四条规则。简明扼要地表达为：第一，只有清楚明白的、不能怀疑的东西可以接受；第二，判断的东西需要分析简化；第三，思考需要秩序，其秩序是从简单到复杂；第四，尽可能全面地考察对象。这四条规则和之前的二十一条规则是一致的，都反映了笛卡尔方法论中对秩序的强调。第一条与《探求真理的指导原则》中的第一条是对应的，强调对人类而言，清楚明白性（clear and distinct）或者说秩序在探求真理过程中的重要性，凸显了理性精神在方法论中不可或缺的地位；第二、三、四条分别对应的是分析、综合和充分列举的方法。分析使得复杂的事物简单化，这种简单化带来的清楚明白性正是笛卡尔所看重的。在此基础上，通过综合的方法从简单确定的东西中推演出复杂的东西。由于对象的纷繁多样性，从事研究活动时，我们要最大限度地考察对象，以便增强通过上述方法得到的真理的确实有效性。

笛卡尔对这套方法是比较满意的。他写道："不过这种方法最令我满意的地方还在于我确实感到，我按照这种方法在各方面运用我的理性，虽不敢说做到尽善尽美，至少可以说把我的能力

---

① ［法］笛卡尔：《探求真理的指导原则》，管震湖译，商务印书馆，1991 年，第 1 页。

发挥到了最大限度。"① 除了笛卡尔感到满意的理性直观的方法，这些规则还暗示了一种怀疑精神。笛卡尔在哲学沉思中将这种精神运用成为彻底普遍的怀疑方法，从而达到形而上学的第一原理。尽管他本人在此阶段还没有系统地阐述这一方法，但不可否认，怀疑的方法在《第一哲学沉思集》中得到了充分的体现。

在怀疑主义蔓延的法国，笛卡尔一方面瞄准怀疑主义对手的靶子，进行不留情面地批判；另一方面，笛卡尔自己也利用对手的方法——怀疑，来达到与怀疑主义者完全不同的目的——真理。

真理是确定的、可靠的，那么怎么才能找到确定可靠之物呢？传统观点倾向于从真理的角度出发，分析真理的性质和特点，通过理性思维的分析找到终极真理。那么怀疑显然是与以上方法毫不相关的，是不可取的方法。但是恰恰相反，笛卡尔认为第一步要做的就是怀疑，而且是普遍怀疑。既然要找到确定无疑的东西，即必须排除掉不可靠的东西。在笛卡尔的生平经历中，他一直渴求真正的、具有确证性的科学知识，但是一直没有得到很好的答案。在一次游学中，笛卡尔得到了启发。他在获取一手资料的过程中认识到，对于未经确证之物都应保持怀疑的态度，仔细考察后才能将其加入知识的领域。通过这种方法可以清除掉原先以为不会出错的知识。在游学结束后，笛卡尔全身心地投入到《谈谈方法》的创作中，他的普遍怀疑方法显露雏形。

怀疑方法在笛卡尔的思想中经历了一个渐变的过程。《探求真理的指导原则》中没有正面提到怀疑的方法，而是强调只有清

---

① ［法］笛卡尔：《谈谈方法》，王太庆译，商务印书馆，2010年，第18页。

楚明白的东西才是可靠的。1637 年出版的《谈谈方法》中第一条提到，除了根本无法怀疑的东西以外，其他都不能进入判断之内，这里已经提及"怀疑"。1641 年出版的《第一哲学沉思集》中，笛卡尔已经将怀疑的方法作为形而上学研究的基本方法。他在第一个沉思中写道："如果我想要在科学上建立起某种坚定可靠、经久不变的东西的话，我就非在我有生之日认真地把我历来信以为真的一切见解统统清除出去，再从根本上重新开始不可。"① 任何一点值得怀疑的地方，甚至是仅仅有被怀疑的可能性的判断，都不可能成为确定性的来源，都必须加以抛弃。怀疑的方法在笛卡尔构建形而上学和科学大厦的重要性已经逐渐超过前期经常被提到的分析综合的方法，普遍怀疑已经成为获取一切可靠性真理的基础所在。这一点在《哲学原理》中更加明显："我们如果不把自己发现为稍有可疑的事物在一生中一度加以怀疑，我们就似乎不可能排除这些偏见。"② 笛卡尔进一步指出，从事理论研究的前提必须是怀疑。旧的经验往往会给我们带来某种偏见，而这些偏见必须在怀疑中被清除出去。

　　笛卡尔的方法论是理解其整个哲学和自然科学体系的前提和基本手段。受到当时在法国蔓延的怀疑主义思潮的影响，笛卡尔开始反思究竟如何才能排除错误，获得真理。《探求真理的指导原则》和《谈谈方法》两本著作是笛卡尔方法论的集中体现。他强调只有清楚简单的东西才是可靠的，分析、综合和充分列举是探求真理的具体方法，在经历这一系列理性思考之后，才能达到

---

① 　[法] 笛卡尔：《第一哲学沉思集》，庞景仁译，商务印书馆，2009 年，第 16 页。
② 　[法] 笛卡尔：《哲学原理》，关文运译，商务印书馆，1959 年，第 1 页。

认识的"阿基米德之点"。此外，怀疑方法的重要性在形而上学的沉思中逐渐显现，它作为一种方法论的怀疑，目的不是否定一切知识，而是为了获得最终的真理。

（二）从简单观念出发获得认识

笛卡尔的认识论围绕着"观念"（idea）这一概念的内涵以及性质、特点、分类等展开。"天赋观念论"是笛卡尔的代表性思想成果。笛卡尔认为，对天赋观念的认识与我们的理智无法分割，尤其是与理智的两种基本活动，即直观（Intuition）和演绎（Deduction）不可分割。

关于观念，我们首先想到的是柏拉图的"理念说"。理念作为理智的对象，是万事万物的根本来源，具体事物都是对理念的分有。笛卡尔一开始将观念比喻成一种影像，这一点更加容易让人联想到柏拉图的"理念说"，甚至将两者等同起来。事实上，尽管笛卡尔在阐述观念时运用了"影像"比喻，但是他对观念的理解与柏拉图的"理念说"有很大不同。

笛卡尔认识论的一个总则是"凡是我们领会得十分清楚、十分明白的东西都是真实的"①。那么这些领会的对象又是何物呢？笛卡尔指出，无非就是观念或者思维罢了。更进一步说，思维中的一部分是事物的影像，笛卡尔认为只有这种东西才可以称之为"观念"。比如我们在生活中想起一块石头、一个具体的个人，甚至是上帝等，对此首先进入心灵的是一种形式。在这种意义上，观念就像是对这些客观实物的影像一样，存在于心灵思维中。但

---

① ［法］笛卡尔：《第一哲学沉思集》，庞景仁译，商务印书馆，2009年，第38页。

是"影像"的比喻似乎不能真正清楚地表明笛卡尔心中对观念的理解，也引发了一些神学家和哲学家的不满，因此笛卡尔在《第一哲学沉思集》的第二组反驳中直接对观念进行定义。"观念（idée），我是指我们的每个思维的这样的一种形式说的，由于这种形式的直接知觉，我们对这些思维才有认识。因此，当我理解我所说的话时，除非肯定在我心里具有关于用我的言词所意味着的东西的观念，我用言词什么都表明不了。"① 也就是说，仅仅是由肢体随意描绘出来的影像一类的东西不能称之为观念。观念一定是经过心灵、与精神相关的某种思维性的东西。一方面，观念与实在相关，反映实在之物；另一方面，观念也必须与思维相联系，代表了某种思维的产物，甚至可以说，这一点才是观念更为根本的性质。

观念的特点是不会出错性（Infalliblity）。笛卡尔认为，如果我们仅仅考虑观念本身而不是把观念与其他东西糅合在一起，那么观念一定为真。需要注意的是，这里的"真"更多意义上是就真实性而言，而非一般的真假性。真假性一般出现在与外部事物相比较的时候，真实性则是另一层含义。例如在维特根斯坦的《逻辑图像论》中，维特根斯坦从语言的角度出发讨论这一问题。他认为，语言是对世界的图像，命题的意义在于命题按照一定的逻辑规则把我们的思想对世界的图示描画出来，即命题的意义表现在命题对世界的投影。命题的真假来自于是否如实反映了客观世界，如果符合事实的真实情况，就是真命题，反之则为假命题，亦即所谓的真假性。笛卡尔所言的"真"是一种"真实性"。他

---

① ［法］笛卡尔：《第一哲学沉思集》，庞景仁译，商务印书馆，2009 第，第 165 页。

列举一只山羊和一个怪物的例子，认为这两个东西对他来说没有差别，都是真实的。观念是内在于心灵之中的，是思维的某种方式或者某种方法，仅就纯观念的范畴而言，无所谓真假，都是对客观实在的反映。而一旦将观念与客观实在糅合在一起涉及真假问题，我们实际上已经跨入了笛卡尔所说的判断的范畴。

在弄清了观念究竟是什么之后，我们转向笛卡尔对观念的具体分类。从观念的对象角度来讲，观念可以分为精神性对象的观念和物体性对象的观念。精神性对象的观念主要有判断、记忆、想象等，比如，对于"我的思维"这种观念就是一种仅仅在思维着的却没有广延性的对象，而广延性是物体性对象的观念的重要特点；关于物体性对象的观念，例如，长、宽、高等代表的广延，广延性词语加上界限形成的形状也是，形状各异的物体加上其所属的地位及其运动就是地位的变动或者运动，这些都属于后一种观念类型。当然关于物体性对象的观念人们有时容易受到迷惑，以至于怀疑其真实性，但是观念作为内在的思维形式却保证了这一类型观念的可靠性。

根据观念的来源，观念又可以分成："有些我认为是与我俱生的，有些是外来的，来自外界，有些是由我自己做成的和捏造的。"[1] 即来自自身的、来自外部的、来自虚构的观念。所谓虚构的观念主要依赖的是人类的想象能力，比如人鱼、鹭马、怪物这些凭空捏造出来的观念。所谓来自外部的观念主要依赖于人类的感觉能力，比如对于声音、颜色、看到太阳或者冰山感觉到热或者冷等。最后一种来自于自身的观念是笛卡尔最看重的观念，即

---

[1] ［法］笛卡尔：《第一哲学沉思集》，庞景仁译，商务印书馆，2009 年，第 40 页。

所谓的天赋观念。这种观念一开始便属于我自身，是我的本性使然，主要依赖于我的理性思维能力。它包含诸如对于数学、真理、上帝等的观念，因此也是我们知识的真正来源。

关于来自外部的观念的可靠性，笛卡尔将其和天赋观念作出了区分。关于来自外部的观念，首先是自然告诉我们的。我们获得这种观念主要是出于人类的本性。其次，我们对这些观念的感受不以自身的意志为转移。无论我们主动或者被动，都能在不经意间形成这一类型的观念，例如，我坐在火炉旁边就能感受到热量。那么在这两个理由的保证下，来自外部的观念是否像天赋观念那样可靠呢？是否也可以作为知识的来源呢？笛卡尔紧接着否定了这种念头。笛卡尔指出第一种"自然"是指一种自然倾向，不同于自然之光带来的确定无疑、可以信赖的东西；此外，笛卡尔承认第二个理由同样没有说服力，因为在骗子或者妖怪的控制或欺骗中，我也会作出不以自己意志为转移的选择，产生类似的观念。虚构的观念是自己捏造的，显然是不可靠的。可见，虚构的观念和外部的观念缺乏坚实的理论支撑，只有天赋观念才是最可靠的。

天赋观念论的思想极大地体现了笛卡尔将观念与思维直接相联系的初衷，但是这一学说也遭到了许多哲学家的反对。经验主义学派的代表性人物洛克，虽然受到笛卡尔哲学思想的影响很大，但在这个问题上与笛卡尔有明显的不同，提出了"白板说"。洛克认为，没有哪种能力可以保证笛卡尔所谓的天赋观念的来源是与生俱来的，恰恰相反，许多观念的来源恰恰在于丰富的经验知识。洛克进一步指出，经验应该是知识的唯一来源，我们的心灵在出生时一无所知，就像一块白板，生活中的经验在心灵的白板上形成印象，刺激观念的产生。笛卡尔的天赋观念论虽然是对人类理性思维的强调，但是也存在许多值得商榷之处。

笛卡尔认为，观念是我们思维活动的对象，它内在于我们的精神思维之中。当我们面对一个对象时，在内心所形成的内容就是观念。这些观念根据不同的分类标准可以分为不同的类型。其中一类是我们与生俱来的，笛卡尔称之为天赋观念。关于真理、关于上帝、关于数学等的观念即是如此。尽管天赋观念是我们思维活动最可靠的东西，但是我们仍然需要一定的途径才能认识它们。可以说，天赋观念论是笛卡尔的认识论思想的基础。只有在明确了存在一定的可靠观念之后，我们才将目光集中到如何认识和发现观念之上。

（三）在形而上学中进行沉思

形而上学在笛卡尔哲学中是非常重要的组成部分。《第一哲学沉思集》作为笛卡尔最具代表性的著作，集中阐述了笛卡尔的形而上学思想。笛卡尔在 1628 年就开始从事关于形而上学方面的写作工作，但是由于一些原因没有完成。直到 1640 年，笛卡尔才用拉丁文完成了这本哲学著作。随后，笛卡尔将书稿寄给阿尔诺、伽森狄、克莱尔色列等神学家和哲学家，希望从学界得到关于这本书的反馈。因此，《第一哲学沉思集》除了笛卡尔自己的六个沉思之外，还有关于这六个沉思的六组反驳和答辩。在这六个沉思中，笛卡尔讨论了可以怀疑的事物、人的精神的本性、上帝、真理和错误、身心关系等内容。他指出，通过普遍怀疑的方法，我们才能找到形而上学的第一原理，才能明白真理和错误的关系。在此基础上，我们才能真正地认识上帝及其存在。

1. 普遍怀疑

尽管笛卡尔本人不是一个真正的怀疑主义者，但是怀疑方法却是笛卡尔哲学中最重要的方法。笛卡尔的怀疑方法在程度上更加彻底，在范围上更加广泛。这是一种普遍怀疑，普遍怀疑的最终目的是找到一种确定性。因此，任何将笛卡尔哲学等同于怀疑主义的人都没有真正理解笛卡尔形而上学思想的内涵。笛卡尔认为，我们现在的科学能够提供的证据是有限的，而且会有出错的可能，因此我们有怀疑一切的动机。普遍怀疑的方法可以让我们排除过去的错误，认识到自身的局限，并且最终找到真正可靠的东西。怀疑实际上是一种非常有利的方法。

首先，笛卡尔怀疑感觉。笛卡尔认为，只要我们从前认为可靠的东西存在任何一点可疑的地方，就必须毫不犹豫地将之抛弃。在抛弃了不可靠之物的基础上，我们才能重新开始建构科学的大厦，所以必须从我们一直接受的可靠的东西的来源开始。那么这些来源是什么呢？笛卡尔认为是感觉。我们总是通过感官获得关于外部世界的经验，但是从来没有怀疑过其可靠性。事实上，感官经常欺骗我们。比如，我感觉这杯水非常烫，但是其实这是一杯凉水，只是因为我的手烫伤了出现了错觉，而且不同的人对同样一杯水的感觉也不尽相同。因此，感觉可以被怀疑。

其次，即使有时感觉是可靠的，我们也不能忽视做梦的情况。笛卡尔举了一个例子来说明这种可能。笛卡尔指出，诸如我坐在火炉旁边，穿着室内长袍，两只手拿着纸等情况，这些总是不能被怀疑的，不能被否认的。但是他紧接着提出了更为极端的情况——我可能在做梦。笛卡尔说他曾经梦见自己坐在火炉旁边，伸出两只手，但是他分明就是躺在床上做梦。梦中的情形过于真实以至于他无法分辨真假。但是笛卡尔指出，尽管梦里的事件是假的，但是梦里出现的某些东西却是可靠的。关于形状、量、大小、数目这一类广延性的东西却是我们思维中最基本的元素，它们不能怀疑。因此，笛卡尔认为，像物理学、天文学、医学或者研究复合事物的科学都是不可靠的，几何学、算术等科学中却包含了某种确定的东西，因为他们研究的对象更为简单清楚明白。但是即便如此，因为感觉存在出错的可能，我们不能仅仅依靠这些基本的元素就毫无保留地相信感觉。感觉仍旧是不可靠的。

最后，笛卡尔的普遍怀疑不仅停留在感觉层面，而是扩展到关于外部世界真实性的怀疑。由于旧的见解和感觉总是指导人们处理事情，人们总是习惯于相信旧的见解和感觉，甚至它们已经成了人们思维的支配者。因此，人们对于可能出错的见解和感觉也保留了基本的信任。但是笛卡尔认为，如果不破除这种思维习惯，我们可能会离真理之路越来越远。为了通过普遍怀疑的方法达到最高程度的可靠性，笛卡尔设想出一个欺骗人的妖怪。我们现在看到的一切，例如水、天空、颜色、大地、形状，以及听到的声音，都是这个妖怪用来欺骗我们的手段。不仅关于外部事物的感觉是假的，整个外部世界本身都是假的，甚至我自身都是妖怪虚造出来的。在这个妖怪的控制下，我们之前所获得的任何合理或者看似可靠的东西都是假的。或许有人认为笛卡尔已经到了精神崩溃的边缘，但是这才是真正的笛卡尔式怀疑方法。笛卡尔的怀疑是普遍、彻底的怀疑，任何存在一点儿怀疑可能性的东西都必须被排除掉。由于人的感觉尤其不可靠，普遍怀疑的主要对象就是感觉。在怀疑过感觉之后，笛卡尔才从精神上作好准备找寻真正的确定性。这也正是笛卡尔第一沉思的主要内容。

2. "我思故我在"

经过普遍怀疑之后，笛卡尔仍然没有放弃对最终确定性的寻求。正如"阿基米德之点"一样，笛卡尔也希望找到这种确定性。笛卡尔已经否认了感官的可靠性，并且设想存在一个妖怪在欺骗自己。但是在进一步的沉思中，笛卡尔意识到，即使妖怪在欺骗自己，这也不能否认"我"的存在。因为在怀疑和受骗的过程中，"我"总是存在的。假如连"我"都不存在，那么妖怪欺骗一个不存在的东西就是合理的了。但这显然是不可理解的。因此，普遍怀疑不会导致"我"这个对象被怀疑掉，反而确证了"我"的存在。这里的"我"当然不是物理意义上的身体，而是我正在怀疑，正在沉思这件事情本身。由此，笛卡尔找到了他的形而上学第一原理——"我思故我在"。

按照传统三段论式的理解，"我思故我在"的论证过程应该是这样的。大前提：思维着的东西必定存在；小前提：我在思维；结论：我存在。即由"我思"的前提推导出"我存在"的结果。但是笛卡尔直接否定了这种看法。笛卡尔认为"我思故我在"是通过心灵的简单直观发现的，是自明的事情。他还指出，如果三段论的说法合适，那么大前提"思维着东西必定存在"一定成立。但是思维着的东西如何离开"我"而独立存在呢？这与我们的经验知识不相符合，因此大前提不成立。所以整个三段论的推理过程不成立。形而上学的第一原理不仅要求清楚明白，而且要求可以从中推导出其他知识。作为第一原理，"我思故我在"必定满足这种条件。它是普遍怀疑之后得到的确定之物，是直观自明的，也是我们认识其他事物的基础。

关于"我"，笛卡尔写道："那么我究竟是什么呢？是一个在思维的东西。什么是一个在思维的东西呢？那就是说，一个在怀疑，在领会，在肯定，在否定，在愿意，在不愿意，也在想象，在感觉的东西。"① 在普遍怀疑之后，笛卡尔认识到，"我"不仅是一个肢体和器官、血和肉构成的物质性东西，"我"还有精神性的内涵。物质性的东西都不是"我"本身所拥有的，精神性的东西才是"我"的真正属性。我总是在思维的我，因此"我"的本质在一定意义上也是"我思"。

关于"思维"，笛卡尔写道："思维（pensée），我是指凡是如此存在于我们以内以致我们对之有直接认识的东西说的。这样一来，凡是意志的活动、理智的活动、想象的活动和感官的活动都是思维。"② 意志活动是思维本身的活动，但是感觉和想象不是思维的本质，理智才是思维的本质。笛卡尔通过蜂蜡论证来说明这种观点。首先，感觉不可能是思维的本质。笛卡尔在第一沉思中已经表明感觉是不可靠的。在第二沉思中，笛卡尔在蜂蜡的例子中指出，我们可以通过感官获得蜂蜡的颜色、形状、大小、温

---

① ［法］笛卡尔：《第一哲学沉思集》，庞景仁译，商务印书馆，2009 年，第 29 页。
② 同上，第 165 页。

度等。但是当周围环境和条件改变时，蜂蜡可能变成液体，仍然存在。但是我们的感觉却发生了变化。其次，想象也不是思维的本质。"想象不是别的，而是去想一个是关于物体性东西的形状或影像。"① 但是物体性的东西本身就是易变且不可靠的，因此通过想象认识的东西不是我们获得的对事物本身的认识。笛卡尔认为，在蜂蜡的例子中，想象不能够逐个获得蜂蜡的变化，而且蜂蜡的可变化性也不是想象赋予的。而思维却能够认识到蜂蜡的变化，因此想象显然不是思维的本质。现在笛卡尔认为，只有理智才能作为思维的本质。蜂蜡具备可变化性、广延性、可伸缩性。但是我们的感觉不能准确把握这些变化，我们的想象也不能穷尽这些变化。那么我们是如何得到关于"广延""伸缩"之类的认识的呢？笛卡尔指出，只有理智才能让我们的心灵获得这种认识。理智不仅发现了蜂蜡的变化，而且认识到这种变化背后隐藏的蜂蜡的性质。所以这种认识不是通过外部触摸就能获得，而需要内部的精神性的考察才能获得。至此，笛卡尔找到了思维的本质。

"我思故我在"不仅在笛卡尔哲学中占据重要地位，而且对整个哲学史都具有十分重要的意义。古希腊哲学是本体论哲学，其关注点在于"这是什么"。而笛卡尔的这一原理为我们的认识确定性找到了来源，开启了近代哲学的认识论转向。

3. 上帝

在找到"我思故我在"的阿基米德之点以后，笛卡尔将目光转向了上帝。上帝在笛卡尔的哲学中是至关重要的角色。笛卡尔

---

① ［法］笛卡尔：《第一哲学沉思集》，庞景仁译，商务印书馆，2009 年，第 29 页。

对上帝的论证集中在第三沉思和第五沉思中。

在笛卡尔那里，上帝是最完满的存在。他这样写道："用上帝这个名称，我是指一个无限的、永恒的、常住不变的、不依存于别的东西的、至上明智的、无所不能的、以及我自己和其他一切东西（假如真有东西存在的话）由之而被创造和产生的实体说的。"① 既然上帝具有如此巨大而卓越的优点，那么我们该如何证明上帝的存在呢？笛卡尔提出了两种论证方式：一是从上帝自身的效果来证明，二是从上帝的本质或者本性来证明。

第一种证明方式也被称为"因果论的证明"。这种证明坚持"无中不能生有""结果里的所有东西必然曾经存在于原因之中"的原则。经过普遍怀疑和沉思，正在思维的"我"得到了我的心中必定存在一个完满的观念的结论。由于结果总是有原因的，那么我心中产生这样的观念的原因是什么呢？沉思的"我"是有限的，而上帝是无限的，所以我不可能是上帝的来源。但是上帝这个观念如此真实地存在于我的内心，因此不可能是假的观念。笛卡尔认为，观念的客观存在不可能是潜在的存在体，只能是形式或者现实的存在体。同时，我的有限性也要求一种无限性来保障。上帝就是这样的存在，它的完满性保证了人的认识从潜在变为现实的可能性。它的无限性保证了有限性的人的存在。笛卡尔认为上帝的观念如此清楚明白，以至于我们无法设想其不存在。上帝就是完全真实的。

第二种证明方式通常被称为"安瑟伦式证明"。它从本体论的角度来证明上帝的存在。笛卡尔认为，对于一般事物而言，存

---

① ［法］笛卡尔：《第一哲学沉思集》，庞景仁译，商务印书馆，2009年，第49页。

在和本质是相互分离的，获得事物的本质不能推导出事物的存在。但是上帝是特殊的。笛卡尔指出："我很容易相信上帝的存在是可以同他的本质分得开的，这样就能够把上帝领会为不是现实存在的。虽然如此，可是仔细想一想，我就明显地看出上帝的存在不能同他的本质分开。"① 正如我们理解山的观念不能同一个谷的观念分开一样。但是笛卡尔提醒到，这并不意味着我们的思维给事物强加了什么必然性。恰恰相反，正是事物的必然性使得我们能够这样思维。只有在思维中已经获得清楚明白的东西才能够使我们相信其存在。因此，我们不能否认上帝的存在。

需要注意的是，笛卡尔的上帝不是宗教意义上的上帝，而是我们理性主义思维的反映。上帝是我们的天赋观念，它不是通过感官或者精神虚构出来的。笛卡尔用工匠标记作品的过程来喻指上帝观念的产生。工匠在一开始就把标记刻印在作品上，上帝在创造我们的时候就把上帝的观念放在"我"的内心之中了。笛卡尔赋予上帝以无限、圆满、永恒等性质，认为上帝处于至高无上的地位。"因为，信仰告诉我们，来世的至高无上的全福就在于对上帝的这种深思之中。"②

4. 真理和错误

笛卡尔在沉思中意识到，上帝是完满无缺的，他绝对不会欺骗"我"。同时"我"具备一种判断能力，我的判断能力也是从上帝那里接受的，那么我在判断时是否一定不会出错呢？显然不

---

① ［法］笛卡尔：《第一哲学沉思集》，庞景仁译，商务印书馆，2009 年，第 72~73 页。
② 同上，第 57 页。

是，而且我们的判断经常出错。凡是我们领会的清楚明白的都是真理，那么错误是什么？它是如何产生的？笛卡尔认为："错误，就其作为错误而言，并不取决于上帝的什么实在的东西，而仅仅是一种缺陷。"① 由于"我"作为一个人，我的本性是有限的，但是上帝的本性是广大无垠、深不可测的。因此错误不是上帝带给我的一种属性。错误的产生关系理智和意志。

理智是思维的本质，是"我"用来探求真理、领会能领会的东西时所需要之物。理智反映了人的精神性层面。笛卡尔认为，仅仅在理智之中，我们不能找到错误的来源。但是人还有意志，意志体现为判断和选择的能力。自由性是意志的基本特点。笛卡尔指出，我们能够认识到自己与上帝的相似性，主要是意志在起作用。意志非常广大，指导人们进行肯定、否定或者逃避的选择。但是错误的产生不单纯是理智也不单纯是意志的原因，而是两者的关系出现了偏差。

理智是有限的，意志是广大的，错误从这里产生。"既然意志比理智大得多、广得多，而我却没有把意志加以同样的限制，反而把它扩展到我所不理解的东西上去，意志对这些东西既然是无所谓的，于是我就很容易陷入迷惘，并且把恶的当成善的，或者把假的当成真的来选取了。这就使我弄错并且犯了罪。"② 所以错误在于意志超出理智的范围时，作出判断或者选择。当我们对于尚未认识清楚的东西进行匆忙而混乱的判断时，无论是形成的观念还是现实的选择，都是不恰当的。笛卡尔强调，这种决定并

---

① [法] 笛卡尔：《第一哲学沉思集》，庞景仁译，商务印书馆，2009 年，第 60 页。
② 同上，第 64 页。

不是上帝或者其他外部原因强迫我们作出的。相反，理智的清晰性和意志的自由性的共同作用使得我们的认识发生错误。为了减少出错的可能性，笛卡尔指出，我们需要注意两个方面：让理智的认识先于意志的决定，让意志判断限制在理智之内。这样，对于理智范围之内的，"我"都可以清楚明白地认识；而超出理智范围之外的，"我"也可以保持清醒不作错误的判断和选择。

笛卡尔关于意志的描述凸显了意志的自由性，即自由意志。这种自由一方面是一种无所谓的态度自由。意志没有必要在相反的东西之中必然选择其一，相反，为了自由，意志保持基本的无所谓的态度。另一方面，自由是一种自发的自由。这种自由类似于上帝的自由，但是与上帝的真正自由有本质的不同。自发的自由指的是我们不受外界的强迫作出选择，意志的广大无限性体现了这一点。我们总是倾向于选择善的、真的、美的东西，我们可以按照自身理智的指导选择正确的东西，这些都是意志自由的主动性、自发性的具体表现。但是笛卡尔指出，无所谓不是自由的本质，或者最多算是最低程度的自由。当我们面对混乱不堪、不能不怀疑的情况时，我们的意志才会表现无所谓的态度。但是意志总是自然地倾向于好和真，这才是真正的自由。可以说，"当我们对一件事物的清楚、分明的认识推动和迫使我们去追求时我们是自由的"①。

5. 身心关系

身心关系一直是一个重要的哲学问题。不同的哲学家对此给

---

① ［法］笛卡尔：《第一哲学沉思集》，庞景仁译，商务印书馆，2009年，第426页。

出了不同的解释，笛卡尔坚持身心二元论的观点。他认为，身体和灵魂的本质不同，但在实体上却紧密结合在一起，两者处于一个相互协调的体系之中。那么这种相互协调具体是如何运作的？这是笛卡尔要解决的关键问题。

物体或者说肉体，与我本身完全紧密贴合，"我"不可能与肉体分离，没有身体的个人不可想象。同时，"我"所感受到的情感、欲望和感官都离不开身体的参与。因此，身体是切切实实存在的。关于灵魂或者说心灵，笛卡尔认为它是一种理智的活动。心灵思维的本质就是理智，我们不能想象一个没有理智的纯粹心灵实体。从表面来看，身体与物体的广延性相关，我对自身肉体的观念是有广延而无思维的；心灵与思维的精神性相关，我对心灵的观念是在思维中而无广延的。但是笛卡尔指出，这两者看似完全不同，却是协调地结合在一起的。他从以下几个角度加以论证。

自然告诉我身心是完美结合的。当我们面对想要吃的但是刺激性的东西时，身体的器官——胃受到的刺激引起痛苦的感觉，从而体会到悲伤的思想。笛卡尔认为，这种过程除了自然没有别的能告诉我们。我们就是从自然那里获得关于我的判断和我的判断对象之间的关系。"自然"在这里指上帝在事物中建立的一切秩序和安排。自然会用各种感觉告诉我们身体的不适，比如，用疼的感觉告诉我们身体的一部分受伤，用饥饿的感觉告诉我们胃的空虚，等等。身体和心灵的结合在自然的感觉中如此紧密充实，就像完全融合、掺混一样。不过自然并不像上帝一样全知全能，它有时也会犯错，它可能将某些不是从自然获得的东西误认为是从自然而得。个体的人是一种有限性，从自然获得的也只能是有限完满性的认识。

笛卡尔还运用重力比喻来说明身心关系的统一。重力对于物体的作用与精神对于身体的作用相似。重力可以领会为一种结合在物体之中的性质，它满布于具有重量的物体上，并且重力均匀地分布于物体的每一部分之上。精神对于身体的作用与此类似，它均匀地蕴含在身体的每一部分，不会缺失或者不均。这种比喻为我们理解身心关系提供了很好的范例。

此外，笛卡尔还在物理学和生物学的层面来解释身心关系问题。他通过机器比喻来说明身心关系的统一。身体就像一个机器，骨骼、神经、筋肉、血管、血液、皮肤等各个器官相互协调，保证身体的正常运转。这里协调的关键在于神经系统，或者说大脑。我们的精神不能直接感受到感官的需求，而要通过神经系统传导至大脑，大脑发出指令，再通过其他部分来作出反应。笛卡尔用脚疼的例子来说明这种关系。当脚疼时，脚上的神经会经过身体的其他部分到达大脑，大脑就传导给精神一种疼痛的感觉，于是我们就感觉到了脚疼。笛卡尔后来将这种解释进一步延伸为"松果腺理论"。松果腺是灵魂最能够发挥作用的地方，是灵魂的深居之处。灵魂位于松果腺之中，通过动物精气和血液等将行动的指令传达给身体的各个部分。因此，松果腺一方面接收身体的信号，另一方面调动灵魂发挥作用将动物精气推向各个器官，使得身体发生反应。这样身体和心灵就达到了相互协调的运作。

但是笛卡尔的身心关系理论在学界一直有较大争论。在形而上学的层面，笛卡尔没有给出令人满意的答案。在物理学和生物学的层面，笛卡尔的解释又缺乏科学理论的支持。他的"松果腺理论"看似阐释了身体和心灵的运转，但是根本上，松果腺仍然是一个物体性的腺体，它如何与精神性的思维进行转换？笛卡尔对此并没有给出详细且有说服力的论证。因此，身心关系问题在形而上学层面仍然值得反思，笛卡尔将其拉回到物理学和生物学的领域也说明了他对这一问题阐释的局限性。这也促使笛卡尔进一步深化自己在自然科学，特别是物理学方面的思想。

笛卡尔认为，形而上学是哲学的第一部分，是第一哲学。它包含了上帝的品德、灵魂的性质、明白简单的观念等内容。笛卡尔通过普遍怀疑的方法找到了形而上学的第一原理——"我思故我在"。沉思的我在确定了自身的存在之后，认识到上帝是无限、完满、永恒的存在。上帝保证了有限的我的存在。但是上帝并不是错误的来源，当我的意志冲破理智的范围时，将理智运用在不能理解之物之上，错误才会产生。此外笛卡尔指出，人是精神和肉体的结合体，身心关系在大脑、神经系统、松果腺的作用下达到协调统一。笛卡尔在形而上学中的沉思为他的物理学理论奠定了基础，甚至可以说，关于物理学的原理已经蕴含在他的沉思之中了。

（四）在自然科学中宣扬理性

笛卡尔将哲学划分为第一哲学和第二哲学，分别指形而上学和物理学。他认为，形而上学和物理学的关系就像树根和树干的关系，形而上学只是达到物理学目的的手段，物理学才是笛卡尔真正的哲学兴趣点。但是笛卡尔对自然科学的贡献不仅局限在物理学方面，还涉及了气象学、天文学、数学、生理学、力学、光学、生物学等诸多具体学科。

笛卡尔的自然科学思想集中在《论世界》《哲学原理》《灵魂的激情》三本书中。但是由于受到当时教会神学的压迫，笛卡尔没有直接出版《论世界》一书，而是最先在《谈谈方法》的第五部分中简要介绍了自己关于自然科学的思想。他指出，一本书无法完全包罗自己的思想，他只能介绍关于光、天宇、行星、彗星、地球、物体和人等的理解。

《哲学原理》的后三部分集中阐述了笛卡尔的物理学思想，这也是他在自然科学中最为突出的贡献。笛卡尔认为，物体和精神完全不同，前者的本质是广延，后者的本质是理智思维。关于物体，笛卡尔写道："物体的本性，不在于重量、硬度、颜色等，而只在于广延。这样，我们就会看到，一般来说，物质或物体的本性，区别并不在于它是硬的、重的、或者有颜色的，或以其他方法刺激我们的感官。它的本性只在于它是一个具有长、宽、高三量向的实体。"① 广延，即指一种空间性。拥有广延的物体总是在世界中占据一定的位置，这种位置就是空间，也就是广延性的现实表现。笛卡尔认为，一般人对虚空的认识会扰乱对广延性的认识。一般人将虚空当作空间的否定，因此有空间必定有虚空。但是笛卡尔认为，虚空不是指绝对的没有任何事物的场所，而是缺乏我们假设应该有的东西的情况。但是哲学意义上的虚空是不存在的。充满空气的空瓶子不因没有盛水就被称为虚空。物体的广延性与空间可以无限重合，说虚空存在是一种反理性。此外，

① ［法］笛卡尔：《哲学原理》，关文运译，商务印书馆，1958 年，第 35 页。

广延的特点是可分割性。长宽高之类的空间都可以被无限分割下去，因此原子不存在。原子论者坚持原子是宇宙中最小的不可分割的物质。但是笛卡尔认为，原子既然是物体，必然也具有广延性，那么我们应该承认它的可分割性，否则将和物体的本质属性是广延性的说法产生矛盾。因此，整个世界都是广延且没有定量的。

物体的另一个特点是运动性。"所谓运动，乃是一个物质部分（或物体）由其紧相邻接的物体（或我们认为静止的物体），移近于别的物体的意思。"① 运动是一种位置之间的转移，它不是一种实体，而是事物的一种状态。静止也是如此，都是物体的存在情况。但是运动是绝对的，静止是相对的。例如，行进的船只离开了所在的岸边，是在运动，但是仅注意船只本身则是相对静止的。笛卡尔认为，运动的根本原因是上帝。上帝在创造物体的时候，就将一定总量的运动放入物体之内，物体由此产生运动的可能。运动总是与静止相伴，运动的增加与减少也总是相伴出现，因此就整个宇宙来说，运动量守恒。不仅如此，宇宙中所有的运动都遵循三大定律，即物体在没有受到外力影响时会保持惯性运动；运动总是倾向于直线运动，圆周运动有离心倾向；物体碰撞中运动的增加和减少保持等量。

在阐明了运动之后，笛卡尔试图说明整个宇宙的形成和演化。笛卡尔的思想受到了当时伽利略的天文学思想启发，他进一步将这种思想系统化理论化。笛卡尔观察到船在水中围绕涡流旋转的现象，提出了"漩涡理论"，即所有天体也是以某一天体为中心

---

① ［法］笛卡尔:《哲学原理》，关文运译，商务印书馆，1958 年，第46 页。

进行漩涡运动，地球围绕太阳转，月亮围绕地球转，都可以例证这一点。当然，受制于当时的天文学背景，笛卡尔的漩涡理论过于简单，也存在着许多问题，在当时并未引起太多注意。

除了物理学，笛卡尔在数学上也有很大成就。笛卡尔对数学的兴趣首先来自于他与贝克曼的交往，随后笛卡尔在数学方面取得了诸多研究成果。传统观点认为，代数与几何是分离的两个学科，笛卡尔指出可以用代数的方法和工具来解决几何问题，用几何方法解决代数问题，从而实现代数与几何的有效连接。笛卡尔通过构建代数工具解决了三等分角问题，利用等分规解决了两倍立方问题，还运用曲线图形解决代数中高次方程问题。他的具体解决方法以及其他数学思想都集中在《几何学》一书中。笛卡尔在数学上的创造性贡献极大地推动了当时数学理论的发展。

笛卡尔对自然科学的兴趣还体现在他在生理学方面提出的学说。笛卡尔曾在参观巴黎郊区皇家花园时对一个机械喷泉颇感兴趣。他认为，人的身体和喷泉一样，都可以这样机械地运转。身体是一台自动机器，骨骼、神经、筋肉、血管、血液、皮肤等就像机器的各个部件，相互作用，保证整个人的身体可以正常运转。血液循环的例子可以说明这一思想。笛卡尔指出，血液不是静止地存在于身体的血管内，而是通过心脏的搏动实现血液的循环。血液首先遍布于身体的所有血管，心脏的搏动迫使血液流入肺动脉，血液进入肺器官之后没有停止而是通过静脉流回心脏。与此同时，心脏的搏动会带动血液从动脉流向身体的各个肢体末端，再通过静脉回到心脏。由此，身体实现血液的全身循环。没有血液流动的身体不能被称为身体，而是死去的躯体。笛卡尔指出，动物也和人一样，其身体的运转都遵循这种机械运动原理，但是我们必须严格区分动物和人。动物不能像人一样使用语言对外传递思想，动物只能纯粹利用身体机器的部件活动，而人是通过理智获得关于外部世界的知识。两者在本质上是不同的。笛卡尔的身体机器观点进一步影响了他对于身心关系问题的认识，研究者通常认为笛卡尔是一个身心二元论者。

笛卡尔在自然科学上的观点体现了他的机械唯物论思想。笛卡尔认为，世界上的一切形体都是拥有广延的物体。由于广延的无限可分割性，世界并不存在原子和虚空，整个世界中形体的位置转移都是物体运动的具体表现。笛卡尔关于宇宙进化的学说也和机械运动相关，天体的漩涡原理实际上也是一种机械运动，宇宙在这种运动中不断生成演变。人和动物的躯体都是一种自动机器，血液循环作为基本的运动，保证了身体的正常运转。笛卡尔将几何与代数相结合解决数学难题，这一方法的提出暗示了笛卡尔对于工具的重视。笛卡尔用机械唯物论的原理构造了一套自然科学的学说，这对于整个近代科学的发展起到了极大的推动作用。

（五）笛卡尔名言及译文

（1）I am, then, in the strict sense only a thing that thinks; that is, I am a mind, or intelligence, or intellect, or reason. [①]

因而，严格来说我只是一个在思维的东西，也就是说，我是一个心灵，或者一个理智，或者理性。

---

① René Descartes, *Meditations on First Philosophy*: *With selections from the objections and replies*, translated and edited by John Cottingham, Cambridge: Cambridge University Press, 2013, p. 18.

（2）Whatever I perceive very clearly and distinctly is true.①

凡是我们知觉得十分清楚、十分分明的东西都是真实的。

（3）It is clear by the natural light that the perception of the intellect should always precede the determination of the will. In this incorrect use of free will may be found the privation which constitutes the essence of error.②

自然之光告诉我们，理智的认识永远必须优先于意志的决定。构成错误的本质就会在不正确地使用自由意志上的这种缺陷上得到发现。

（4）I might consider the body of a man as a kind of machine equipped with and made up of bones, nerves, muscles, veins, blood and skin in such a way that, even if there were no mind in it, it would still perform all the same movements as it now does in those cases where movement is not under the control of the will or, consequently, of the mind.③

如果我把人的肉体看作由骨骼、神经、筋肉、血管、血液和皮肤组成的一架机器一样，即使里边没有心灵，也并不妨碍它跟现在完全一样的方式来运作，在那些例子中，它不是由意志控制，最终也不是由心灵控制。

（5）The body is by its very nature always divisible, while the

---

① René Descartes, *Meditations on First Philosophy：With selections from the objections and replies*, translated and edited by John Cottingham, Cambridge：Cambridge University Press, 2013, p. 24.

② Ibid. , p. 41.

③ Ibid. , p. 58.

mind is utterly indivisible. ①

物体因其本质永远是可分的，而心灵完全是不可分的。

（6）Thus, all Philosophy is like a tree, of which Metaphysics is the root, Physics the trunk, and all the other sciences the branches that grow out of this trunk, which are reduced to three principal, namely, Medicine, Mechanics and Ethics. ②

全部哲学就如一棵树似的，对于它形而上学就是根，物理学就是干，别的一切科学就是干上生出来的枝。这些枝条可以还原为主要的三种，即医学、机械学和伦理学。

（7）That in order to seek truth, it is necessary once in the course of our life, to doubt, as far as possible, of all things. ③

为了追求真理，我们必须在我们的一生中尽可能地把所有事物都来怀疑一次。

（8）That God is not the cause of our errors. ④

上帝不是我们错误的原因。

（9）That the nature of body consists not in weight, hardness, colour and the like, but in extension alone. ⑤

物体的本性，不在于重量、硬度、颜色等，而只在于广延。

（10）That all the variety of matter, or the diversity of its forms,

① René Descartes, *Meditations on First Philosophy: With selections from the objections and replies*, translated and edited by John Cottingham, Cambridge: Cambridge University Press, 2013, p. 59.

② René Descartes, *Principles of philosophy*, translated by John Veitch, LL. D. http://www.blackmask.com, 2002, p. 6.

③ Ibid., p. 9.

④ Ibid., p. 15.

⑤ Ibid., p. 28.

depends on motion. ①

物质的所有多样，或形式的多样性，基于运动。

（11）It must be with the simplest and easiest to know. ②

必须要从最简单、最容易认识的东西开始。

（12）I was assured that no one which indicated any imperfection was in him, and that none of the rest was awanting. ③

我确信，凡是表明不完满的东西没有一个在神那里，凡是其余的，在神那里都不缺乏。

（13）There is need of a method for finding out the truth. ④

方法，对于发现真理是必要的。

（14）Method consists entirely in the order and disposition of the objects towards which our mental vision must be directed if we find out any truth. ⑤

方法完全在于对象的秩序和倾向，如果我们发现任何真理，通过它们我们的心灵视野必须得到指引。

---

① René Descartes, *Principles of philosophy*, translated by John Veitch, LL. D. http：//www. blackmask. com, 2002, p. 33.

② René Descartes, *A Discourse on the Method of Rightly Conducting the Reason and Seeking Truth in the Sciences*, Shenyang：Liaoning People's publishing House, 2015, p. 18.

③ Ibid. , p. 32.

④ René Descartes, *Rules for the direction of the mind*, translated by W. H. White, Chicago：Encyclopaedia Britannica, 1952, p. 5.

⑤ Ibid. , p. 7.

三、主要影响

笛卡尔哲学开启了近代哲学的认识论转向，被称作"近代哲学之父"。无论是在方法论还是哲学观点中，他的思想始终贯穿于理性主义的精神内涵。笛卡尔不仅在哲学上构建出了自己的理论体系，在物理学、气象学、天文学、数学、生理学、力学、光学、生物学诸多领域也颇有建树。在哲学的长河中，笛卡尔的理性精神悠远流长。

（一）开创了近代哲学的认识论转向

古代哲学一般围绕着"存在问题"展开，属于本体论问题。笛卡尔哲学不是以"存在是什么""知识是什么"为中心，他讨论的是人类的认识可能性问题，属于认识论问题。笛卡尔通过普遍怀疑的方法找到形而上学的第一原理——"我思故我在"。他认为思维的本质是理智，物体与思维不同，物体的本质属性是广延。由此，笛卡尔提出了身心二元论的观点。而在认识的可靠性问题上，笛卡尔坚持天赋观念论。他的哲学思想对后世的哲学家产生了很大影响，主要人物有斯宾诺莎、莱布尼茨等。

斯宾诺莎的哲学直接受到了笛卡尔的影响，曾著有《笛卡尔哲学原理》一书。在几何学上，斯宾诺莎与笛卡尔一样，注重几何学的方法和工具，斯宾诺莎更是借助几何学来解决形而上学问题。斯宾诺莎修正了笛卡尔的身心二元论，提出了带有明显一元论色彩的实体观。尽管两人对于某些哲学的观点不尽相同，但是在构建哲学体系的过程中都凸显了理性精神的重要性，这也是近代理性主义哲学的特点所在。

莱布尼茨继承了笛卡尔的理性思维，认为形而上学、逻辑性、数学之类的知识来自于理性而不是感性。同笛卡尔一样，莱布尼茨不同意洛克的"白板说"，他认为我们的心灵中蕴含了天赋观念，经验形成的知识必须以此为依托，而且上帝就是我们认识到的真理的最终来源。但是莱布尼茨关于物质的观点与笛卡尔有所不同。他提出了形而上学的单子论，认为单子是一种简单实体，是完全不可分的。整个世界在单子论的基础上形成了预定和谐的新系统。可以看出，莱布尼茨的哲学观与笛卡尔有许多相似之处，但他也在此基础上提出了自己独特的哲学观点。

除了继承了笛卡尔哲学精神的哲学家，还有一些哲学家对笛卡尔的哲学观点提出了批评。伽森狄的唯物主义原子论思想和帕斯卡尔的非理性主义哲学都是对笛卡尔哲学的质疑和挑战。但是这也从反面说明了笛卡尔对后来哲学家的影响之大，在哲学史上的地位之高。

（二）推动了近代自然科学的发展

笛卡尔在物理学、数学、生物学等方面的成果推动了近代自然科学的发展。笛卡尔受到哥白尼革命、伽利略思想的启发，在物理学、天文学方面构建了一套完整的体系。他认为，地球不过是宇宙中的诸多行星之一，它们都是物质实体，并且按照一定的规律运行。笛卡尔还提出了三大运动定律、宇宙生成的漩涡理论等。这些理论虽然被后来的科学证实并不完全正确，但在当时的科学界已经是具有突破性的进展了。在数学方面，笛卡尔将代数和几何相结合，用代数工具解决几何问题，用几何图形解决代数问题。这种全新的理念极大地推动了数学的发展。笛卡尔在生物学方面的研究主要集中在人体构造上，他提出了血液循环、松果腺、身体是一台机器等说法。英国生物学家赫胥黎肯定了笛卡尔的这些贡献。尽管笛卡尔的科学思想在今天看来有许多不足之处，但是在 17 世纪的科学背景下，他在自然科学方面的诸多成果在一定程度有利于整个自然科学的发展。

（三）延续在 20 世纪哲学的精神之中

笛卡尔的哲学精神一直延续到了 20 世纪哲学。笛卡尔的身心关系问题至今为止仍然是当代心灵哲学的主要研究对象。笛卡尔的身心二元论放在当代的哲学背景下存在许多缺陷，但是心灵哲学不同学派对这一问题的解释仍然是以身体和心灵之间如何协调为中心。因此，笛卡尔是我们研究心灵哲学时不可回避的人物。此外，胡塞尔作为现象学的标志性哲学家，他的许多思想都受到了笛卡尔的影响。胡塞尔继承了笛卡尔普遍怀疑的方法，将其进一步引申为"中止判断"的方法；胡塞尔的现象学还原方法与笛卡尔承认对事物本质可以获得清楚直观的认识的观点相一致。不仅如此，笛卡尔哲学的其他方面，如关于怀疑的论证、对于"我思"的绝对强调、暗含的基础主义倾向等问题，也在 20 世纪哲学中重新引起重视。笛卡尔的哲学思想并没有在哲学发展过程中逐渐被遗忘，反而成为我们研究哲学问题时无法回避的哲学思想。

四、启 示

笛卡尔的哲学理论对后世哲学家产生了重大影响，他的哲学理论中所蕴含的方法论、思维方式等对我们处理人生问题也有着指导意义。

（一）对方法论的启示——怀疑方法

怀疑方法在笛卡尔的整个方法论中占据十分重要的地位。16世纪的法国怀疑主义的风气蔓延，怀疑主义者对人类的认识能力提出怀疑，认为人的理性在怀疑中不能为我们的知识提供最终的保障。笛卡尔不同意怀疑主义的观点，他肯定人类的理性能力，承认理性思维的重要性。但是在此之前，笛卡尔用普遍怀疑的方法来回应怀疑主义者的挑战，同时也用这种方法来找到认识的"阿基米德之点"。笛卡尔指出，凡是能够引起我们一点儿怀疑的东西都是不可信的，都是怀疑的对象。我们的感觉虽然提供了丰富的认识材料，但是感觉经常会骗人，感官获得的观念与实际事物会出现不一致的情况，因此感觉是不可靠的。笛卡尔还通过区分梦境和真实、假定妖怪的存在等手段贯彻普遍怀疑的方法。但是笛卡尔认识到，只有"我在怀疑"这件事情本身不能够被怀疑。我在怀疑，我在思考，这正是我的理性思维的表现。怀疑是我们获得知识和真理的必要步骤。笛卡尔的怀疑方法不仅是哲学理论的特有方法，也可以运用在其他学科之中。在追寻知识的确定性过程中，首先应该怀疑掉不可信之物，为确定性扫清障碍；

在面对复杂的问题时，怀疑的态度可以让我们保持清醒，不会轻易动摇信念。因此，怀疑方法不仅是有效的哲学方法，也是我们在日常生活中获得知识的重要手段。

（二）对思维方式的启示——理性之光

"理性"是整个笛卡尔哲学的精神内核。思维的本质不是感觉、不是想象、不是记忆，而是理智。正是因为理智，我们才能够正确地思考问题，获得对事物的清楚明白的认识。缺乏理智，我们不能进行任何真正的精神思维活动。理智的两种基本活动是直观和演绎：通过直观，我们领会到纯粹的、简单的、清楚的、分明的知识；通过演绎，我们可以获得对于别的事物的判断，逐渐形成全部的知识链条。笛卡尔对理性的看重向我们揭示了认识过程中容易被忽略的一点，即感觉经验的不可靠性。理性的思维方式一方面避免了这种缺陷，另一方面保证了认识的正确性和有效性。虽然笛卡尔对理性的高度推崇也受到了来自经验主义哲学的批判，但是笛卡尔哲学通过理性的方法追寻最终的确定性，开辟了近代理性主义哲学传统，将理性之光闪耀在哲学的思辨之中。"理性"已经成为我们思维方式的宝贵财富。

（三）对人生意义的启示——沉思前行

回顾笛卡尔的一生，这是一个沉思者的不断前行之路。尽管笛卡尔的思想受到当时教会的压制，笛卡尔的学说被禁止宣扬，但是他仍旧在沉思中体会人生的意义。笛卡尔在布雷达的军营中思考数学知识，探求众多数学谜题的答案；在多瑙河畔的暖炉中体会三个梦境的沉思，试图追寻形而上学的第一原理；在将近十年的欧洲游历中寻求知识与真理，思考上帝的存在；在瑞典的皇宫中为女皇传授知识，坚持哲学的沉思。笛卡尔对新的知识持有极大的兴趣和热情，他在沉思中将这些情感转化成哲学理论，用文字传递自己沉思的结晶。在几百年之后，我们重读笛卡尔的著作，仍然能够从中汲取丰富的知识营养。这种阅读不仅是哲学理论的学习，更是对人生方向的指引。重温经典，一路沉思前行。

　　笛卡尔的一生游历众多地方，他在体验生活的同时，也是用心灵的沉思获得哲学的智慧。笛卡尔哲学中所蕴含的理性主义思维方式，体现了他哲学体系的精神内核，也影响了整个近代哲学的发展。几乎没有哪个哲学家可以像笛卡尔一样，用一句话标示自己的哲学体系。但是当我们提及笛卡尔时，"我思故我在"总是最先出现在脑海之中。这句话已经不再仅仅是笛卡尔的一个哲学观点，它已经深入我们的思想之中，成为引导我们思考与学习的信条。笛卡尔的贡献还有他的方法论、关于身心关系的看法、在自然科学方面的成就等。这些既是历史的遗产，也是我们从事现代研究的财富。笛卡尔之身虽已逝去，但是笛卡尔沉思的灵魂从未远离。

五、术语解读与语篇精粹

（一）普遍怀疑（Hyperbolical doubt）

1. 术语解读

笛卡尔作为近代哲学二元论的代表，提出了著名的"普遍怀疑"的主张，由"普遍怀疑"展开了他"我思故我在"的理性思辨，最终又回到"普遍怀疑"。在 1637 年的《方法谈》(*Discourse on the Method*)中，笛卡尔试图建立一种不含有任何疑惑的知识的基础原则。为此，他使用了一种"普遍怀疑"的方法，有时也被称作"方法论的怀疑主义"。他拒绝任何可能被怀疑的观点，接下来再重建这些观点，以期获得一种真知识的坚实基础。在 1641 年的《第一哲学沉思集》(*Meditations on First Philosophy*)中，笛卡尔论述了六个沉思，在第一个沉思中他谈到，科学可靠的基础在于系统地进行怀疑，去质疑所有早已接受的观点，最终沉思者因毫无疑问地意识到他自己的存在而达致确定性的终点。

笛卡尔的"普遍怀疑"是一种对信念的真理性进行怀疑的系统化过程。它后来成为笛卡尔哲学中饶有特色的哲学方法。"普遍怀疑"是达到目的的手段，不是目的本身。"方法论的怀疑主义"与"哲学的怀疑主义"的不同之处在于，前者是将所有的知识置于详细审视之下，以便从假的知识中分辨出真知识；而后者则是用来质疑纯粹知识是否可能的。

2. 语篇精粹

语篇精粹 A

Some years ago, I was struck by the large number of falsehoods that I had accepted as true in my childhood, and by the highly doubtful nature of the whole edifice that I had subsequently based on them, I realized that it was necessary, once in the course of my life, to demolish everything completely and start again right from the foundations if I wanted to establish anything at all in the sciences that was stable and likely to last. But the task looked an enormous one, and I began to wait until I should reach a mature enough age to ensure that no subsequent time of life would be more suitable for tackling such inquires. This led me to put the project off for so long that I would now be to blame if by pondering over it any further I wasted the time still left for carrying it out. So today I have expressly rid my mind of all worries and arranged for myself a clear stretch of free time. I am here quite alone, and at last I will devote myself sincerely and without reservation to the general demolition of my opinions. ①

译文参考 A

多年前，我被许多谬误所困，那些谬误在孩童时代的我看来曾是真理，同样困扰我的是随后建立在那些谬误基础上的整个"大厦"及其可疑的本质。我人生中第一次意识到，若我想要建造稳固、经久不变的科学大厦，就有必要将一切彻底拆除再从头开始重建基础。但这个任务看上去十分庞大，我必须要等到自己达到十分成熟的年龄，成熟得在那之后不会有更适合进行这项拷问任务的年龄，这使我不得不将这项计划拖了那么久，以至于我要是再继续左思右想不行动进而浪费了本可以实施此计划的余生时间的话，我将铸成大错。所以今天我赶紧摈除我所有顾虑，安排一段空闲的时光去做此事。此刻，我一个人终将认真地、不遗余力地投入到一场对我已有观点的彻底清算中去。

① René Descartes, *The Philosophical Writings of Descartes*, Vol. II, Cambridge: Cambridge University Press, 1984, p. 12.

语篇精粹 B

But to accomplish this, it will not be necessary for me to show that all my opinions are false, which is something I could perhaps never manage. Reason now leads me to think that I should hold back may assent from opinions which are not completely certain and indubitable just as carefully as I do from those which are patently false. So, for the purpose of rejecting all my opinions, it will be enough if I find in each of them at least some reason for doubt. And to do this I will not need to run through them all individually, which would be an endless task. Once the foundations of a building are undermined, anything built on them collapses of its own accord; so I will go straight for the basic principles on which all my former beliefs rested. [1]

译文参考 B

但为了实现这一切，我没有必要去证明我所有的观点都是错的，因为这样的证明是我永远也做不到的。我的理性告诉我，就像我会认真地避开那些明显有错的观点一样，我应该抛弃相信那些不完全确定的和可疑的观点。因此，为了达到抛弃我所有观点的目的，我只需在我的观点中找出哪怕是一点点的可疑之处就足够了。这样一来，我就不必将我所有的观点都一一检查一遍了，因为逐个核查是一件没完没了的工作。一旦大厦的基础被摧毁，建于它之上的其余部分将随之崩塌；所以我的工作将直奔我所有先前已有观点的基础原则下手。

---

① René Descartes, *The Philosophical Writings of Descartes*, Vol. II, Cambridge: Cambridge University Press, 1984, p. 12.

语篇精粹 C

Perhaps there may be some who would prefer to deny the existence of so powerful a God rather than believe that everything else is uncertain. Let us not argue with them, but grant them that everything said about God is a fiction. According to their supposition, then, I have arrived at my present state by fate or chance or a continuous chain of events, or by some other means; yet since deception and error seem to be imperfections, the less powerful they make my original cause, the more likely it is that I am so imperfect as to be deceived all the time. I have no answer to these arguments, but am finally compelled to admit that there is not one of my former beliefs about which a doubt may not properly be raised; and this is not a flippant or ill-considered conclusion, but is based on powerful and well thought-out reasons. So in future I must withhold my assent from these former beliefs just as carefully as I would from obvious falsehoods, if I want to discover any certainty. [1]

译文参考 C

也许有些人宁愿否定如此强大的上帝的存在也不愿相信一切都是不可靠的。我们暂且不去与他们争论，先认同他们那种认为"关于上帝的一切都是虚假的"观点。那么根据他们的假设，我就能达到我目前的状况，也许我达到目前状况靠的是命运、机缘、一系列连续的事件，或靠的是某些其他方法；而既然欺骗和错误似乎都是不完美的，他们的说法越是使我原始的理由变得软弱无

---

[1] René Descartes, *The Philosophical Writings of Descartes*, Vol. II, Cambridge: Cambridge University Press, 1984, pp.14-15.

力，我就更可能是不完满的进而总是被欺骗。我对这些论断无以辩驳，但我却最终不得不承认我先前就有的思想都是可被质疑的；这个结论不是轻率的也并非是考虑不周的，而是以缜密而有力的思考后得出的理据为基础的。因此，我若想找到任何具有确定性的事物，我将一定不会去认同我先前就有的思想，这就如同我不会认同明显的谬误一样。

（二）我思（Cogito）

1. 术语解读

"我思故我在"是笛卡尔的一句十分著名的论断。这句话第一次出现在笛卡尔 1637 年的《方法谈》中的第四部分，其拉丁文 "cogito ergo sum" 出现在 1944 年的《哲学原理》中，却并没有出现在笛卡尔阐述他形而上学的力作《第一哲学沉思集》中，而笛卡尔在《第一哲学沉思集》中清楚地解释了为什么对自己存在的意识是通往知识之路的坚实的第一步。在系统的怀疑过程之后，沉思者便直接意识到他自己确定存在。

"我思故我在"可以称得上是整个近代哲学史中具有开拓地位的著名论断，在极端的怀疑论的挑战面前，这句话为知识奠定了稳固的基础。笛卡尔认为，与完全可能是想象、欺骗或谬误的其他知识相比较，人对自己的存在进行怀疑的这个动作以最小的限度证明了人的心灵的存在。一定存在着一个思维着的实体，就是"自我"才能思考出思想来，并由这个十分确定的"自我"的存在走向笛卡尔的理性主义认识论。

"我思故我在"是一个判断句，总体上看已经被人们当作笛卡尔形而上学方法的典型标签性词汇，一般用拉丁文 cogito（"我思"）来表示。

2. 语篇精粹

语篇精粹 A

But since I now wished to devote myself solely to the search for truth, I thought it necessary to do the very opposite and reject as if absolutely false everything in which I could imagine the least doubt, in order to see if I was left believing anything that was entirely indubitable. Thus, because our senses sometimes deceive us, I decided to suppose that nothing was such as they led us to imagine. And since there are men who make mistakes in reasoning, committing logical fallacies concerning the simplest questions in geometry, and because I judged that I was as prone to error as anyone else, I rejected as unsound all the arguments I had previously taken as demonstrative proofs. Lastly, considering that the very thoughts we have while awake may also occur while we sleep without any of them being at that time true, I resolved to pretend that all the things that had ever entered my mind were no more true than the illusions of my dreams. But immediately I noticed that while I was trying thus to think everything false, it was necessary that I, who was thinking this, was something. And observing that this truth "I am thinking, therefore I exist" was so firm and sure that all the most extravagant suppositions of the skeptics were incapable of shaking it, I decided that I could accept it without scruple as the first principle of philosophy I was seeking. ①

译文参考 A

现在我愿意将精力都投入到寻求真理上来，所以我认为很有必要采用相反的方法：把我本来想象成毫无疑问的东西当作绝对错误的而丢弃掉，这样就能看清还剩下什么是完全可以被我相信的。由于我们的感官有时候会欺骗我们，我决定假设所有东西不是感官指使我们去想象出来的样子。此外，由于人总是会在推理时犯错，在几何学中最简单的问题上都会犯逻辑错误，并因为我和他人一样都会犯错，我将把我先前看作明显证据的论断当作不合理的东西而统统抛弃。最后，我们醒着时的思想也可能在我们睡着时出现，且没有一个睡梦中的思想为真，那么我便可以假设曾出现在我心灵中的任何东西都和我梦中的幻觉一样虚假。但我立即注意到，当我努力地把一切都想成是假的时，我却不得不说正在思考的"我"是存在的东西。我发现"我在思考，因此我是存在的"是一条非常可靠和确定的真理，怀疑派的一切最强大的假设都无法将它撼动。我认为我可以毫无顾虑地将这条真理视为我一直追寻的哲学第一原则。

语篇精粹 B

In rejecting—and even imagining to be false—everything which we can in any way doubt, it is easy for us to suppose that there is no God and no heaven, and that there are no bodies, and even that we ourselves have no hands or feet, or indeed any body at all. But we can-

---

① René Descartes, *The Philosophical Writings of Descartes*, Vol. I, Cambridge: Cambridge University Press, 1985, pp. 126-127.

not for all that supposes that we, who are having such thoughts, are nothing. For it is a contradiction to suppose that what thinks does not, at the very time when it is thinking, exist. Accordingly, this piece of knowledge—I am thinking, therefore I exist—is the first and most certain of all to occur to anyone whophilosophizes in an orderly way. [①]

译文参考 B

在拒绝一切受到我们某种怀疑的东西时，甚或是在想象那些东西的虚假性时，我们会倾向于假设上帝不存在、天堂不存在、肉体不存在，甚至会假设我们自己没有手脚，或者想象根本没有任何人是存在的。但我们根本没法假设正在进行这些假想的"我们"本身都不存在。因为若去假设那个正在进行思考的东西本身不存在就是自相矛盾的了。因此，"我正在思考，因此我存在"这条知识是那个有哲学思维秩序的人获得的所有知识中的第一知识和最具确定性的知识。

语篇精粹 C

After this I considered in general what is required of a proposition in order for it to be true and certain; for since I had just found one that I knew to be such, I thought that I ought also to know what this certainty consists in. I observed that there is nothing at all in the proposition 'I am thinking, therefore I exist' to assure me that I am speaking the truth, except that I see very clearly that in order to think it is necessary to exist. So I decided that I could take it as a general rule that

---

① René Descartes, *The Philosophical Writings of Descartes*, Vol. I, Cambridge: Cambridge University Press, 1985, pp. 194-195.

the things we conceive very clearly and very distinctly are all true; only there is some difficulty in recognizing which are the things that we distinctly conceive. ①

译文参考 C

此后，我就对命题如何才能为真、如何成为确定的命题进行一般性的考察；因为既然我已经发现了一个那样为真、为确定的命题，我想我也应该知道它何以具有确定性。我发现，从"我在思考，因此我存在"这个命题中我找不到什么东西能向我担保它是真命题，我能清晰地看到确定的一点是"'我'要想思考，'我'必须存在"。因此我断言，我可以把"凡是我们能够清晰明白地想到的事物都是真的"当作一般性的规则，只不过要弄清楚我们清晰地想到的是哪些事物是有些困难的。

（三）身心（Mind and Body）

1. 术语解读

笛卡尔在《方法谈》中，用 mind（或 soul）表示"意识"或"正在思维着的'我'"；在《第一哲学沉思集》中，将这个概念充分展开来论述，他在第二个沉思中提出"'我'是什么?"的问题，并从严格意义上将"我"解释为一个思考着的实在，一种具有思维的实在。与之相对，在笛卡尔看来，身体（body）则是具有广延的实在，它占据空间的长、宽和高。"心"和"身"这

---

① René Descartes, *The Philosophical Writings of Descartes*, Vol. I, Cambridge: Cambridge University Press, 1985, p. 127.

两者的属性是完全对立的。在《第一哲学沉思集》中的第六个沉思中，笛卡尔指出了广延的属性和思维的属性是互不相容的，具有广延的东西是不能思考的，而正在思考的东西是不具有广延的属性的。在笛卡尔那里，人的身体像动物的身体一样是一架机器，人的生命运动和运行不受到心灵的东西的影响。

身心二元对立的思想可以有效地帮助笛卡尔为自然科学的发展开辟更加合理与自由的空间，人们可以对自然进行机械论的解释。心灵被排除在自然之外，物理学就获得了独立发展的领域，物理学可以不像以前那样受神学影响。

2. 语篇精粹

语篇精粹 A

Thus, simply by knowing that I exist and seeing at the same time that absolutely nothing else belongs to my nature or essence except that I am a thinking thing, I can infer correctly that my essence consists solely in the fact that I am a thinking thing. It is true that I may have (or, to anticipate, that I certainly have) a body that is very closely joined to me. But nevertheless, on the one hand I have a clear and distinct idea of myself, in so far as I am simply a thinking, non-extended thing; and on the other hand I have a distinct idea of body, in so far as this is simply an extended, non-thinking thing. And accordingly, it is certain that I am really distinct from my body, and can exist without it. [1]

---

① René Descartes, *The Philosophical Writings of Descartes*, Vol. II, Cambridge: Cambridge University Press, 1984, p. 54.

译文参考 A

因而就凭我知道我是存在的且同时看到除了"'我'是一个正在思考着的东西"以外，"我"别无其他本质或本性。我可以正确地推论出我的本质只存在于我是一个思考的人这一事实中。的确我可能拥有（或者说，我能预测到我确实有）一个与"我"紧密相连的身体。但是一方面，我清楚、清晰地感到"我"的实存，因为"我"就是一个正在思考着的、没有广延的东西；另一方面，我清楚地感到我身体的实存，因为身体就是一个广延的、不能思考的东西。因此肯定的是，"我"与我的身体是决然不同的两种东西，"我"不依赖我的身体而存在。

语篇精粹 B

Next I examined attentively what I was. I saw that while I could pretend that I had no body and that there was no world and no place for me to be in, I could not for all that pretend that I did not exist. I saw on the contrary that from the mere fact that I thought of doubting the truth of other things, it followed quite evidently and certainly that I existed; whereas if I had merely ceased thinking, even if everything else I had ever imagined had been true, I should have had no reason to believe that I existed. From this I knew I as a substance whose whole essence or nature is simply to think, and which does not require any place, or depend on any material thing, in order to exist. Accordingly this 'I' —that is, the soul by which I am what I am—is entirely distinct from the body, and indeed is easier to know than the body, and would not fail to be whatever it is, even if the body did not exist. [1]

译文参考 B

接下来，我认真地考察我是什么。我发现，我可以假设我没有身体，没有我所在的世界，没有我容身的空间，我也没法儿就此而假设我不存在。相反我发现，基于"我在思考，我在怀疑其他事物的真实性"的事实，得到明显、确定的一点：我存在；然而如果我停止思考，即便我曾经想象过的一切都是真的，我也毫无理由认为我是存在的。因此我断定，"我"是实物本体，"我"的整个本质或本性就是思考，"我"不占有空间，不依赖人员和物质而存在。所以这个使"我"——"实存"的"我"的灵魂——是与身体完全不同的东西，确实比身体更具认识能力，且即便身体都不在了，"我"的灵魂都很难不是它本身。

语篇精粹 C

This is the best way to discover the nature of the mind and the distinction between the mind and the body. For if we, who are supposing that everything which is distinct from us is false, examine what we are, we see very clearly that neither extension nor shape nor local motion, nor anything of this kind which is attributable to a body, belongs to our nature, but that thought alone belongs to it. So our knowledge of our thought is prior to, and more certain than, our knowledge of any corporeal thing; for we have already perceived it, although we are still

---

[1] René Descartes, *The Philosophical Writings of Descartes*, Vol. I, Cambridge: Cambridge University Press, 1985, p. 127.

in doubt about other things. ①

译文参考 C

这就是找出心灵的本质和发现身心差别的最佳途径。因为若我们在假设与"我们"有别的他物都为假的情况下去考察"我们"是什么，那我们就能清楚地看到身体的广延、形态、发生在它自身的动作或任何此类的属性都不是我们的本质，只有思维这个属性是我们的本质。因此，思维的知识是优先于身体的知识的，且前者比后者更具确定性，因为我们在仍旧怀疑其他事物之时早已感知到了思维的知识。

（四）天赋观念（Innate idea）

1. 术语解读

笛卡尔天赋观念的观点是他理性主义认识论的重要基石。他的目的是要获得清晰而明确的知识，为科学拓展地盘。真正的知识是在去除了感官所获得的事物性质之外的东西，我们只能够通过清晰而明确的思维来认识事物。在笛卡尔那里，感觉经验不能为我们带来为真的知识，真正的知识是从某些基本概念和原则推论出来的，而这些基本概念和原则必定是来自心灵的固有观念，即天赋的观念。

在《第一哲学沉思集》的第三个沉思中，笛卡尔谈到了他关于"天赋观念"的思想。他将观念分为两种：一种是来自感官的

---

① René Descartes, *The Philosophical Writings of Descartes*, Vol. I, Cambridge：Cambirdge University Press, 1985, p. 195.

观念，不具有普遍性和必然性，是一个不可靠的、可疑的知觉而已；另一种则来自于人与生俱来的概念，来自于"我"的观念，是具有普遍性和必然性的，是建立科学时进行分析和综合时必需的工具。笛卡尔想要阐明用来建立知识的是来自于与感觉经验无关的数学和几何学概念，数学和几何学概念是可以用来解释物质东西的可靠观念。经由天赋观念搭建起来的科学知识必定带有与亚里士多德对待科学知识的方法有所不同的本质主义色彩。但不可否认的是，笛卡尔的天赋观念并不是彻底理性主义的体现，他那些在心灵天然存在的附加观念必须靠上帝给予，因而陷入了"笛卡尔循环"的困境。

2. 语篇精粹

语篇精粹 A

Among my ideas, some appear to be innate, some to be adventitious, and others to have been invented by me. My understanding of what a thing is, what truth is, and what thought is, seems to derive simply from my own nature. But my hearing a noise, as I do now, or seeing the sun, or feeling the fire, comes from things which are located outside me, or so I have hitherto judged. Lastly, sirens, hippogriffs and the like are my own invention. But perhaps all my ideas may be thought of as adventitious, or they may all be innate, or all made up; for as yet I have not clearly perceived their true origin. [①]

---

① René Descartes, *The Philosophical Writings of Descartes*, Vol. II, Cambridge: Cambridge University Press, 1984, p. 26.

译文参考 A

在我所有观念中，有些是天赋的，有些是后天获得的，还有一些是由我编造出来的。我对事物、真理、思想的理解似乎仅是源自我自己的本性。但我现在听到噪音，看到太阳，或感觉到火都是源于位于"我"之外的事物，也可能是源自于我迄今为止作出的判断。最后，塞壬女妖、鹰马怪兽等都是我自己编造出来的。但也许我所有的观点都可以看作后天获得的，或者都是天赋的，或者都是编造的；因为到目前为止，我还没有搞清楚它们真正的来源。

语篇精粹 B

So if one may conjecture of such an unexplored topic, it seems most reasonable to think that a mind newly united to an infant's body is wholly occupied in perceiving in a confused way or feeling the ideas of pain, pleasure, heat, cold and other similar ideas which arise from its union and, as it were, intermingling with the body. None the less, it has in itself the ideas of God, of itself and of all such truths as are called self-evident, in the same way as adult human beings have these ideas when they are not attending to them; for it does not acquire these ideas later on, as it grows older. I have no doubt that if it were released from the prison of the body, it would find them within itself. [①]

译文参考 B

因此，设想这样一个未曾探索过的却似乎是最合理的论题，

---

① René Descartes, *The Philosophical Writings of Descartes*, Vol. III, The Correspondence, translated. by Anthony Kenny. et. al. , Cambridge: Cambridge University Press, 1991, p. 190.

似乎最合理的方式是设想一个灵魂刚刚和新生儿的肉体结合，这个灵魂全然忙于以懵懂的方式去感知或感觉从肉灵结合体中生成的疼痛、快乐、热、冷和其他一些感觉，并且这些感觉和肉体混合在一起。但是它本来就已拥有了那些关于上帝的、关于它自身的以及其他类似的自明性真理，就像成年人在不经意间已经拥有了那些真理一样，因为灵魂并不是长大后才获得这些真理的。若灵魂能从肉体的牢笼中被释放，它便也可以从自身中找到那些真理，对此我深信不疑。

语篇精粹 C

I have never written or taken the view that the mind requires innate ideas which are something distinct from its own faculty of thinking. I did, however, observe that there were certain thoughts within me which neither came to me from external objects nor were determined by my will, but which came solely from the power of thinking within me; so I applied the term 'innate' to the ideas or notions which are the forms of these thoughts in order to distinguish them from others, which I called 'adventitious' or 'made up'. This is the same sense as that in which we say that generosity is 'innate' in certain families, or that certain diseases such as gout or stones are innate in others: it is not so much that the babies of such families suffer from these diseases in their mother's womb, but simply that they are born with a certain 'faculty' or tendency to contract them. ①

---

① René Descartes, *The Philosophical Writings of Descartes*, Vol. I, Cambridge: Cambridge University Press, 1985, pp. 303-304.

译文参考 C

我从未写过也从未认为心灵需要一些与其自身思维官能不同的天赋观念。但我确实发现，我自己的一些思想既不来自于外部事物，也不由我的意志决定，而只是来自于我自身的思维能力；因此我用"天赋"一词来描述作为那些思想之表现形式的观点或概念，借以将它们与我称为"后天"或"编造"的其他观点区分开来。这个道理就犹如，我们说在某些家族中慷慨的本性是"天生"的，或说其他一些家族中痛风或结石之类的疾病是天生的：可并不是说这些家族中的婴儿们在他们母亲的子宫中时就患有这些疾病，而只是说这些婴儿生来就会有染上那些疾病的"官能"或倾向性。

（五）普遍数学（Mathesis universalis）

1. 术语解读

笛卡尔用"普遍数学"（mathesis universalis）这个词来表达一种理想状态下的普遍科学。这种普遍的科学建立在数学的基础上，包括了数学但却比数学更广泛、更抽象。

笛卡尔的"普遍数学"仅出现在《指导心灵探求真理的原则》一书中。在这本书之后的写作中，笛卡尔再没用过这个术语，但这个术语却和笛卡尔的第一哲学原理"我思故我在"及其全部的形而上学都有很大关系。笛卡尔将算数和几何学与其他学科进行对比，尤其是与哲学进行了比较，来考察事物的确定性。笛卡尔认为，我们应该只与具有类似算数和几何学那样确定性的东西打交道，只有具有算数和几何学特性的客体才是简单的、纯粹的、具有确定性的事物。他认为，数学是和"秩序""度量"

相关的，数学包含了一切学科，因而其他科学的学科都只能算作是数学的一部分。从这个意义上来讲，笛卡尔的"普遍数学"应被理解为"普遍科学"更为恰当。

2. 语篇精粹

语篇精粹 A

I shall have much to say below about figures and numbers, for no other disciplines can yield illustrations as evident and certain as these. But if one attends closely to my meaning, one will readily see that ordinary mathematics is far from my mind here, that it is quite another discipline I am expounding, and that these illustrations are more its outer garments than its inner parts. This discipline should contain the primary rudiments of human reason and extend to the discovery of truths in any field whatever. Frankly speaking, I am convinced that it is a more powerful instrument of knowledge than any other with which human beings are endowed, as it is the source of all the rest. [1]

译文参考 A

下面，我要仔细地谈一谈图形和数字，因为数学是最能给予清晰确定解释的学科。但你若认真地考察一下我所说的意思，你就会发现我说的绝不是普通数学，我阐释的是一种决然不同的学科，它所给出的对事物的解释只能算是它的外衣而非它内部的组成部分。这个学科应包含着人类理性的基本原理，并确实能进一

---

① René Descartes, *The Philosophical Writings of Descartes*, Vol. I, Cambridge：Cambridge University Press, 1985, p. 17.

步发现任何领域中的真理。坦率地说，我深信，它是人类被赋予的最有力的用来获取知识的工具，也是其他学科的来源。

语篇精粹 B

In the present age some very gifted men have tried to revived this method, for the method seems to me to be none other than the art which goes by the outlandish name of 'algebra'; or at least it would be if algebra were divested of the multiplicity of numbers and incomprehensible figures which overwhelm it and instead possessed that abundance of clarity and simplicity which I believe the true mathematics ought to have. It was these thoughts which made me turn from the particular studies of arithmetic and geometry to a general investigation of mathematics. I began my investigation by inquiring what exactly is generally meant by the term 'mathematics' and why it is that, in addition to arithmetic and geometry, sciences such as astronomy, music, optics, mechanics, among others, are called branches of mathematics. To answer this it is not enough just to look at the etymology of the word, for, since the word 'mathematics' has the same meaning as 'discipline', these subjects have as much right to be call 'mathematics' as geometry has. ①

译文参考 B

现在，有些非常有才华的人已经尝试复兴这种方法。因为在我看来这种方法似乎并非别的什么东西，而就是那个用古怪的阿

---

① René Descartes, *The Philosophical Writings of Descartes*, Vol. I, Cambridge: Cambridge University Press, 1985, p. 19.

拉伯名词称为"代数"的技艺；或者说，若代数中没有多种多样的数字和充斥其中的令人费解的图形，而仅只包含我所深信的"真数学"应该拥有的无尽的清晰性和简单性的。那它就是我所谓的"代数"技艺，这些想法使我不再关注算数和几何的专门研究，转而去研究对数学的普遍考察。我先是考察"数学"这个术语的一般意义是什么，接下来研究为什么除了算术和几何学之外的，诸如天文学、音乐、光学、力学等科学都被称作数学的分支学科。要回答这些问题，仅考察这个词的词源是不够的，因为"数学"这个词含有和"学科"类似的意义，几何学可以被称作数学，那么上述诸多学科也有权被称作数学。

语篇精粹 C

Yet it is evident that almost anyone with the slightest education can easily tell the difference in any context between what relates to mathematics and what to the other disciplines. When I considered the matter more closely, I came to see that the exclusive concern of mathematics is with questions of order or measure and that it is irrelevant whether the measure in question involves numbers, shapes, stars, sounds, or any other object whatever. This made me realize that there must be a general science which explains all the points that can be raised concerning order and measure irrespective of the subject-matter, and that this science should be termed mathesis universalis—a venerable term with a well-established meaning—for it covers everything that entitles these other sciences to be called branches of mathematics. How superior it is to these subordinate sciences both in utility and simplicity is clear from the fact that it covers all they deal with, and more besides; and any difficulties it involves apply to these as well, whereas their particular subject – matter involves difficulties which it lacks. ①

译文参考 C

但显然任何受到过一点教育的人可以很容易地在任何语境下分辨与数学有关的东西和与其他学科有关的东西。我若进行更加细心的考察，则会发现数学总是伴随着秩序和度量，无论是在数字中、形状中、星体中、声音中或其他任何对象中，都有那样的度量。这使我意识到，一定存在一种能解释无论哪个主题中关于秩序和度量的所有问题的普遍科学，这种科学应被称作"普遍数学"—— 一个有着成熟的完善意义的值得敬仰的术语——因为它包含着使其他科学被称作数学的分支学科的一切要素。它涵盖一切其他科学所涉及的东西，它所遇到的一切困难也适用于其他所有科学，而其他科学中特别主题中所遇到的困难，它却没有。因此，它在有用性和简单性上都比其他那些分支科学要更加优越，这一点是十分清楚的。

（六）自然之光（Natural light）

1. 术语解读

笛卡尔约于 1640 年编纂的对话篇"通过自然之光探寻真理"（'The Search for Truth by Means of the Natural Light'）传达了与

---

① René Descartes, *The Philosophical Writings of Descartes*, Vol. I, Cambridge: Cambridge University Press, 1985, p. 19.

他在《沉思录》中所表达的同样的思想。对话篇具体的写作日期不详，人们是在笛卡尔去世后才发现他这篇甚至连手稿都未完成的对话篇。

该对话篇涵盖了笛卡尔一直都持有的观点：我们天生就有的"自然之光"或"理性之光"胜过过去一切传承下来的智慧，它将会带领我们在探索知识的道路上前进。笛卡尔的"自然之光"实际上就是一种天赋的智慧，一种上帝赋予的天生的智能，拥有它的人才能理解这个世界是其所是依据的逻辑法则和数学原则。

2. 语篇精粹

语篇精粹 A

This light alone, without any help from religion or philosophy, determines what opinions a good man should hold on any matter that may occupy his thoughts, and penetrates into the secrets of the most recondite sciences.

……

I intend in this work to explain these matters. I shall bring to light the true riches of our souls, opening up to each of us the means whereby we can find within ourselves, without any help from anyone else, all the knowledge we may need for the conduct of life, and the means of using it in order to acquire all the most abstruse items of knowledge that human reason is capable of possessing. ①

---

① René Descartes, *The Philosophical Writings of Descartes*, Vol. II, Cambridge: Cambridge University Press, 1984, p. 400.

译文参考 A

"自然之光"不依靠宗教或哲学的任何辅助就能帮助良好的人对任何可能左右其想法的事拿定主意，它也能深入到最高深的科学的奥秘中去。

……

我在此将对此事进行解释。我将展现我们灵魂真正丰富的面貌，向我们每个人揭开一种无须借助任何人的任何帮助就能在我们内心找到生活所需的一切知识的方式，并向人们揭示如何使用这种方式来获取人类理智能占有的所有最抽象的知识。

语篇精粹 B

Now it is manifest by the natural light that there must be at least as much 'reality' in the efficient and total cause as in the effect of that cause. For where, I ask, could the effect get its reality from, if not from the cause? And how could the cause give it to the effect unless it possessed it? It follows from this both that something cannot arise from nothing, and also that what is more perfect—that is, contains in itself more reality—cannot arise from what is less perfect. And this is transparently true not only in the case of effects which possess (what the philosophers call) actual or formal reality, but also in the case of ideas, where one is considering only (what they call) objective reality.[①]

---

① René Descartes, *The Philosophical Writings of Descartes*, Vol. II, Cambridge: Cambridge University Press, 1984, p. 28.

译文参考 B

现在，自然之光显然可以向我们显示，在有效的、总的原因里一定有至少和在那些原因的结果中一样多的"实在性"。请问，若结果的实在性不来自于原因还能来自于哪里呢？若原因中若不含有实在性，那么原因何以将实在性给予结果呢？由此可见，无中不能生有，较为完美的东西——即包含了更多实在性的东西——不可能来自于不完美的东西。这些道理显然对于包含着（哲学家所谓的）"实际的或形式的实在"的结果来讲是说得通的，同时对于那些人们仅考虑（其所谓）客观实在性的观点来讲也是说得通的。

语篇精粹 C

Those things which are said to be simple with respect to our intellect are, on our view, either purely intellectual or purely material, or common to both. Those simple natures which the intellect recognizes by means of a sort of innate light, without the aid of any corporeal image, are purely intellectual. That there is a number of such things is certain: it is impossible to form any corporeal idea which represents for us what knowledge or doubt or ignorance is, or the action of the will, which may be called 'volition', and the like; and yet we have real knowledge of all of these, knowledge so easy that in order to possess it all we need is some degree of rationality. ①

---

① René Descartes, *The Philosophical Writings of Descartes*, Vol. I, Cambridge: Cambridge University Press, 1985, pp. 44-45.

译文参考 C

我们智能中被称作简单的东西，要么是纯智慧性的，要么是纯物质性的，或兼而有之。纯粹智慧性的简单特性是智能仅靠一种天生的光芒，不靠任何有形体的图形的帮助就能识别的。的确，这类事物着实不少：向我们展现知识、怀疑或无知的不可能是有形的观点；意志的行为，或称为"意志力"的东西，也是此类。但是我们能够很容易地获得关于所有这一切的真知识，我们只需要借助一些理智就行了。

（七）慷慨（Generosity）

1. 术语解读

笛卡尔在他最后的著作《灵魂的激情》中从道德的角度论述了人类灵魂的激情，书中重点阐述了他关于道德哲学的一个核心概念——慷慨。

笛卡尔认为，慷慨是所有其他美德的关键，是治愈激情错乱的一剂良药。以往道德哲学家推崇的重要原则之一是，尽管人们很难获得合适的契机，但依然要尽可能实现可靠且持久的美德，使之成为有价值的生活的一部分。笛卡尔的道德哲学与此也有很大关联，在《灵魂的激情》中，"慷慨"的美德可以治疗人们在不幸面前的脆弱，当然除"慷慨"以外，人们也可以从神圣力量那里寻求帮助。慷慨的人不会强烈地渴望我们能力所及范围以外的东西，因为难以获得的东西往往会毁掉我们的幸福。

2. 语篇精粹

语篇精粹 A

So I believe that true Generosity, which makes a man esteem himself as highly as he can legitimately esteem himself, consists only in this: partly in his understanding that there is nothing which truly belongs to him but this free control of his volitions, and no reason why he ought to be praised or blamed except that he uses it well or badly; and partly in his feeling within himself a firm and constant resolution to use it well, that is, never to lack the volition to undertake and execute all the things he judges to be best—which is to follow virtue perfectly.[①]

译文参考 A

因此我相信，真正的"慷慨"能赋予一个人尽可能大的合理的自尊，而这种"慷慨"只是表现为：其一，他明白除了他对自己意志的自由掌控外，没有什么是真正属于他的，他只会因为正确地或错误地使用了这种意志而应受表扬或责备；其二，他在内心能感受到一种良好的运用意志的坚定而持续的决心，即他永远有决心承担或执行一切他认为是最好的事情——以理想状态听从美德。

语篇精粹 B

Those who are Generous in this way are naturally inclined to do

---

① René Descartes, *The Passions of the Soul*, translated by Stephen Voss, Hackett Publishing Company, 1989, p. 104.

great things, and yet to undertake nothing they do not feel themselves capable of. And because they esteem nothing more highly than doing good to other men and for this reason scorning their own interest, they are always perfectly courteous, affable, and of service to everyone. and along with this, they are entirely masters of their Passions: particularly Desires, Jealousy, and Envy, because there is nothing whose acquisition does not depend on them which they think is worth enough to deserve being greatly wished for; and Hatred of men, because they esteem them all; and Fear, because their confidence in their virtue reassures them; and finally Anger, because, esteeming only very little all things that depend on others, they never give their enemies such an advantage as to acknowledge being injured by them. ①

译文参考 B

以这样的方式表现出"慷慨"的人自然会去做伟大的事情，但绝不会去做力所不及的事情。并且在他们眼里，为他人谋利是可敬的，而自己的利益则不值得一提，因此他们常常是礼貌的、友善的、服务于他人的。在有这些品质时，"慷慨"的人就成了其"激情"的彻底掌控者：他们可以掌控"欲望""妒忌"和"嫉妒"这类"激情"，因为任何东西的获得都是靠"欲望""妒忌"和"嫉妒"而起，这些都是人们认为非常值得被强烈地渴望的；他们可以掌控"憎恨"，因为他们敬重他们所有人；他们可

---

① René Descartes, *The Passions of the Soul*, translated by Stephen Voss, Hackett Publishing Company, 1989, p. 105.

以掌控"恐惧"，因为他们对自己秉持的美德有信心；最后，他们可以掌控"愤怒"，因为他们不敬重那些依赖他者的事物，他们不给他们的敌人们宣称受害的优先权。

语篇精粹 C

And it is Generosity and Weakness of mind, or Servility, which determine whether these two Passions have a good or a bad use. For the more noble and generous one's soul is, the greater one's inclination is to render everyone his own; thus one does not merely have a very profound Humility with respect to God, but also without reluctance renders all of the Honor and Respect that is due to men, to each according to his rank and authority in the world, and scorns nothing but vices. On the other hand, those whose minds are servile and weak are apt to sin by excess, sometimes in revering and fearing things worthy only of scorn and sometimes in insolently disdaining those which deserve most to be revered. And they often pass quite suddenly from extreme impiety to superstition and from superstition back to impiety, so that there is no vice or disorder of the mind they are not capable of. [①]

译文参考 C

"慷慨"和心灵的"软弱"，后者或称为"奴性"，决定了是否能很好地使用这两种"激情"。因为人的心灵越是高尚和"慷慨"，他就越倾向于将他的所有给予他人；进而他不仅拥有上帝

---

① René Descartes, *The Passions of the Soul*, translated by Stephen Voss, Hackett Publishing Company, 1989, p. 110.

那里的深刻"人性",也毫不迟疑地将所有属于人的"荣耀"和"尊敬"依照他人在世的地位和权利而给与他人,他蔑视的东西只有邪恶本身。另一方面,那些心灵有奴性、软弱的人会过多地负罪,有时是因敬畏或惧怕一些仅值得蔑视的东西而负罪,有时是因自傲地蔑视那些最值得尊敬的东西而负罪。他们常常突然从极度不敬者变成迷信者,再从迷信者变回不敬者。这样说来,他们的灵魂是无恶不作的或是混乱不堪的。

第二章　斯宾诺莎：理性主义的杰出代表

I have thus completed all I wished to set forth touching the mind's power over the emotions and the mind's freedom. Whence it appears, how potent is the wise man, and how much he surpasses the ignorant man, who is driven only by his lusts. For the ignorant man is not only distracted in various ways by external causes without ever gaining the true acquiescence of his spirit, but moreover lives, as it were unwitting of himself, and of God, and of things, and as soon as he ceases to suffer, ceases also to be. Whereas the wise man, in so far as he is regarded as such, is scarcely at all disturbed in spirit, but, being conscious of himself, and of God, and of things, by a certain eternal necessity, never ceases to be, but always possesses true acquiescence of his spirit. If the way which I have pointed out as leading to this result seems exceedingly hard, it may nevertheless be discovered. Needs must it be hard, since it is so seldom found. How would it be possible, if salvation were ready to our hand, and could without great labour be found, that it should be by almost all men neglected? But all things excellent are as difficult as they are rare.[①]

——Baruch De Spinoza

现在，我已经将我要说的所有关于心灵克制情感的力量，以及关于心灵的自由的意义充分发挥了。由此可以明白看到，智人是如何强而有力，是如何高超于单纯为情欲所驱使的愚人。因为愚人在种种情况下单纯为外因所激动，从来没有享受过真正的灵魂的满足，他生活下去，似乎并不知道他自己，不知神，亦不知物。当他一停止被动时，他就停止存在了。反之，凡是一个可以真正认作智人的人，他的灵魂是不受激动的，而且依某种永恒的必然性能自知其自身，能知神，也能知物，他绝不会停止存在，而且永远享受着真正的灵魂的满足。如果我所指出的足以达到目的的道路，好像是很艰

① Benedict de Spinoza, *Spinoza*：*Complete Works*, translated by Samuel Shirley, Hackett Publishing Company Inc. , 2002, p. 382.

难的，但是这的确是可以寻求得到的道路。从这条道路很少被人发现来看，足以表明这条道路诚然是很艰难的。因为如果解救之事易如反掌，可以不劳而获，那又怎么会几乎为人人所忽视呢？但是一切高贵的事物，其难得正如它们的稀少一样。①

——巴鲁赫·德·斯宾诺莎

巴鲁赫·德·斯宾诺莎

① ［荷兰］斯宾诺莎：《伦理学》，贺麟译，商务印书馆，1958 年，第 267 页。

一、人生历程

（一）阿姆斯特丹的犹太移民

巴鲁赫·德·斯宾诺莎（Baruch De Spinoza）于 1632 年 11 月 24 日出生于阿姆斯特丹，他的父母都是在 1593 年移居荷兰的犹太移民。斯宾诺莎的祖先是来自葡萄牙的马拉诺（Marrano）犹太人，由于宗教迫害的缘故，离开了故乡来到荷兰。斯宾诺莎的祖父和父亲都是这个马拉诺犹太人社群的领导人，斯宾诺莎的父亲是一个做热带水果进出口贸易的生意人，他的母亲是他父亲的第二任妻子。马拉诺犹太人是一个有着高度文化修养的社群，同时由于他们长期从事贸易，与世界各地的人打交道，因而具有宽广的视野和胸怀。但是尽管如此，他们对于犹太教的信仰十分虔诚。这种开阔胸襟与虔诚信仰的组合并不难以理解，马拉诺社群和许多犹太人社群一样，一方面多从事商业贸易，对世界各地的文明都有所了解，因而培育出开明而宽容的心灵，但是又长期受到宗教迫害，因而需要用宗教来团结人民。马拉诺文化的这种宽容与虔诚的二元矛盾体，也造成了他们民族性格中内在与外显的二元分裂。这种文化传统在某种意义上孕育着寻求一种统一与综合的斯宾诺莎哲学的诞生。

在这种虔诚的宗教氛围下，斯宾诺莎从小便接受一种七年制的正统的犹太教神学教育。从社区儿童学校开始，斯宾诺莎就开始学习希伯来语和希伯来语《圣经》，高年级时候的课程是《塔木德》以及犹太哲学家迈蒙尼德的著作，就是在这种宗教氛围中，斯宾诺莎接触了哲学思想。虽然斯宾诺莎后来抨击自己从小受到的这种教育，但是毫无疑问，这种教育给他留下了难以磨灭的痕迹，也被融入他的哲学思想中去。斯宾诺莎自幼聪颖过人，当时学校里犹太教的拉比将他看作犹太教未来的希望。但是斯宾诺莎却最终走向了犹太教的反面。

（二）犹太教的宗教异端

在毕业后，斯宾诺莎进入一所由书商弗兰西斯·范登恩德（Franciscus van den Enden）开办的学校继续接受教育，范登恩德的学校主要教授商人的孩子们拉丁文和数学、物理学与医学等知识，这些世俗的知识让斯宾诺莎大开眼界，并逐渐产生了对于犹太教信仰的怀疑。范登恩德本人就是一个非正统的人物，经常被看作一个自由思想家和无神论者。他因为这种异端的名声，于1671年入狱并被处决。正是在范登恩德的指导下，斯宾诺莎学习了笛卡尔和布鲁诺的哲学。

由于接触这些非正统的知识，斯宾诺莎开始产生了对于犹太教教义和实践的怀疑，尽管他仍然出现在犹太会堂（synagogue）里，但事实上他已经远离了犹太社群，在远离宗教信仰的同时，他也远离了社群的物质主义的价值观。斯宾诺莎开始逐渐远离犹太教，这让犹太教拉比们非常不满，他们并非恐惧斯宾诺莎接触异端邪说，而是害怕他的行为会动摇人们心中的信仰，毒害年轻人。因此，教会开始了针对斯宾诺莎的指控，斯宾诺莎写了一篇辩护信为自己辩驳，但是拉比们并不满意，他们对 24 岁的斯宾诺莎采取了逐出教会（excommunicate）30 天的惩罚，以便他悔过，但是斯宾诺莎并没有屈服，最终教会将斯宾诺莎永久驱逐出教会。对于这件事，斯宾诺莎说：

> 太好了，他们没有让我做任何我由于自己的理由不会做的事情，我不怕丑闻；但是因为他们想要这样，我很高兴带着安慰走这条敞开的路，我的离去比希伯来人出走埃及更无辜，虽然我的生存并不比他们更得到保证，我从别人那里什么也没拿走，不管不义者会对我做什么，我可以自夸道人们没有什么责备我的。①

（三）以磨镜谋生的伟大哲人

1660 年开始，斯宾诺莎离开了阿姆斯特丹，来到莱顿附近的莱茵斯堡（Rijnsburg），由于被驱逐出教会，斯宾诺莎无法经商，也失去了财产，他开始以磨制镜片为生，并同时继续他的哲学研究。这段时间他的成果颇丰，不仅写成了自己的第一部书《神，人及其幸福简论》（*Short Treatise on God, Man and His Well-Being*），而且形成了他的成熟思想的基本框架。斯宾诺莎非常小心地保管他的书稿，只有少数朋友才有机会读到它们。他说："别对这些古怪的东西感到惊奇，你们都知道一件事情并不因为不被大多数人接受而不为真，而且由于你们都知道的时代的特征，

---

① Henry E., Allison Benedict, *de Spinoza An Introduction*, Yale University Press, 1987, pp. 7-8.

我最真诚地请求你们用这些东西与别人交流时万分小心。"① 这些奇异的思想包含着上帝与自然同一的假定，并开始在数学的基础上谈论自然的问题，这是与上帝创世的犹太-基督教传统格格不入的。从 1661 年起，斯宾诺莎开始写作《知性改进论》(*Treatise on the Emendation of the Intellect*)，研究纯化人类理智的问题。1663 年，一位来自莱顿大学的大学生慕名来访，斯宾诺莎为他讲授了笛卡尔哲学，以此为契机，他又写作了《笛卡尔哲学原理》(*Descartes' Principles of Philosophy*)，并于 1663 年出版，这是斯宾诺莎一生中实名公开出版的唯一一部书。

自这个时候起，斯宾诺莎已经开始写作自己最重要的著作《伦理学》了，直到 1675 年完成，共用了 14 年，这部书是斯宾诺莎思想最全面的展现。

1663 年，由于声名鹊起，访问者络绎不绝，研究工作受到很大干扰，斯宾诺莎决定离开莱茵斯堡，前往沃尔堡 (Voorburg)，在那里他度过了 7 年的时光。在这一阶段，他写作了《神学政治论》(*Theological-Political Treatise*)，来回应当时的共和党与保皇党之争，斯宾诺莎站在共和党一边，他匿名出版了这部著作，但是由于他的名气，很快被人认出。保皇党恶毒地攻击斯宾诺莎的这本书，斯宾诺莎不得不再次搬家，这次他前往了人生中最后一个目的地——海牙 (Hague)，在这里待到自己人生的终点——1677 年。

（四）为自由和真理奋斗的一生

在海牙，斯宾诺莎度过了一段平静的日子，他继续写作《伦

---

① Wolf, A. *Spinoza's Short Treatise*, New York：Russell and Russell, 1963, pp.149-150.

理学》，直到 1675 年完成最后一稿的修订。在这段时间内，斯宾诺莎的身体状况不佳，而政治局势的急转直下也让他焦虑。他一直支持的共和党人德·维特（De Witt）兄弟被暴徒杀害，同时，1672 年的荷法战争也让斯宾诺莎忧心。当时，法国军队在孔德王子的率领下进军荷兰，王子对哲学非常感兴趣，邀请斯宾诺莎前往论学，斯宾诺莎试图说服王子退兵，但并未成功。斯宾诺莎的这次访问给他带来了叛徒和间谍的指控，许多当地人包围了斯宾诺莎的住处，斯宾诺莎面对家门前的暴徒，毫不退让，声明自己的无辜与对国家的关切。

　　1673 年，斯宾诺莎迎来了一项重大的荣誉，卡尔·路德维希亲王为他提供了一个海德堡大学教授的讲席。虽然斯宾诺莎长期孤独一人，没有学院生活的经历，但他非常想前往，并认为这样可以在谋生上少花些精力，专心于哲学。但是最终在考虑了六个星期之后，他决定拒绝这份工作。斯宾诺莎在给亲王的回信中说："我认为我不知道在什么样的界限内，哲学的自由应该为了避免显得试图干扰公众的宗教而得到限制，由于分裂并不由于对宗教的热爱产生，更多是由于人们许多不同的倾向，或对于矛盾的热爱，通过这些人们习惯于扰乱和谴责一切事物，甚至那些已经被正确的陈述的事物，在孤独的和私人的生活里，我已经经历过这些事物，在我将其提升至这种程度的尊严之后，它们更可怕。"①正是由于这种审慎的态度，斯宾诺莎决定继续自己的生活方式，同时扩大了自己的朋友圈子。通过朋友介绍，他与另一位伟大的哲学家——哥特菲尔德·威廉·冯·莱布尼茨（Gottfried Wilhelm

---

① Henry E., Allison Benedict, *de Spinoza An Introduction*, Yale University Press, 1987, p. 21.

von Leibniz）相会，莱布尼茨于 1676 年来到海牙，他与晚年斯宾诺莎多次长谈，互相启发了彼此思想。正是由于这两人在哲学史上的伟大地位，这次会面也成为 17 世纪哲学史上的重大事件。

斯宾诺莎于 1677 年 2 月 21 日去世，他的死因可能是由于长期磨制镜片导致的肺部疾病。他死后孑然一身，没有留下任何财产。斯宾诺莎的一生是真正的哲学家的一生，为自由和真理奋斗的一生。

二、神即自然——斯宾诺莎的一元论哲学

（一）唯一的实体与无限的属性——身心平行论

少年斯宾诺莎受到中世纪犹太哲学的很大影响，而在他的成长过程中，启蒙运动的自然哲学家如布鲁诺、特雷西诺等人的思想改变了他。现代科学的"自然"（nature）概念，和其他主要哲学概念一样发生了重大的变化，彻底改变了哲学的样貌。中世纪哲学综合了亚里士多德的物理学和《圣经》中上帝创世的宇宙论，自然的世界是一个有限的、有序的整体，每一件东西都有其确定的位置和独特的功能，地球位于世界的中心，一切天体，包括太阳，都围绕地球运行。世界是由上帝创造的，人是上帝根据自己的形象创造的。迈蒙尼德和托马斯·阿奎那等人将自然看作上帝创造的包含着不同类型的实体的集合体，这些实体位于不同的种属或自然品类之下，遵守其内在的规律。这些规律都与每一个实体特定的功能有关，而这些功能则是上帝为了指引人走向拯救而设置的。而 17 世纪的"自然"概念则由开普勒、伽利略和笛卡尔等人重新定义，他

们将有限的、目的论的有序自然界转化为无限的、由机制操控的、背后有统一的普遍规律的自然。这一转型的背后，就是将上帝与自然的概念重新定义，自然神论思想重新兴起，人们逐渐认识到上帝与自然之间的距离。斯宾诺莎哲学正是针对这一危机而产生的。

斯宾诺莎哲学最显著的特征就是一元论，只有一个无限的神圣的实体：上帝或自然。这种本体论构造的论述集中体现在他的《伦理学》中。在这部巨著中，斯宾诺莎使用了类似几何学公理的证明形式论证哲学问题。全书共分为五个部分：上帝、心灵的起源与本性、情感的起源与本性、论人的奴役或情感的力量、论理智的力量或人的自由。

在第一部分中，斯宾诺莎共阐述了八个界说和七个公理，第二部分中是七个界说和五个公理，第三部分是三个界说和两个推论，第四部分中是八个公理和一个定理，第五部分包含两个公理。在每一个部分中，界说、公理和推论都有带有数字的命题和证明，以几何学的"Q. E. D"（拉丁文 Quod Erat Demonstrandum，意为证明终了）作为结尾。斯宾诺莎在这里与笛卡尔产生了分歧，他将几何学引入了形而上学，将几何学看作科学的模板，因此实在必然拥有以几何学的方式连接的实体。斯宾诺莎的著作中大量采用这种几何学的方法。对于这种几何学的推论方法，哲学家们褒贬不一。笛卡尔寻求的是一种逻辑的方法，寻求一种最原初的概念，然后从此出发一步一步到达真理；而斯宾诺莎则认为，这种方法会导致无穷倒退，因为我们不能脱离追求真理的视野来寻求追求真理的方法。"真方法不是在我们获得观念之后再去寻求真理的标记，而是真理本身、事物的客观本质或事物的观念（所有这些都意味着相同的东西）按照恰当的次序被寻求的途径（或方式）。"① 方法应当与真理相统一，几何学方法就是这样一种方法，它并不寻求一种绝对原初的直观，而是通过真理的阐明来验证自身，来论证自身，几何学的方法与寻求"真观念"的目标是一致的。

"上帝"的概念是《伦理学》的中心，斯宾诺莎认为，上帝应当被理解为一个实体（substance），那么什么是实体呢？实体就是理解它不再需要其他概念的东西，即一个在自身之中，通过自身被认识的东西，实体"由自身引起，本质包含了存在"②。上帝是完满的存在，包含着无限的属性，每一个属性表现它的一种永恒的和无限的本质，因此上帝是唯一的实体。对于斯宾诺莎来说，思想与广延不是由上帝创造的东西，而是上帝的属性自身。上帝的属性（attributes）不是上帝的特性（properties），而是上帝作为实体被理解的方式。上帝与属性之间的这种关系用吉尔斯·德勒兹（Gilles Deleuze）的话来说，属性如同动词的表达力（expressive power）③，不同于特性类似副词的更加被动的特征。属性是上帝的一种表达，而不是偶性。实体表达自身，属性是实体的表达。德勒兹认为，斯宾诺莎的属性包含着两层意思：一层意思是指属性如同镜子一般展现上帝的本质；另一层意思是如同种子与树木的关系一样，被表达的东西受到表达的限制。这并不是一种被动的反映，而是一种动态的表达。也就是说，斯宾诺莎为传统的实体学说增加了一个标准，不仅仅在自身之中就足够了，在自身之中

---

① ［荷兰］斯宾诺莎：《知性改进论》，贺麟译，商务印书馆，1986年，第30页。

② ［荷兰］斯宾诺莎：《伦理学》，贺麟译，商务印书馆，1997年，第4页。

③ Deleuze, Gilles, *Philosophy*: *Spinoza*, New York, 1990, p. 80.

只是成为实体的一个条件，另一个条件是它可以通过自身得到认识，也就是说，有些事物满足第一个条件，但是不能通过自身得到认识。就如同德勒兹举的例子一样，种子不能通过自身得到认识，要通过树木才能理解种子，因此树木比种子更接近实体，而上帝或自然是唯一的实体，只有上帝或自然才能通过自身得到认识。

由于将由自身被认识作为实体的一个标准，这造成了一种后果，实体可能通过对其自身的理解得到表达，因而可以为事物提供最终的可理解性和解释，这是笛卡尔哲学所不能完成的，笛卡尔从一个不能通过自身得到认识的自我出发，因此陷入从先验自我到经验自我的转变，因此总是需要一个上帝来填平心物之间的鸿沟。斯宾诺莎因此走向了亚里士多德实体与属性学说的反面，实体不再是谓词的主词，而是有两种可能性：或者为空，这种情况下事物不是通过自身被认识；或者是真实的实体，可以被认识。自然或上帝是实体，而不是个别事物和它们的秩序。在这一点上，斯宾诺莎哲学不同于遵循亚里士多德传统的笛卡尔哲学。

在这种不同于笛卡尔哲学的实体与属性关系的观点下，斯宾诺莎作出了自己的上帝存在证明。斯宾诺莎所说的上帝并不是犹太教与基督教神学中的上帝，而是一个完满存在的观念，一个无限属性的综合体。但是即使我们能够设想这个完满的观念的存在，也很难证明这个观念包含着它的存在。对于斯宾诺莎来说，有能力存在，就是拥有力量，而有能力不存在，就是缺少力量。① 一件事物的本质拥有越多的实在性，就拥有更多的力量去存在，上

---

① 参见［荷兰］斯宾诺莎：《伦理学》，贺麟译，商务印书馆，1997年，第10~12页。

帝作为一个绝对的无限的是者（being），具有绝对的无限的力量去存在，因而上帝绝对存在。这种论证让人困惑，但是斯宾诺莎仍然认为，一个更明确的定义的概念，拥有更多的属性，这就意味着它的确实存在，即使人类的知觉不能察觉到。即使我们承认上帝的存在，如同柯林伍德所质疑的那样，我们也无法设想一个有广延属性的实体如何具有思想属性。但是斯宾诺莎会认为，不是上帝拥有比其他东西更多的特性，而是它在最强的意义上，是所有存在的一切。不管如何设想实在，都会面临上帝或实体，实在只能以一种属性的方式得到理解，仅仅关注于身心的二元区分使得我们忽略了理解实在的多种可能性。

对斯宾诺莎来说，实体是无限的，不需要任何解释。解释总是指向原因，而实体不能被界说成外部原因的结果。实体必须以自身为原因，因为如果实体是有限的，那么它可以被影响，进入因果序列之中，然而如果它可以被外部原因影响，那么它不能通过自身得到理解，因而与实体的界说相悖，因此实体必须是无限的。

虽然在以上讨论中，给我们这样一种印象：斯宾诺莎的上帝或实体与经院哲学和笛卡尔定义的实体没有什么不同，将上帝定义为无限的、永恒的和单独的实体并不是一件新奇的事情，但是斯宾诺莎将广延也看作上帝的属性，将上帝看作有广延的东西，这就非同小可了。斯宾诺莎由此与经院哲学和笛卡尔哲学分道扬镳，如果上帝不同于自然，或者又不同于上帝是实体，上帝将不是无限的，没有东西能够离开上帝被设想。有限的事物是上帝的属性，例如广延和思想，有限的心灵是上帝的思想属性的显现，有限的物体是上帝的广延的属性的显现。自然在本体论上不是区别于上帝的，而是与上帝同一。

对于广延来说，它的首要属性就是运动和静止，这种运动和静止不是如同笛卡尔所说的那样，由外在于世界的上帝所推动，而是自然的一个特征，因为没有什么原因能够作用于自然，使自然运动。同时斯宾诺莎认为，在自然中运动和静止的比率是不变的，虽然在每一个个别例子中两者的比率总是在变化。复杂的物体由简单粒子组成，人和动物等是粒子组合的更高层级，它们可以增加或者改变其简单粒子，但是除非超过一定的程度，否则它们可以保持同一性。我们把这种结构设想到无限，就得到了自然的概念，自然也是这样一个由粒子构成的个体，它的部分发生无限的改变，但是作为整体并不改变。

上帝的另一种属性是思想，如同运动和静止是广延的首要属性一样，对于思想来说，首要的属性是"绝对的无限的理解"（absolutely infinite understanding）①，思想的属性，例如爱、恨、渴望或其他心灵所指向的样态，除非在这个个体之内已经赋予了所爱、所恨等的观念，这些样态就不会存在，但是观念可以在其他思想的属性没有被给予的情况下出现。因此，思想包含所有的意识活动，这些意识活动基于理解。实体的思想属性与实体的广延属性一样，如果说广延属性包含着物体的全体系统的话，那么思想属性就包含着心灵的全体系统，我们的心灵由其他的心灵所决定，直至无限，这共同构成了上帝或自然的无限智慧。

---

① Benedict de Spinoza, *Spinoza: Complete Works*, translated by Samuel Shirley, Hackett Publishing Company Inc., 2002, p. 245.

　　斯宾诺莎认为，在一定意义上，我们可以说有限的事物是偶然的，它的本质并不包含着其存在，但是从神圣的自然或上帝的视野中，却没有偶然的事物。上帝造就一切，但是它并不偶然地造就一切，因为上帝不能忽略它们却又造就它们，他也不能造就除了他所造就的以外的任何其他事物或事物秩序，虽然我们可能不能够从神圣的自然那里知道一个东西是如何必然得出的，但是这一点在上帝那里是毫无疑问的。

　　关于上帝的意志问题，斯宾诺莎认为上帝是自由的，这表面上看起来与上述上帝与自然同一的论调不协调，但是在斯宾诺莎的界说中，"自由"有特别的含义，"自由"是指由自身的本性而来的必然性，由自身决定它的行为。上帝自由的含义是在他自我决定其行为的意义上得到界说的，但不是在创世与否的意义上。因此，上帝并非以自由意志行动。上帝与有限事物的区别并不在于自由意志，而在于它不由于外部原因而存在或行动，而有限事物总是由上帝决定其存在、本质和行动。斯宾诺莎的这种极端的理性主义使得他不是一个简单的决定论者，因为他强调秩序的根本作用。斯宾诺莎认为，自然是一个绝对逻辑必然性的整体，现实世界只是可能世界的一种，但是这不意味着这种世界秩序由于其本质而不是原因而获得必然性，这种秩序的原因是上帝，上帝从它的本质的必然性中行动，另外的秩序是不可设想的。这并不是因为另外的秩序是自我矛盾的，而是因为它说明有着其他的上帝和逻辑，因而在逻辑上是不成立的。

　　这样传统意义上的拥有智慧和自由意志的创世上帝的人格概念被斯宾诺莎所改变。斯宾诺莎相信存在的上帝不再是基督教的上帝，他不是先验的，而是是其所是的万物整体，是一个以数学为基础的理性系统。这一论断来自于严格的对传统的实体定义的遵循，实体并不依赖于外在于它的东西，独立于其所处的环境，这使得实体不同于属性，属性不能够独自存在，而是必须依赖于其他的东西，即是一种有限的存在。笛卡尔认为，有限的存在是被创造的，依赖于上帝，是不独立的。斯宾诺莎认为，属性不是实体，基督教哲学家们想要给予属性以实体地位的努力是自我矛盾的，既然所有一切都依赖于上帝，那么就没有有限的实体和无限的实体的区分，而只有实体和非实体的区分，进而斯宾诺莎阐述了其一元实体论。

斯宾诺莎虽然没有完全否认上帝拥有无限智慧，但是否认了上帝具有创造性的观念，而且避免了过于人类学的取向。斯宾诺莎并没有陷入神学争论中去，而是提出了一种新的观点，将传统的超人类的人格上帝概念转换为科学所需要的无限的、必然的、自我包含的自然概念。斯宾诺莎并没有直截了当地放弃上帝概念或者给予它一个空虚的位置，而是试图说明上帝在得到恰当的理解的时候，等同于并且仅仅等同于自然。科学视野中的自然没有智慧与人格，也与人类的利益无关，虽然它不是智慧的，但是它是可理解的。

斯宾诺莎将笛卡尔的二元论概念加以改造，提出了神与自然同一的一元论的新的心物关系的形而上学。斯宾诺莎对上帝概念的改造在思想史上有重大意义。在中世纪哲学中，高于自然界和人类社会的上帝概念变成了一个同一于自然秩序的泛神论或无神论概念，精神和物质变成了同一个实体的两种属性。斯宾诺莎用唯一一个实体在无限的属性中的自我表现取代了笛卡尔式的外部述说，这样一种革命性的演进对唯理论哲学和近代哲学处理心物关系的进向有着推进作用。

（二）纯化理智以追求真观念

《伦理学》的第二部分讨论的是人类的心灵和知识的问题。第一部分关于上帝、实体和自然的讨论为第二部分的讨论提供了基础。在这部分讨论中，斯宾诺莎将身心关系作为他的心灵哲学和认识论讨论的根基，这一理论首要的目的就是讨论人类作为一个身心集合体的本性，说明心灵与身体同样是自然的一部分，受到必然法则的限制。因而斯宾诺莎的身心关系学说与笛卡尔的二元论、霍布斯的唯物主义完全不同。我们在之前的章节里已经介绍过斯宾诺莎的本体论框架，斯宾诺莎的身心关系学说由这一本体论框架发端，经由思想和广延作为实体的属性，到心灵和身体作为这些属性的有限的表现，而这些属性的背后，是同一个实体。用斯宾诺莎的话来说："思想的实体与延展的实体是一个并且同一个实体，广延的样态与观念的样态是同一个东西，但以两种方式得到表达。"① 因此，心灵与身体是同一个个体，只是时而为思想属性所把握，时而为广延属性所把握，斯宾诺莎的这一想法可以看作一种身心同一论。

在将思想阐释为上帝的属性之后，斯宾诺莎所作的第二项阐述是将思想看作自我包含的（self-contained），每一个观念都必须由其他观念所引起，这使得思想成为一个自我包含的思想的领域。

---

① Benedict de Spinoza, *Spinoza: Complete Works*, translated by Samuel Shirley, Hackett Publishing Company Inc., 2002, p. 247.

但是这并不意味着思想有什么特权，这一点对于所有的属性都是通用的，它们都是自我决定、自我包含的。

对于思想的组成，斯宾诺莎区分了"概念"（concept）与"知觉"（perception）。在他的界说之中，心灵的主动活动与被动活动是截然区分的，心灵拥有观念，而不是被动的知觉。斯宾诺莎关于观念的次序与因果的次序一致的观点是一个争论不休的问题，目前主流观点认为，在观念中，斯宾诺莎区分观念的形式（formal）与内容（content）方面，形式特性主要指的是观念的作为心灵片段的方面，而内容特性则是指它的心理内容方面。既然设想某物就是形成对于它的信念，那么观念也就等同于信念，而非对于外部世界的表征或描述。斯宾诺莎将思想等同于观念的原因是，这样可以使得心灵不超越它自身的活动而得到界说，思想因而就具有了同一性和统一性。而在斯宾诺莎的身体概念中，也有这种平行的同一性和统一性。斯宾诺莎认为，观念连接的秩序与事物连接的秩序是一致的。这一部分经常引起人们的困惑，但是斯宾诺莎认为，如果我们将观念区分为形式与内容两个方面是正确的，那么观念连接秩序与事物连接秩序一致的论断可以应用于两个方面。我们既可以说这是断言心理因果性，也可以说这是断言信念因果性。实在被看作概念内容，也就是在思想中把握到的对象实在，这样也就形成了二者之间的同一性关系。这里可能存在的疑问是，为何思想的形式层面（心理层面）是必要的？原因是：如果思想的秩序必须与其他的属性的秩序一致，[①] 如果思想的形式方面能够构成一个自我包含的因果序列，那么这个因果

①　Henry E, Allison Benedict, *de Spinoza An Introduction*, Yale University Press, 1987, p. 90.

序列必须与广延的因果序列相一致，这种一致并非是一对一的一致，而是诸多属性的因果序列的表达之间的相似性的一致，因此心理层面是不能缺少的。

而对于人的心灵来说，它自身是一个已经存在的事物的观念，它在两个意义上存在：第一个是上帝中的一个观念，存在于永恒的可能性之中；另一个意义是作为一个实际存在的观念，具有实在性。因而具有两种实在性：形式的实在性与对象的实在性。

接下来斯宾诺莎开始讨论心灵与其他实际存在的事物的观念的关联。由于人类不是一个实体，而且毫无疑问人类是能够思考的存在，因而人类心灵必须在思想的属性下得到解释。斯宾诺莎与笛卡尔一样，认为观念是思想最重要的样态，因为其他的样态，比如渴望和意志，已经假设了观念的存在。心灵的基本的样态是观念。斯宾诺莎说："构成人类心灵现实存在的第一件事物不是别的，而是对于现实存在的单个事物的观念。"① 因而人类的心灵也是一个观念，在这一论断的基础上，斯宾诺莎指出，人类的心灵是上帝的无限智慧的一部分。这一点是斯宾诺莎的知识论和道德哲学的核心。人类的有限的，但是却可以在上帝的无限性中展现自身，是一个无限的、整体性的思想系统的一部分。人类认识或者知觉到某物，等同于上帝具有某个观念。我们可能有疑惑，这样的论断会混淆了知觉和思想，但是联系到我们之前提到的关于观念的形式和内容方面的区分就容易理解了。斯宾诺莎给知觉赋予了一个更广的含义，知觉与思想是同一个理解的不同侧面。

---

① Benedict de Spinoza, *Spinoza：Complete Works*, translated by Samuel Shirley, Hackett Publishing Company Inc., 2002, p.250.

知觉必然涉及身体，斯宾诺莎认为，我们心灵中的信念反映出身体的状态，人类的心灵与身体之间有一种直接的关联，心灵的对象必然是身体。如同我们在本体论中所阐释的那样，身体中的每种变化，都有其心灵中的对应的部分，反之亦然。

关于身心关系问题，另一个焦点是行动和行动的原因。斯宾诺莎认为，人类行动都有一个目的，这种倾向使得人们愿意以同样的方式理解自然，如果人们不知道自然事件的原因的时候，人们就倾向于用自以为的理由去理解自然，就如同他们倾向于把对自己有利的事物都看作超自然力量的恩赐，把对自己不利的事物都看作神灵的不快一样。但是上帝并不具有这种超人（Superman）式的智能，而是以与人的方式无关的方式作用于世界，即因果和逻辑的方式，因此说上帝创世有任何善的或恶的目的是不可能的。虽然人类是带着目的行动的，但是这并不意味着人类的行动不被决定，人们认为自己是有意识的和自由的，这是由于人们忽视了他们之所以有意识和意志的背后的原因，甚至不去想象它们的存在。斯宾诺莎认为，一个人是自由的就是忽视意愿、观念、选择和行为背后的原因，这一点就如同在自然或上帝中相信目的性而忽视自然事件的真正原因。自然没有目的，最终原因是人类的虚构。说万物的不完美来自于上帝或自然也是错误的，人们所说的不完美和邪恶都来自于人类的观点。因此，在斯宾诺莎的因果学说之中，一方面，没有最终因，只有一个无限的实体；另一方面，任何一个无限实体的样态都可以被其他样态由因果关系解释。无限的存在通过有限的存在展现自身，有限的存在可以通过可识别的因果序列得到解释，但是自然科学因此忽略了对无限的因果的考察，试图用有效的因果取消无限的因果。

学术界一般认为，由于本体论的影响，斯宾诺莎的知识论具有柏拉图主义的色彩。他首先区分知觉确定性的不同等级：最低等级的是道听途说的（by hearsay）知觉，例如人出生的日期，只能通过别人告知才能知道；第二等级的知觉是模糊的或令人困惑的经验（vague or confused experience）所带来的知觉，例如我将会死去，人类是理性的动物等；第三等级的知觉是"其本质推论自他物"的东西的知觉，比如我们知道某物有一个原因，但是并不清楚而确切地知道这一原因。最高等级的知识是仅仅通过自身的本质或它的确切的原因而知觉到的东西。这一类知识人类掌握的数量是非常少的，比如数学知识。① 斯宾诺莎的知识论来自于他的形而上学，并受制于形而上学，在这一点上，斯宾诺莎与笛卡尔、康德截然相反。如同我们在之前的叙述中所发现的，斯宾诺莎似乎在引进"我们如何知道"这一知识论问题之前，首先引入了大量的看起来无从避免怀疑论的形而上学。但是这并非是斯宾诺莎的本意，在《伦理学》第二部分中，斯宾诺莎阐述了人类是如何获得这些关于上帝和自然的无限存在的形而上学知识的。而且斯宾诺莎确信，这些知识来自于理性，而人类的心灵处理来自于感觉的观念，不能够得到任何完全的知识。因此，斯宾诺莎的知识论分为两个部分，即关于感觉的和关于理性的部分，后者是知识的真正来源。

在斯宾诺莎的知识论中，真（truth）与充分（adequacy）是

① Benedict de Spinoza, *Spinoza*: *Complete Works*, translated by Samuel Shirley, Hackett Publishing Company Inc., 2002, pp. 266-267.

等价的，所有的真观念都是充分的观念。区别在于，"真"是通过观念与对象的符合来定义的，而"充分"的观念是与一个对象无关，但是拥有一切内在特性的观念。这让我们想起了前述斯宾诺莎的上帝存在证明。由于这一个想法，人们经常会把斯宾诺莎看作一个真理符合论支持者。斯宾诺莎并不把观念看作一个实体，而是看作以不同的方式表达的同一件东西。由于思想是一个自我包含的系统，是实体的属性，并不指称外在实体，因而斯宾诺莎也经常被看作一个融贯论者，即将信念或命题的真看作整体信念或命题系统的产物，而非需要对应于外部事实。然而斯宾诺莎不同于融贯论的地方在于，思想的次序与实在的次序是相互一致的。充分性是一个思想为真的必要条件。一个充分的观念，其基本特征是完整，即可以推理出它的特性。例如，数学中三角形的观念是完整的，因为从中可以推论出一切三角形相关的特性。而具有一个模糊的三角形观念的人却做不到这一点，他可能知道三角形有三条边，但是却不知道从中可以推论出什么东西。

充分性的概念是真的一个标准，这一点贯穿了斯宾诺莎的形而上学和知识论，也作为斯宾诺莎对于笛卡尔的极端怀疑论的一个回应。对于笛卡尔来说，知识依赖于上帝存在和上帝没有撒谎。但是我们依旧可能被欺骗，因而得不到知识，即使在数学知识这种方面。笛卡尔式的论证经常因为假设清楚明白的观念存在，而被认为实际上是循环论证。斯宾诺莎的看法是，我们可以具有清楚和明白的观念，同时并不借助于是否被欺骗作为条件。拥有上帝的观念就是知道上帝的存在，因而不再有质疑上帝存在的理性基础，上帝自证其不是一个欺骗者。用斯宾诺莎的话来说："拥有一个真观念的人也同时知道他拥有一个真观念，而且不能怀疑这件事情的真。"① 以这种方式认识到的事物，包含着知道其特性如何从其本质中得出，没有什么不清楚的、未得到解释的东西在其中。因而我们不需要求助于上帝保证知识的真实性，没有外在于观念的东西可以保证真实性。

斯宾诺莎的知识论的一个问题是如何解释错误。充分性的概念作为真的标准，同时也决定了何为错误。初看起来，斯宾诺莎的理论很难解释错误，由于观念的次序和连接与事物的次序和连接是同样的，但是两者又是不同的，就存在观念不与对象对应的可能性，那么这是因为什么呢？斯宾诺莎的回答是，在一个意义上，所有的观念都是真的，观念必然对应于对象，错误只可能在个别心灵把握它的方式中出现。任何一个可以拥有和设想一个个别观念的心灵或者完全的，或者部分的观念，当一个观念被充分的设想的时候，事实上它就与被上帝所设想的一样。但是并没有太多人类设想的观念是这样的，那些被并不充分设想的观念，就是错误的观念。错误是部分的真理，知识被错误地当成了完全的真理。这种情况一般在人的心灵设想一个观念，但是却并没有在考察它的原因时发生。

斯宾诺莎的错误理论假设了他对感知感觉的定义。他认为，知觉和基于知觉的思想是由于自然的普遍秩序而产生的知觉。在这种秩序中，心灵接受经验中的观念。由于平行论的设定，这种秩序与身体受到对象影响的秩序相一致。在一般的知觉中，心灵

---

① Benedict de Spinoza, *Spinoza: Complete Works*, translated by Samuel Shirley, Hackett Publishing Company Inc., 2002, p. 268.

是被动的，它反映了环境与有机体相互作用的情况，而不是独立于身体的现实。心灵将这些观念看作表象外部事实本身的观念，而不是作用于感觉器官而产生的方式所产生的观念，就陷入了错误。而当我们从无限的智慧的秩序出发时，就不会犯下这种错误。在这一种状况中，知觉是主动的活动，不再受到外部原因的限制。斯宾诺莎说："任何人类身体受到外部物体影响的样态的观念，必然包含着人类身体的本性，以及外部物体的本性。"① 因为物体作为有限的存在，必然处于与其他物体的相互关系之中。而心灵的概念包含身体的观念，身体处于与广延世界的其他物体的关联之中。人类的身体提供了人类心灵知觉世界的起点。

这种思路造成了两个后果：第一个后果是，人类的心灵不仅知觉到自身的身体，也知觉到其他的身体。斯宾诺莎并不想要声称人唯一可以表象的是自己的身体，而是表象其他的东西都基于心灵与它的对象——身体的关系。第二个后果是，我们拥有的关于外部世界的对象的观念更多地意味着我们的身体状况而非外部世界的状况。由于观念联系的原则必然反映了物体联系的规则，因此决定观念的关系的原则必须反映广延的关系的规则。斯宾诺莎建立起了一种"准-机械"的心理学理论，这也为我们理解斯宾诺莎理论中的想象和记忆学说提供了基础。

斯宾诺莎认为，想象是对不存在的对象的观念，因而是人心灵的一种缺陷。对于记忆，斯宾诺莎认为来自于习惯产生的恒常连接，而不是逻辑推论。从这两种人类心灵的主要活动出发，斯

① Benedict de Spinoza, *Spinoza*: *Complete Works*, translated by Samuel Shirley, Hackett Publishing Company Inc., 2002, p. 256.

宾诺莎得出了他对于人类知觉知识的一般看法：人类的心灵对身体的知识依赖于身体受到其他物体的影响。心灵是观念，或观念的连接，心灵的观念和心灵相互连接的方式与心灵和身体连接的方式相同。因此，心灵意识到身体，也意识到自身。但是这一点引起了很大的争议，因为这里存在着心灵把握心灵与物体的联系的可能性，容易引发怀疑论。

这一怀疑论嫌疑使得我们思考，如何解释人类心灵能够达到对于外部事实的认识，斯宾诺莎的回答是，人类心灵中拥有一些完全充分的观念，这些观念不同于我们从感觉经验得来的不确定的观念，而是不依赖于个别情况的影响。这是人类能够获得知识的真正基础。这类观念包含两类：一类是"普遍的观念"（common notions），另一类是"对于事物普遍特性的充分观念"（adequate ideas of the common properties of things）。① 笛卡尔和莱布尼茨也承认这两类天赋观念的存在，并把它们作为知识的基础。这并不是说这些天赋观念是人人都具备的，而是说它们是一些普遍的倾向（dispositions），即使它们并未被人们所察觉到。斯宾诺莎反对亚里士多德的种属说，认为这样不可能对事物的本质产生真正的认识，而是反映了人类想象力的有限性，人类从有限的想象力出发不可能推出无限的真理。用斯宾诺莎的话来说："那些带着惊奇看待人的样貌的人将人看作带有永恒样貌的动物，但是那些已经熟悉于考察其他事物的人，将形成另一幅普遍的人类的图像——

① Benedict de Spinoza, *Spinoza*: *Complete Works*, translated by Samuel Shirley, Hackett Publishing Company Inc., 2002, pp. 266-267.

比如，人是会发笑的动物，或一个无毛的动物，或一个理性的动物。"① 因此，斯宾诺莎区分两类知识：一类是亚里士多德式的经验知识，由意见或想象得来，或者受到令人困惑的知觉的影响，或者是由于人面对个别事物而来，包括感觉和记忆；另一类是斯宾诺莎的普遍和充分的知识则产生理性的永恒的知识，与前者相反。

斯宾诺莎在这里引进了第三种知识——直观知识（intuitive knowledge）② 的概念，这种知识与由天赋观念得来的知识的不同在于，天赋观念得来的知识是通过推论得到的，而直观知识则是直接得到的。直观得到的知识优先于天赋观念得来的知识，原因是直观知识能够到达个别事物的本质，而理性推理则远离任何个体。另外，理性知识仍然缺乏根基，而直观知识则来自于上帝与自然的本性。而对上帝的知识就是直观知识，上帝本性奠基于万事万物之中，人类必然能够直观到它。第三种知识具有最高的完满和成就。对于上帝的知识不可能为人所完全得到，而只能为人所近似地把握，人类的知识越进步，就会越接近上帝和自然。

斯宾诺莎的知识论与他的形而上学是一以贯之的，一元论本体论必然意味着"真"与"充分"两个概念的等价，因此斯宾诺莎推崇理性推理知识，并认为由理性推理得来的知识可以与外部世界事实的知识等价，这是与他的平行论的形而上学一贯的。但是斯宾诺莎也认同直观知识的有效性，并给予它最高的权威，这

---

① Benedict de Spinoza, *Spinoza：Complete Works*, translated by Samuel Shirley, Hackett Publishing Company Inc. , 2002, p. 266.

② Ibid. , p. 267.

是他对于唯理论思路的突破。

（三）自然主义的情感观

在《伦理学》第三部分中，斯宾诺莎讨论了人的情感、行为和自由的问题。在一开始，斯宾诺莎反对一种错误的情感和行为观，即把它们看作人类王国中的王国，超出自然的范围；而斯宾诺莎将人类看作自然的一部分，我们处理人类的情感和行为应当如同处理线段、平面和物体。身心关系问题在斯宾诺莎看来并不是一个问题，因为身心是同一个东西，只是以不同的方式被把握。因而我们不需要为心灵如何影响身体而困惑，也不需要为自由选择与因果关系的决定性而担忧，当我们把选择看作自由作出的时候，这是因为我们忽视了原因，因而以为没有原因。艺术创作确实不能被自然法则所揭示，但是斯宾诺莎认为，物体的构造远远超越于任何人类的艺术，那是无限的领域。

在《伦理学》最后三部分中，斯宾诺莎试图给出一种人类情感和人类行为的自然主义解释。同时，他试图指出被激情所束缚的人是如何可能自由的。每一个个体事物都努力地维持它自身的存在，这种努力被斯宾诺莎称为"自然倾向"（conatus，英文翻译为endeavor，中文一般翻译为"努力"，或"冲力"）[①]，所有的个体事物所做的事情都来自于它的自然倾向，本性决定了个体事物的行为，人努力维持的不超过其现实本质，这是一切有限事物的本质。这种人的倾向被斯宾诺莎称为"欲望"（appetite），有意识的欲望就

---

① Benedict de Spinoza, *Spinoza*: *Complete Works*, translated by Samuel Shirley, Hackett Publishing Company Inc. , 2002, p. 283.

是"渴望"(desire)，在渴望中，具有更高的完善度的渴望就是
"欢愉"(pleasure)，而具有更低完善度的是"痛苦"(pain)。在斯宾
诺莎的想法中，增进人类心灵的完美程度的也将增进身体的完美程
度，反之亦然，这种增进和减少也有助于或限制我们身体和心灵的
行动力量和思想力量。心灵的完善程度提升心灵的积极性，而不依
赖于外部的行为原因。但是这似乎与心灵是物体的观念的一般原则
相违背。在斯宾诺莎的界说中，每个人都必然追求欢愉，这并不意
味着人没有意识地设想欢愉为自己所有行为的目的，而是试图保存
自己和完善自己的存在，这种完善在心灵的层面是欢愉。"欢愉"
这个词语，在表面上看起来意味着感觉和感官，但是这并不是斯宾
诺莎所要表达的含义，在建立起自然倾向与人类情感的关系之后，
斯宾诺莎试图从这个基本形式中推出人类的其他情感。比如，爱
（amor）是"伴随着外部原因的观念的欢愉"，而恨是"伴随着外
部原因的观念的痛苦"。[①] 如果我想象另一个人类，先是不带着任何
情感去考察他们，然后再带着情感考察他们，那么我就会被相似的
情感所影响。一个外部的物体的图像实际上是我们身体的样态，这
个样态的观念包含着我的身体和外部物体的本性。如果外部物体的
本性与我的身体的本性相似，那么外部物体的观念就包含我自己身
体的本性。如果外部物体的本性类似于我的身体的本性，那么外部
物体的观念就包含类似于外部物体的我的身体的样态的观念。因
此，如果一个人类被一种情感所影响，在身体中就包含一种对应于
情感的样态。同情就是对痛苦的情感的模仿。

---

① Benedict de Spinoza, *Spinoza*: *Complete Works*, translated by Samuel Shirley, Hackett Publishing
Company Inc. , 2002, p. 286.

斯宾诺莎因此从最基本的情感——渴望、欢愉与痛苦出发，得出不同的结论。这个解释对于人和动物都通用。动物的情感与人的情感的区别在于，它们不同于人的本性。人和动物都有生殖的渴望，前者的渴望是人，而后者是动物，不同的生物所渴望的对象不同。斯宾诺莎试图给出一种情感的逻辑演绎，但是我们可以将他对激情和情感的思辨处理看作当代心理学的经验研究。例如，斯宾诺莎用一个基本的动力来解释复杂的人类情感生活，这样斯宾诺莎的心理理论也可以被看作自然主义的。

对于斯宾诺莎的道德哲学来说，所有的情感都来自于渴望、欢愉与痛苦的激情，当一个外部物体的观念与我的心灵相连，使得我的心灵欢愉，增进自我保存和活力时，我就"爱"这件事物，这件事物也就是可被称之为"善"的。事物的善、恶、爱、恨都基于人类特定的心理-生理条件，当联结建立起来的时候，我必然地将事物看成善的或者恶的。在这方面，情感是被动的，人被情感所驱使着，一个人所爱的可以是另一个人所恨的，这样就取消了道德判断。

但是并不是所有的情感都是被动的，也有不仅仅是身体样态的主动的情感。这些主动的情感来自于心灵，积极的情感不能指示痛苦，因为痛苦会阻碍心灵思想的力量。只有欢愉与渴望可以成为积极的情感，它们是充分的观念，与被动的观念相反，被动的观念是不完全的或模糊的观念。积极的情感包括坚毅（fortitude）、勇气（courage）、宽宏（magnanimity）、尊贵（nobility）等。勇气来自于智慧，而尊贵则来自于人与他人和谐相处的理性。斯宾诺莎同时认为，主动的情感和被动的情感是可以互相转化的，道德进步与智识进步是平行的，是同一种进步的两个方面，人越理智地思考，情感也就越积极。

与被动的情感相对应的是理性的生活，也就是德性的生活。因为根据德性生活就是用理性来指导行动，以对自身有用作为基础原则生活并保存自己的存在。对自身真正有用的东西就是有利于我们理解的，而真正有害的就是妨碍我们理解的。理解就是从情感的奴役中解脱出来，一个情感只有在我们对它形成一个清楚的观念的时候才能不再是一种激情，心灵从而不再成为被动的，而是主动地表达它。例如憎恶，它一般不是一种主动的情感，但是一旦我们从自身的必然性角度理解它，那么我们就会更加容易克服它，例如原谅伤害我们的人。

而且一旦我理解了憎恶来源于对于人类相似的本质和共同的善的无知，那么我就不会再憎恶别人了，憎恶是那些拥有混淆的不充分的观念的人所具有的情感，如果我理解了人与上帝的关系，那么我就不会憎恶人类。因此，理解是从激情的奴役通向自由的道路。心灵的最高功能就是认识上帝。一个人认识上帝越多，他就越爱上帝。当我们理解了上帝，痛苦就不再是痛苦，痛苦被溶解了。对于斯宾诺莎来说，道德的进步就来自于纯化那些混淆的和不充分的观念，人类的本性就在于达到完善，追求更好的本性。在《伦理学》的最后，斯宾诺莎强调了这一点，虽然通向自由之路很难，但是所有的更好的事物都是很难寻求的。这虽然与斯宾诺莎的决定论不符，但是斯宾诺莎在这里强调的是行为的改变，即人类通过行为的改变走向上帝。

斯宾诺莎的伦理学是他的整个哲学体系的目的所在，即给出一种良善的生活的可能性。他试图给出人性的自然主义解释，这不同于古代哲学和中世纪哲学给出的出于德性或者神性的解释，而是试图从人的基本情感——渴望、欢愉与痛苦出发，得出其他不同的情感，并认为人通过认识可以达到理解，最终获得心灵的平静和幸福。因此，他的认识论与伦理学是一贯的，但是一种理性的认识与人的情感是如何连接的，斯宾诺莎并没有给出足够准确的回答。

（四）基于人性法则的政治哲学考察

在《伦理学》中，人类的基本动力是自我保存，但是人类本质上也是社会动物，只有在与他人的关系中人才能获得自由或祝福。问题是，人类并不是完全理性的，而且有很多人没有理性思考的习惯，被想象和激情所控制。除非被法律和强权所限制，他们没办法与他人一起生活。人类社会只有在国家（state）状态下才可能实现。但是这就似乎排除了人类通过社会化得到自由的道路。在斯宾诺莎的政治哲学思想中，自由占有核心地位。《伦理学》的目的就是考察人类自由的界限，并展示它在决定论的自然中是如何可能的。在现实层面，斯宾诺莎考察人是如何通过国家和对律法的遵从来获得自由的。斯宾诺莎认为，个人让渡其权利给国家，也能获得自由。斯宾诺莎在这里得出的重要的论证是：一个人只有在认识到自身是受到自然完全决定的个体时才是自由的，人没有自由意志，完全由普遍和必然法则所决定，而人的自由也通过完全服从于国家的法律而得到，自由是与遵守法律内在连接的，而不是对立的。因此，斯宾诺莎认为，一个对于公民有绝对权力的国家是最好的国家，而这一国家只有在民主国家中才能实现。

在《神学政治论》（*Tractatus Theologico-Politicus*）一书中，斯宾诺莎构建了自己的政治哲学。斯宾诺莎反对《圣经》和神职人员的权威性，捍卫古典主义的自由思想。他试图从人性的基本法则中推论出国家的原因和功能，然后展示政体如何必然地被构建，这是为了保护和平和公民的自由。

斯宾诺莎的理论受到马基雅维利和霍布斯的重大影响，其中，霍布斯对斯宾诺莎的影响最大，斯宾诺莎的著作可以看作对霍布斯政治思想的一系列回应。霍布斯和斯宾诺莎都认为，政治哲学应当基于对人性的精确考察，而不是建立人类所无法达到的乌托邦。霍布斯坚持一种绝对的集权，反对个体有任何超出或与国家对立的权利，霍布斯的社会契约论从国家的本性出发，他并不把国家看作市民社会的历史前奏，而是当作所有时代和地区的人类生活条件，而无论是否提供限制和保护。霍布斯对人性的描述也适用于斯宾诺莎，霍布斯认为人的基本动力是自我保存，人被决定着，而且充满欲望。虽然如此，霍布斯认为人有做任何对自我保全来说是必要的事情的自然权利（natural right）。因为人都被赋予了自然权利，国家充满了永恒的争斗，从而没有人拥有任何权利造成每个人对每个人的战争。霍布斯认为，理性可以给人类提供走出这种战争状态的规则，他讲的这种规则等同于自然法（laws of nature），理性实现这一点的方式是通过社会契约，人们意识到战争状态的危害，每个人自愿让渡自己的权利，这种共同的权利的转移就是契约（contract）或盟约（convenant）。

斯宾诺莎在一定程度上继承了霍布斯的政治思想，人类完全服从于自然法则，并且最基本的动力是保持自身的存在，人们根据其本性，而非自由意志来行事，而这些本性为上帝或自然所决定，因此斯宾诺莎认为，自然权利就是个体根据自然法则来行事。但是这样一来，人们所做的一切事情都是正确的了，斯宾诺莎认为自然法没有禁止任何人类想要得到的东西。斯宾诺莎对自然权利的解释比霍布斯更加极端，霍布斯将权利限制于对自我保存来说必要的行为，因而排除了一些行为；而斯宾诺莎则坚持了更加彻底的自然主义。

斯宾诺莎认为，人类最初处于霍布斯所说的自然状态，互不信任，互相恐惧，人与人为敌，但是斯宾诺莎的不同之处在于，他认为人们有权背弃约定，因为没有外部的权威能够促使人们必须遵守。人们遵守契约只是因为它对人们有好处，但是个体是唯一的判断者，如果失去的大于得到的，那么人们将会倾向于背弃契约，这也是自然权利。斯宾诺莎并没有将人类的自然状态等同于战争状态，但是他也说明了人类在这种情形下受制于战争的恐惧，没有安全感。这样，人类最终是无力的，不能保持自己的存在。人类虽然有无限的自然权利，但是在这种境遇下没有任何权利。这种无助的状况使得走向市民社会成为必然。斯宾诺莎在这一点上超越了霍布斯，他认为市民社会能够给人类带来安全，满足人对安全的需要，增进物质的舒适程度，提升社会分工，以及发展哲学的可能性。这里斯宾诺莎不同于霍布斯的要点在于说明他人对于人类的用处。

斯宾诺莎未曾说明从自然的状态到达市民社会的转变是如何

发生的。对于前者，斯宾诺莎和霍布斯一样，求助于社会契约作为人类转向的方式，不同之处在于他把社会契约的出现看作历史中的真实情况，尽管缺乏市民法，人类仍然有对上帝的责任，即对自然法的责任。斯宾诺莎认为，自然状态在时间和本性上优先于宗教，而且人凭借理性就可以意识到它，一旦学习就可以知道它。因此，人类之间的联盟不能仅仅通过易碎的信念来奠基，而是通过人们认识到契约所带来的优势和好处来奠基，并必然地同意每个人都必须将他们的权利让渡给一个整体。社会作为一个整体将权利让渡给契约，造成的结果是民主国家的形成。社会拥有作用于个体的统治权，人或者由于自由的精神，或者由于对于惩罚的恐惧，服从于这一统治。国家建立的根基并不是在于理性的设定，而是在于组成国家的人的共同的本性，或共同的激情（passion），这让人们结合起来。斯宾诺莎在谈论他和霍布斯在政治思想上的区别时说："在政治学方面，霍布斯与我的区别在于，我保持自然权利的清白，所以国家权力没有超过主体的权利，而不是超出主体，这是在自然国家中常常发生的。"[1] 斯宾诺莎正是把主体性的原则贯彻到底，从而保持了其政治哲学的一贯性和一元性，避免了国家和个人的二元对立，这也是他的形而上学一元论精神的体现。

斯宾诺莎的政治哲学受到霍布斯的重大影响，但是他比霍布斯更加彻底地贯彻了主体性的原则，摒弃了霍布斯政治哲学中较为抽象的理性。国家建立的根基并不是在于理性的设定，而是在于组成国家的人的共同的本性，或共同的激情，这也与斯宾诺莎

---

[1] Bennett, Jonathan, *A Study of Spinoza's Ethics*, Indianapolis：Hackett，1984，pp. 301-302.

自然主义的伦理学有关。

（五）斯宾诺莎名言及译文

（1）God or a substance consisting of infinite attributes, each of which expresses eternal and infinite essence, necessarily exists.[①]

上帝或实体包含无限的属性，每一个都表达必然存在的，永恒且无限的本质。

（2）The formal being of ideas admits God as a cause only insofar as he is considered as a thinking thing and not insofar as he is explained by any other attribute. I. e., ideas, both of God's attributes and of singular things, admit not the objects themselves, or the things perceived as their efficient cause, but God himself, insofar as he is a thinking thing.[②]

观念的形式存在于上帝被视为一个思想的事物，而并非被其他属性所解释时认可其为一个原因，比如，上帝的属性和个别事物的观念，不承认对象自身，或被知觉为它们有效原因的事物，而是承认上帝就是一个思想的事物。

（3）So let the Satirists laugh as much as they like at human affairs, let the Theologians curse them, let Melancholies praise as much as they can a life that is uncultivated and wild, let them disdain men and admire the lower animals. Men still find from experience that by

---

① Benedict de Spinoza, *Spinoza*: *Complete Works*, translated by Samuel Shirley, Hackett Publishing Company Inc., 2002, p. 222.

② Ibid., p. 246.

helping one another they can provide themselves much more easily with the things they require, and that only by joining forces can they avoid the dangers that threaten on all sides—not to mention that it is much preferable and more worthy of our knowledge to consider the deeds of men, rather than those of the lower animals. But I shall treat this topic more fully elsewhere. ①

那么让讽刺作家如同嘲笑人类事务那样笑，让神学家诅咒他们，让忧郁症病患们如同无教养且野蛮的生活那样夸赞，让他们鄙视人类并且赞赏低等动物。人类仍然从经验中发现彼此帮助能够提供给自身更加方便的他们需求的东西，同时只有集中力量才能避免来自四面八方的危险——不用说，这样对用我们的知识去考察人类事业比起动物来说更有利和值得。但是我将在别处更详尽地处理这个问题。

（4）If the rational man has sometimes, by order of the common-wealth, to do what he knows to be opposed to reason, this inconvenience is far outweighed by the advantage which he derives from the actual existence of the political order: reason, we must remember, also bids us choose the lesser evil. ②

如果理性动物有时候由于共同福利的秩序，做与理性相悖的事情，这种不便由于来自于政治秩序的实际存在的优势而重要：我们必须记得，理性，也使得我们选择更少的恶。

---

① Benedict de Spinoza, *Spinoza: Complete Works*, translated by Samuel Shirley, Hackett Publishing Company Inc., 2002, p. 338.

② Benedict de Spinoza, *The Political Works*, edited and translated by A. G. Wernham, Oxford: Clarendon Press, 1958, p. 289.

（5）For if the mind, while it imagined nonexistent things as present to it, at the same time knew that those things did not exist, it would, of course, attribute this power of imagining to a virtue of its nature, not to a vice—especially if this faculty of imagining depended only on its own nature, that is, if the mind's faculty of imagining were free.①

因为如果心灵，当它想象不存在的事物对它呈现时，同时知道那些事物并不存在，它当然会将这种想象能力赋予它的本性的德性，而不是恶习——特别是如果这种想象的技能仅仅基于它自身的本性，即如果心灵的想象功能是自由的。

（6）We have just encountered in the Letter on the Infinite: We conceive quantity in two ways: abstractly, or superficially, as we imagine it, or as substance, which is done by the intellect alone (without the help of the imagination). So if we attend to quantity as it is in the imagination, which we do often and more easily, it will be found to be finite, divisible, and composed of parts; but if we attend to it as it is in the intellect, and conceive it insofar as it is a substance, which happens with great difficulty, then (as we have already sufficiently demonstrated) it will be found to be infinite, unique, and indivisible. This will be sufficiently plain to everyone who knows how to distinguish between the intellect and the imagination—particularly if it is also noted that matter is everywhere the same, and that parts are

---

① Benedict de Spinoza, *Spinoza: Complete Works*, translated by Samuel Shirley, Hackett Publishing Company Inc. , 2002, p. 257.

distinguished in it only insofar as we conceive matter to be affected in different ways, so that its parts are distinguished only modally, but not really. ①

我们在信件中已经遇到过无限，我们以两种方式设想量：抽象的，或幻想的，如我们想象它，或者作为实体，只靠认识（没有想象的帮助），那么如果我们经常和更容易做的那样在想象中处理量，这将会是有限的、可分的，而且由部分构成的；但是如果我们在认识中考察它，同时将它如其所是地设想为实体，这就会很难将它视为无限的、单一的、且不可分的。这对每个知道如何区分认识与想象的人都是足够清楚的——特别是如果指出物质到处都是一样的，部分以我们设想物质受到影响的不同方式而区分，那么部分就被形式化地区分，而不是实际的。

（7）And since Nature or God is one being, of which infinite attributes are said, and which contains in itself all essences of created things, it is necessary that of all of this there is produced in thought an infinite Idea, which contains in itself objectively the whole of Nature, as it is in itself. I hold that in Nature there also exists an infinite power of thinking which, insofar as it is infinite, contains within itself the whole of Nature ideally [continet in se objective totam naturam], and whose thoughts proceed in the same manner as does nature, which is in fact the object of his thought. ②

① Yitzhak Y. Melamed, *Spinoza's Metaphysics. Substance and Thought*, Oxford university press, 2013, p. 16.

② Ibid. , p. 29.

而且由于自然或上帝是一个存在，于它无限的属性得以言说，而且它自身包含所有的被创造物的本质，在所有这些中有一个在思想中创造的无穷的观念是必然的，如同在其自身中那样。我认为在自然中也存在一个无限的思想的力量，它是无限的，在自身中观念地包含所有的自然（它包含自然中所有的对象性），而且它的思想以同样的方式在自然中进行，这事实上就是它思想的对象。

（8）The idea is objectively in the same way as its object is really. So if there were something in Nature that did not interact with other things, and if there were an objective essence of that thing which would have to agree completely with its formal essence, then that objective essence would not interact with other ideas, i. e. , we could not infer anything about it. And conversely, those things that do interact with other things（as everything that exists in Nature does）will be understood, and their objective essences will also have the same interaction, i. e. , other ideas will be deduced from them, and these again will interact with other ideas.①

观念是以和它的对象同样的方式对象化的是真实的。所以如果在自然中有某物不与其他事物相关，同时如果有那一事物的本质的对象本质必须与其形式存在相符合，那么那一对象本质不会与其他观念相关，比如，我们不会从它推论出任何东西，而且相反，那些事物并不与其他事物相关（如同在自然中存在的每件事

---

① Yitzhak Y. Melamed, *Spinoza's Metaphysics. Substance and Thought*, Oxford university press, 2013, p. 14.

物一样）将会得到理解，而且其对象性的本质也会有同样的关系，比如，其他观念将会从其中得出，而且那些观念也会与其他观念相关。

（9）The essence of the soul consists only in the being of an Idea, or objective essence, in the thinking attribute, arising from the essence of an object which in fact exists in Nature. I say of an object that really exists, etc. , without further particulars, in order to include here not only the modes of extension, but also the modes of all the infinite attributes, which have a soul just as much as those of extension do. [①]

灵魂的本质仅在思想属性中，存在于观念的存在，或对象本质之中，产生自事实上在自然中存在的对象的本质。我说一个对象实际存在等，没有其他细节，为了不仅包含广延的模式，而且包含所有无限的属性，具有灵魂如同具有广延一样。

（10）It follows, secondly, that will and intellect are related to God's nature as motion and rest are, and as are absolutely all natural things, which must be determined by God to exist and produce an effect in a certain way. For the will, like all other things, requires a cause by which it is determined to exist and produce an effect in a certain way. And although from a given will, or intellect infinitely many things may follow, God still cannot be said, on that account, to act from freedom of the will, any more than he can be said to act from

---

① Yitzhak Y. Melamed, *Spinoza's Metaphysics. Substance and Thought*, Oxford university press, 2013, p. 14.

freedom of motion and rest on account of those things that follow from motion and rest (for infinitely many things also follow from motion and rest). [①]

第二，接下来是意志与认识相关的上帝的本性，如同运动和静止，而且如同所有自然的事物所示，必须由上帝决定其存在，并以一定的方式造成影响。因为意志如同所有其他东西，需要一个原因来决定其存在，并以一定的方式制造影响。而且虽然从一个被给出的意志或认识，无限多的事物跟随而来，在这种理解中，上帝仍然不能被说成从意志的自由中行动，等同于他在对那些跟随运动和静止而来的事物的理解（因为无限多的事物跟随着运动和静止而来）中可以被说成从运动与静止的自由中行动。

三、主要影响

（一）对德国哲学发展的影响——批判二元论谬误

斯宾诺莎在他的时代常常被视为无神论者，并经常成为教徒攻击的靶子；而他被视为教徒的原因是将上帝等同于自然，在宗教传统中，上帝是高于自然的，特别是在犹太-基督教传统中，上帝是一个人格化的超验自然的存在。斯宾诺莎所拒斥的正是这样一个人格化的超验自然，赋予"上帝"概念一个新的意义，即否认人格化的超验自然这种有限的含义，而给予"上帝"概念一

---

① Yitzhak Y. Melamed, *Spinoza's Metaphysics. Substance and Thought*, Oxford university press, 2013, p. 48.

个真正无限的含义。因此，斯宾诺莎哲学在一个意义上，可以看作无神论的；在另一个意义上，仍然坚持了基督信仰。在神学意义上，教徒们攻击斯宾诺莎对传统概念的颠覆尚且情有可原，但是即使是在哲学界，斯宾诺莎的思想也受到了很多攻击，在拜尔（Bayle）编著的哲学词典里，斯宾诺莎的哲学被视为荒谬的，狄德罗也持有相似的看法。法国启蒙思想家整体对于斯宾诺莎哲学的评价都比较低，而休谟则认为，斯宾诺莎的无神论原则在于其一元论，这是一种"可怕的假定"（hideous hypothesis）[1]，斯宾诺莎的实体观念与笛卡尔的非物质实体一样，对于经验论者是不可理解的。由于以上诸多因素影响，学界并没有严肃对待斯宾诺莎哲学。直到1780年前后，德国浪漫派兴起，莱辛、雅各比、赫尔德、诺瓦利斯、海涅、歌德等代表人物都表达了对斯宾诺莎哲学的赞赏。这与浪漫派追求整体性与诗化和神秘主义的世界观有关。斯宾诺莎被视为一个泛神论者（pantheist），不再把上帝看作一个遥远的超越性的存在，而是能够在自然中显现的神。后来的德国哲学家谢林和黑格尔受到浪漫派的影响，将斯宾诺莎主义看作欧洲主流思想的一部分。黑格尔甚至认为，如果一个人学习哲学，要么是一个斯宾诺莎主义者，要么研究的就不是哲学。对于黑格尔来说，斯宾诺莎的思想是绝对理念自我扬弃上升的一个重要阶段，上帝不是实体，而是精神。黑格尔的思想并不能用有限的存在来描述实在与宇宙，而是用上帝来描述它们，这是与对斯宾诺莎的无神论解释完全不同的。

---

[1] Frederick Copieston S. J. , *A history of philosophy v. 4. Modern philosophy*; *from Descartes to Leibniz*, Image Books, 1994, p. 262.

　　在斯宾诺莎主义名下包含着许多思想，如理性主义、自然主义、决定论和神秘主义。在今天的人看来，能够把这些理论融贯地结合在一起是不现实的，对于不同意斯宾诺莎的人来说，实在就是理性的，没有必要再假设神的概念。斯宾诺莎主义代表着很多人对哲学的梦想，充满着鼓舞人心的洞见和宏大的设计。斯宾诺莎主义在经验主义传统中得到的评价偏低，因此在当今英美学界并不受到重视。斯宾诺莎将理性思辨与经验观察区分开，这是与伽利略为代表的实证科学的态度不同的，斯宾诺莎的一系列普遍真理的最大困难在于，如何处理现代哲学的最大问题——在一个事实的世界中如何安置价值的问题。在斯宾诺莎那里，这似乎是个伪问题，只存在于模糊的思想的层次，科学与伦理学没有矛盾，因为科学的事业就是价值的事业，理解真理和理解上帝是一致的。问题在于斯宾诺莎所说的事实的世界与现代科学所说的事实的世界是有距离的，类似于一个由理性推论得到的推理的世界，这与世俗化的时代人们生活的世界非常不同，斯宾诺莎并没有注意到这一问题。但是很多学者认为，斯宾诺莎并非有意或无意忽略了这一点，而是表现出一种真正的哲人的视野，用理念还是现实作为实在并不是哲学要处理的问题，而是哲学的出发点。问题是在理性作为实在的出发点的基础上，斯宾诺莎如何超越了笛卡尔。斯宾诺莎的将自我融入于上帝的决定论立场使得他建立起了一种科学的宗教，这是理性主义不可避免的后果，也是对笛卡尔的二元论的推进，而这只能是在理性主义的框架下进行的。

（二）对近代科学发展的影响——自然主义转向

　　当代学者把斯宾诺莎看作一个科学世界观的思辨哲学代表，

正如我们在上文中所谈到的，斯宾诺莎试图给出一种自然主义的解释，而不诉诸超自然的力量。斯宾诺莎当然是一个形而上学家，但是这些当代学者们认为斯宾诺莎将自然看作一个有机整体，不加任何外部假设的路径是一种思辨的科学世界观的尝试。虽然科学研究并不是斯宾诺莎哲学的旨趣所在，但是斯宾诺莎主义的核心观点是，自然是一个可以被科学研究的系统。这对于近代科学的发展在思想层面上是有推动作用的。斯宾诺莎拒绝了笛卡尔式的二元论，而采取了更为激进，但是在精神上和近代经验科学上更贴近的一元论路径，斯宾诺莎哲学的旨趣虽然在于追求心灵的平静和自由，追求真知和真正的幸福与善，但是这种目的却必须要通过对于唯一的实体——自然的理解和认识才能达到。这对于人们的思想启蒙和解放是有很大的启发作用的。而且斯宾诺莎的这一转向不是对现代自然科学研究进向的盲从，而是带着特定的审慎的态度，一种追求真知和心灵的幸福的哲学与追求事实世界的机制的科学具有迥异的价值取向。在今天，一个工具理性和技术崇拜盛行的时代，重新阅读斯宾诺莎哲学有助于我们摆脱唯科学主义的桎梏，从而认识到认识自然的目的在于帮助人类增进理解，以最终获得心灵的平静与幸福。

（三）对社会道德的影响——追求真理，不畏偏见

罗素在《西方哲学史》中称斯宾诺莎为"伟大哲学家当中人格最高尚、性情最温厚可亲的"[①]。斯宾诺莎在追求真理的事业中，不与世俗偏见妥协，甚至愿意为其付出被驱逐出社群的代价，

---

① ［英］罗素：《西方哲学史》（下卷），马元德译，商务印书馆，1982年，第92页。

在贫寒中度过自己的一生。这种高尚的人格激励着历代哲学家和有志于崇高事业的青年人。同时，正如我们之前提到的，斯宾诺莎并非一个不关心他人和社会事务的人，他拒绝教职的原因之一就是他害怕自己的迥异的思想会对普通人的生活造成损害，并坚持把这些思想留在自己的世界当中。在晚年，他为了国家和民族的兴亡而奔走，这体现出他关心公共生活、关注共同体的安危的崇高品质。只有考察这两方面因素，我们才能理解罗素对斯宾诺莎的评价：一个高尚的人，一方面，努力发展自己的优秀德性，追求真知和美善，不为世俗的因素而妥协；另一方面，关心世俗世界和他人的幸福，在实践中实现自己，这才是真正的知行合一。

四、启示

（一）对科学研究的启示——为真理敢于反抗强权

斯宾诺莎的神学观点在很大程度上与当时人们普遍接受的一神论教义相冲突，他在自己的理论体系中系统地将上帝从高高的云端请回了人间，被称为"第一个世俗犹太人"。这种想法在当时就如同哥白尼和布鲁诺用日心说取代地心说一样，是为世俗所不容的，尤其是在教门森严的犹太教社群之中，这给他带来了很多危险，曾有信徒拿刀子行刺过他。1656年，阿姆斯特丹当地的犹太社群宣布，将斯宾诺莎"革出教门"。这基本上就使得斯宾诺莎的生计失去了着落，斯宾诺莎有一个挽救自己的机会，只要他承诺不把异端想法到处传播给青年，就可以继续留在社群之内，但是他仍然拒绝了这一机会，继续以磨制镜片来维持生活，著书立说，坚持自己的研究。这种坚持真理、不畏强权的精神是值得所有科学研究者学习的。

（二）对人生追求的启示——淡泊名利，追求真知

斯宾诺莎的人生追求就是探寻真理，而他也愿意为这一追求而放弃很多世俗的利益。例如，他一个人孤独地生活，失去了友情和爱情的慰藉；又如莱布尼茨虽然深受斯宾诺莎思想的启发，但他对外却不承认这一点，在被问及时，竟至撒谎否认。连莱布尼茨这样的大哲人都如此对待斯宾诺莎，普通人的态度更可想而知。这一点，用梁启超评价李鸿章的话来说："天下人云者，常人居其千百，而非常人不得其一，以常人而论非常人，乌见其可？故誉满天下，未必不为乡愿；谤满天下，未必不为伟人。"① 斯宾诺莎看清了世人评价的价值，坚定地走在探寻真理的道路上，这也成就了后世对他的思想的真正价值的评价。对于人生追求这样重要的事情来说，他人的意见也许只能作为一个参考，而真正的确证性来自于当事人的内心，这是别人的意见所无法取代的。

（三）对道德责任的启示——对国家和社会充满责任感

在斯宾诺莎的政治哲学中，我们可以看出他在追求永恒真理的同时，对于人类和国家命运的关切，尽管这种关切是通过理论的方式体现出来的，但是也带有对于同时代的政治境况的批判。他对民主制度的论述体现出资产阶级在其兴起的时代在思想层面对封建王权和神权的挑战，这种理论论述由于其彻底性而具有真

---

① 梁启超：《李鸿章传》，李安安译，中国城市出版社，2010年，第1页。

正的力量。而在实践中，斯宾诺莎虽在江湖之远，但仍然关心国家和民族的命运，并尽自己的力量防止战争的爆发。这些经历都体现出这位作为人类命运共同体中的一员伟大哲人，广阔的胸襟和崇高的责任感。

五、术语解读与语篇精粹

（一）界说（Definition）

1. 术语解读

"界说"是斯宾诺莎在《伦理学》中提出的一种追求真观念、消除想象和由想象引发的被动的心灵认知的方法。他认为研究外物获得知识不能从由想象而来的抽象的概念出发，更不能从普遍公理出发，而是要从某些个别事物的具体且特殊的本质出发，对个别事物的具体本质作出界定性的说明就是"界说"。斯宾诺莎认为，无论是从抽象观念推出具体事物，还是从具体事物推出抽象观念，都是人类理智受到干扰的认知过程，得到的观念是不清楚、不明白的。只有从"界说"出发的认识才能让理智充分发挥其天赋的观念构成力量，让理智从永恒无限的角度绝对地构成真观念。

2. 语篇精粹

语篇精粹 A

Therefore, as long as we are engaged in an enquiry into real things, it will never be permissible for us to draw a conclusion from what is abstract, and we shall take great care not to mix the things that are merely in the intellect with those things that are in reality. The most secure conclusion is to be drawn from some particular affirmative essence, i. e. , from a true and legitimate definition. For, starting from universal axioms alone, the intellect cannot descend to particulars, since axioms are of infinite extension and do not determine the intellect to contemplate one particular thing rather than another. So the correct path to discovery is to develop our thinking from the basis of some given definition, and progress will be more successful and easier as a thing is better defined. Therefore the whole of this second part of our method hinges on this alone: getting to know the conditions of a good definition, and then devising a way to discover them. I shall therefore first discuss the conditions of definition. ①

译文参考 A

因此，只要我们对实在的事物进行考察，我们就绝不能从抽象中获取结论，我们要格外小心，不能将仅在理智范围内的事物与那些实在范围内的事物混淆。最保险的结论应该是从某些独特的肯定性的本质中获得，即从真正合法的"界说"中获得。因为仅从普遍公理出发，理智会降低为分殊，因为公理具有无限延伸的特点，且不会让理智仅关注某种特殊事物而忽略其他。因此，探索事物的正确途径是从某些给定的界说为基础来展开我们的思

---

① Benedict de Spinoza, *Spinoza: The Complete Works*, translated by Samuel Shirley, Hackett Publishing Company, 2002, p. 25.

考，事物得到更好的界定则会取得更早更成功的进展。因而我们研究方法的第二部分的全部重点都在于：了解一个良好界说的条件，然后设计一种方法来发现事物。那么我首先讨论一下界说的条件。

语篇精粹 B

So if we are to be delivered from this fault, the following requirements must be satisfied in definition.

1. If the thing be a created thing, the definition, as we have said, must include its proximate cause. For example, according to this rule a circle would have to be defined as follows: a figure described by any line of which one end is fixed and the other movable. This definition clearly includes the proximate cause.

2. The conception or definition of the thing must be such that all the properties of the thing, when regarded by itself and not in conjunction with other things, can be deduced from it, as can be seen in the case of this definition of a circle. For from it we clearly deduce that all the lines drawn from the centre to the circumference are equal. ①

译文参考 B

因此，如果我们想要避开这种错误，在界说时就要满足如下条件：

1. 一个被创造出来的事物的界说中必须包含它的大致缘由。比如在这种原则下，一个圆必须被界说为：由一端固定而另一端可

---

① Benedict de Spinoza, *Spinoza*: *The Complete Works*, translated by Samuel Shirley, Hackett Publishing Company, 2002, p. 26.

移动的任意直线所绘制的图形。这个界说清晰地涵盖了大致缘由。

2. "一个事物的界说"的概念一定是，被单独考量而非与他物联系着而得以考量的事物的一切属性都是可以从"界说"中推论得出。上述圆的界说的例子中体现了这一点。因为从"圆的界说"中，我们可以清晰地推论出从圆心到圆周所画的任意直线都是等长的。

语篇精粹 C

To engage upon it now, I shall make the following assumptions:

1. The true definition of each single thing includes nothing other than the simple nature of the thing defined. Hence it follows that:

2. No definition involves or expresses a plurality, or a fixed number of individuals, since it involves and expresses only the nature of the thing as it is in itself. For example, the definition of a triangle includes nothing but the simple nature of a triangle, and not a fixed number triangles, just as the definition of mind as a thinking thing or the definition of God as a perfect Being includes nothing other than the nature of mind and of God, and not a fixed number of minds or God.

3. There must necessarily be a positive cause of each thing, through which it exists.

4. This cause must either be placed in the nature and definition of the thing itself (because in effect existence belongs to its nature or it necessarily includes in it) or outside the thing. [1]

---

① Benedict de Spinoza, *Spinoza: The Complete Works*, translated by Samuel Shirley, Hackett Publishing Company, 2002, p. 854.

译文参考 C

为了开始这项工作，我需要作如下假设：

1. 每个单一事物的真正界说仅包含着被界说的事物的简单本质。那么接下来：

2. 界说都不包含或表达任何复数事物，也不包含或表达任何一定数量的个体，而仅包含和表达事物如其所是本质。例如，一个三角形的界说仅包含三角形的简单本质，而不包含一定数量的三角形的本质，同样地，将心灵界说为能思考的事物和将上帝界说为完美的"存在"都仅只包含着心灵的本质和上帝的本质，绝不包含一定数量的心灵或一定数量的上帝的本质。

3. 界说中必须包含每个事物借以"存在"的正面缘由。

4. 这个缘由要么一定是处在事物本质或它自身的界说当中（因为实际上"存在"是属于事物的本质的或"存在"一定在它自身之中的），要么就是处在事物之外。

（二）最高幸福（Supreme happiness）

1. 术语解读

斯宾诺莎在用拉丁文写作的《知性改进论》中第一次提到了他关于什么是最高幸福的观点。他的哲学研究本身就是朝向伦理学的，因此其哲学的目的是阐明"幸福"的概念和追求人生最高的幸福。在他看来，真正的幸福并不在于贪婪、肉欲和虚荣等，而是在于永恒无限的东西。前者只是我们在追求至善的道路上用到的工具和手段，后者才是最高幸福的所在。而这个永恒无限的东西就是上帝，只有上帝是真正永恒和无限的。至善就是爱上帝和爱永恒。

2. 语篇精粹

语篇精粹 A

After experience had taught me the hollowness and futility of everything that is ordinarily encountered in daily life, and I realized that all the things which were the source and object of my anxiety held nothing of good or evil in themselves save insofar as the mind was influenced by them, I resolved at length to enquire whether there existed a true good, one which was capable of communicating itself and could alone affect the mind to the exclusion of all else, whether, in fact, there was something whose discovery and acquisition would afford me a continuous and supreme joy to all eternity.

I say "I resolved at length", for at first sight it seemed ill-advised to risk the loss of what was certain in the hope of something at that time uncertain. I could well see the advantages that derive from honour and wealth, and that I would be forced to abandon their quest if I were to devote myself to some new and different objective. And if in fact supreme happiness were to be found in the former, I must inevitably fail to attain it, whereas if it did not lie in these objectives and I devoted myself entirely to them, then once again I would lose that highest happiness. [1]

---

① Benedict de Spinoza, *Spinoza: The Complete Works*, translated by Samuel Shirley, Hackett Publishing Company, 2002, p. 3.

译文参考 A

经验教导我日常生活中一般遇到的一切事物都是空洞和无用的，并且我也意识到，作为我焦虑的来源和焦虑对象的一切事物自身中并不包含善恶，只不过是我们的心灵受到了它们的影响罢了。在这之后，我终于决定开始考察是否存在真正的善，一个能表达自身的善，一个单靠其自身就可影响心灵而不对其他东西发挥作用，让心灵了解是否真的存在那个"某物"——发现和获得那个"某物"让我能得到通往一切永恒的持续的至高快乐。

我说"我终于决定"，是因为最初冒险以损失确定的东西来换取彼时不确定的东西似乎是一种不明智的作法。我可以清楚地看到来自于荣耀和财富的好处；如果我打算投身追求某些全新的不同的目标，我将不得不放弃对荣耀和财富的追求。如果荣耀和财富确实是"最高幸福"的来源，我一定没法获得最高幸福了；而如果最高幸福并不在这些目标中，并且我又将自己全身心投入到对它们的追求中去了，那我将再一次失去那个"最高幸福"。

语篇精粹 B

Now that we have seen the advantages of this True Belief, we shall endeavor to fulfill the promise we have made, namely, to inquire whether through the knowledge which we already have (as to what is good, what is evil, what truth is, and what falsity is, and what, in general, the uses of all these are), whether, I say, we can thereby attain to our well-being, namely, the LOVE of God (which we have remarked to be our supreme happiness), and also in what way we can free ourselves from the passions which we have judged to be bad. ①

译文参考 B

既然我们已经看清"真信念"的优点，我们就应该努力实现我们的诺言了：探究能否通过我们已有的知识（关于善、恶、真理、谬误的知识以及对这些知识的一般运用是怎样的）来进而获得我们的幸福，即"上帝之爱"（我们将上帝之爱看作我们的"最高幸福"），并同时也探究我们如何才能从那些被我们判定为丑恶的激情中将我们自己解救出来。

语篇精粹 C

Thus we see, therefore, that in order to arrive at the truth of what we assert for sure concerning our happiness and repose, we require no other principles except only this, namely, to take to heart our own interest, which is very natural in all things. And since we find that, when we pursue sensuousness, pleasures, and worldly things, we do not find our happiness in them but, on the contrary, our ruin, we therefore choose that guidance of our understanding. As, however, this can make no progress, unless it has first attained to the knowledge and love of God, therefore it was highly necessary to seek this (God); and as (after the foregoing reflections and considerations) we have discovered that he is the best good of all that is good, we are compelled to stop and to rest here. For we have seen that, outside him, there is nothing that can give us any happiness. And it is a true freedom

---

① Benedict de Spinoza, *Spinoza: The Complete Works*, translated by Samuel Shirley, Hackett Publishing Company, 2002, p. 86.

to be, and to remain, bound with the loving chain of his love.

Lastly, we see also that reasoning is not the principal thing in us, but only like a staircase by which we can climb up to the desired place, or like a good genius which, without any falsity or deception, brings us tidings of the highest good in order thereby to stimulate us to pursue it, and to become united with it; which union is our supreme happiness and bliss. [①]

译文参考 C

因此为了达至我们认为确定无疑的幸福和宁静，我们仅要求如下的原则：谨记我们的兴致所在，一切事物中都有这个自然的倾向。我们发现，当我们追求肉欲、快感和世俗的东西时，我们没有从中找到我们的幸福，相反发现的只是我们的毁灭，我们因而选择"理解"来为我们指路。然而这并没有带来任何进展，除非首先能达至对上帝的认识和"上帝之爱"，所以十分有必要去追寻这个"上帝"；（在经过前期反思和考量之后）我们已经发现上帝是一切善的事物中的至善，我们不得不停下来，暂缓追寻幸福的进程。因为我们已经发现，除上帝之外，没有什么别的能给予我们任何幸福。它是真正自由的所在，它带来了上帝的一系列的爱。

最后，我们也发现，推理不是我们身上的主要特性，推理只是作为我们爬上理想之地所需的楼梯，或者说推理像一个天才，不加谬误和欺骗地为我们带来至善的消息，并以此方式促使我们去追求至善，并与至善结为一体；我们与至善的结合体就是我们

---

① Benedict de Spinoza, *Spinoza*: *The Complete Works*, translated by Samuel Shirley, Hackett Publishing Company, 2002, pp. 99-100.

的"最高幸福"和极乐所在。

（三）实体（Substance）

1. 术语解读

斯宾诺莎在《伦理学》的开篇就使用了"实体"一词，并对它加以界定。斯宾诺莎的实体观是对亚里士多德所定义的实体的一种抽象化。在斯宾诺莎看来，实体是独自存在的东西，绝对地独自存在的东西，并且是被完全独自理解的东西，没有任何他物参与在内，它悬置了作为具体事物而存在的实体概念。实体是自因的，属性构成实体的本质，而样式是实体的分殊，上帝是具有无限属性的实体。斯宾诺莎的实体因具有思想和广延这两种属性而形成了不同于笛卡尔"身心二元论"的"心物平行论"。

2. 语篇精粹

语篇精粹 A

By substance I mean that which is in itself and is conceived through itself; that is, that the conception of which does not require the conception of another thing from which it has to be formed.

By attribute I mean that which the intellect perceives of substance as constituting its essence.

By mode I mean the affections of substance, that is, that which is in something else and is conceived through something else.

By God I mean an absolutely infinite being, that is, substance consisting of infinite attributes, each of which expresses eternal and infinite essence. [1]

译文参考 A

实体是指在其自身之中并借其自身得以被构想的东西，即实体的概念不需要其他事物的概念就能成立。

属性是指知性所感知到的作为构成实体本质的东西。

样式是指实体的分殊，即那些在他物之中并借助他物才能被感知的东西。

上帝是指一种绝对无限的存在，即一种包含了无限多种属性的实体，其中每个实体都表达了永恒和无限的本质。

语篇精粹 B

Now that we have proved above what God is, it is time to show what he is. Namely, we say that he is a being of whom all or infinite attributes are predicated, of which attributes everyone is infinitely perfect in its kind. Now, in order to express our views clearly, we shall premise the four following propositions:

1. That there is no finite substance, but that every substance must be infinitely perfect in its kind, that is to say, that in the infinite understanding of God no substance can be more perfect than that which already exists in Nature.

2. That there are not two like substances.

3. That one substance cannot produce another.

4. That in the infinite understanding of God there is no other sub-

---

① Benedict de Spinoza, *Spinoza: The Complete Works*, translated by Samuel Shirley, Hackett Publishing Company, 2002, p. 217.

stance than that which isformaliter in Nature. ①

译文参考 B

上文中我们已经证明了上帝是什么，现在我们该展现出来上帝的面貌。也就是说，我们认为上帝是这样一种存在，由他指出一切或无限多种属性，他的每一个属性都是绝对完美的。现在为了清楚地表达我们的观点，我们需要作如下四点假设：

1. 不存在有限性实体，每个实体在其本身都是无限完美的，也就是说，在对上帝进行的无限性理解中，任何事物都不如"自然"中已经存在的事物更加完美。

2. 不存在两件相似实体。

3. 一个实体不能创生出另一实体。

4. 在对上帝的无限性理解中，除了"自然"中有形的事物以外没有其他别的实体。

语篇精粹 C

We must now pass on to created substance, which we have divided into extended and thinking substance. By extended substance we understood matter or corporeal substance; by thinking substance we understood only human minds.

……

(The human mind does not derive from something else, but is created by God. Yet we do not know when it is created.) Let us then return to human minds, concerning which few things now remain to be

---

① Benedict de Spinoza, *Spinoza*: *The Complete Works*, translated by Samuel Shirley Hackett Publishing Company, 2002, p. 40.

said. Only I must remind you that we have said nothing about the time of the creation of the human mind because it is not sufficiently established at what time God creates it, because it can exist without body. This much is clear, that it does not derive from something else, for this applies only to things that are generated, namely, the modes of some substance. Substance itself cannot be generated, but can be created only by the Omnipotent, as we have sufficiently demonstrated in what has gone before. [①]

译文参考 C

我们现在必须谈及被创造的实体。我们将这些被创造的实体分为广延的实体和思维的实体。广延的实体是指物质的或有形体的实体，思维的实体仅指人的心灵。

……

（人类的心灵不来自于别的什么，它是由上帝创造出来的。但我们不知道上帝什么时候将心灵创造出来。）现在我们回到人类心灵上来。关于心灵，几乎没有未被谈及的方面了。但必须要说的是，我们没有谈及人类心灵被创造出来的时间，因为心灵不是在上帝将它创造出来时就得已健全，因为心灵可以不依赖于身体而存在。但有一点是十分清楚的，心灵不来自于别的什么东西，而是来自于他物的特征仅适用于被创造的事物，即某些实体的样式。实体本身不能被创造，但却仅可以被"万能者"创造出来，这一点在之前已经给出了充分的阐明。

① Benedict de Spinoza, *Spinoza: The Complete Works*, translated by Samuel Shirley, Hackett Publishing Company, 2002, p.208.

（四）自因（Self-caused）

1. 术语解读

斯宾诺莎在《伦理学》中谈论神性的本质时提到了"自因"概念。他认为自因的事物是指那些其本质就包含了存在的事物，或者说其本质只能被设想为存在的事物。借助"自因"，斯宾诺莎想要建立一个"绝对"体系，这个体系的统领者是自因的上帝。上帝是"第一因"，是存在的，是自然本身。只有上帝这个实体没有其自身的"前因"，也没有其自身的"后果"，它的结果已经包含在原因之内了。

2. 语篇精粹

语篇精粹 A

By that which is self-caused I mean that whose essence involves existence; or that whose nature can be conceived only as existing. [1]

……

Existence belongs to the nature of substance.

Proof Substance cannot be produced by anything else and is therefore self-caused (causa sui); that is, its essence necessarily involves existence; that is, existence belongs to its nature. [2]

---

[1] Benedict de Spinoza, *Spinoza: The Complete Works*, translated by Samuel Shirley, Hackett Publishing Company, 2002, p. 217.

[2] Ibid., p. 219.

译文参考 A

自因的事物是指其本质就包含了存在的东西，或者那些其本质便是存在的东西。

……

存在属于实体的本质。

证明　实体不能被任何事物创造出来，因而实体是自因的；也就是说，实体的本质必须包含着存在，即存在是实体的本质。

语篇精粹 B

As to the first point, our ultimate aim, as we have already said, requires that a thing be conceived either through its essence alone or through its proximate cause. That is, if the thing is in itself, or, as is commonly said, self-caused, then it will have to be understood solely through its essence; if the thing is not in itself and needs a cause for its existence, then it must be understood through its proximate cause. For in fact knowledge of the effect is nothing other than to acquire a more perfect knowledge of the cause. [①]

译文参考 B

关于第一点我们已经谈过，要实现我们的终极目标，必须单从事物的本质或者从近邻的缘由来看待事物。换句话说，如果一个事物就其本身来讲或如人们通常所言的那样是自因的话，那么它便必须仅借其本质而被理解；如果事物就其本身来说不是自因的并需要一个缘由来使它得以存在，那么他就必须借它近邻的缘

---

① Benedict de Spinoza, *Spinoza：The Complete Works*, translated by Samuel Shirley, Hackett Publishing Company, 2002, p. 25.

由而被理解。因为事实上，只有更加完美地认知缘由才能认识结果。

语篇精粹 C

The essence of things produced by God does not involve existence.

Proof This is evident from Def. 1. For only that whose nature（considered in itself）involves existence is self – caused and exists solely from the necessity of its own nature.

Corollary Hence is follows that God is the cause not only of the coming into existence of things but also of their continuing in existence, or, to use a scholastic term, God is the cause of the being of things（essendi rerum）. For whether things exist or do not exist, in reflecting on their essence we realize that this essence involves neither existence nor duration so it is not their essence which can be the cause of either their existence or their duration, but only God, to whose nature alone existence pertains. [1]

译文参考 C

由上帝创造的事物的本质不包含存在。

证明 界说一中明确地表明了这一点。因为只有那些其本质（就其本身而言）包含了"存在"的事物才是自因的，它仅就其本性的必然性来看是存在的。

推论 因而上帝不仅是使事物存在的原因，也是使事物的存在得以持续的原因。或者可以用比较学术的话来讲，上帝是事物

① Benedict de Spinoza, *Spinoza*：*The Complete Works*, translated by Samuel Shirley, Hackett Publishing Company, 2002, p. 232.

"存在"的原因。因为无论事物是否存在，我们在反思事物的本质时，我们都会意识到这个本质既不包含"存在"也不包含"延续"，因而这个本质不是事物存在的原因，也不是其延续的原因，但只有上帝的本质是关乎存在的。

（五）直观知识（Intuitive knowledge）

1. 术语解读

斯宾诺莎在《知性改进论》中将知识分为四类，而到了《伦理学》中又将这四类知识重新归纳为三类：其中包括作为第一种知识的"意见或想象"，作为第二种知识的"理性知识"和作为第三种知识的"直观知识"。斯宾诺莎认为，第一种知识最不具有确定性，不能被包含在科学领域之内；第二种知识则由推论得来，是具有一定确定性的知识，比如数学；而第三种知识是斯宾诺莎最为推崇的，是具有最高确定性的知识，因为它能帮助人们直接把握事物的本质，远离错误，是最清晰、最完善的知识。

2. 语篇精粹

语篇精粹 A

Both these ways of regarding things I shall in future refer to as "knowledge of the first kind", "opinion", or "imagination."

From the fact that we have common notions and adequate ideas of the properties of things. I shall refer to this as "reason" and "knowledge of the second kind."

Apart from these two kinds of knowledge there is, as I shall later show, a third kind of knowledge, which I shall refer to as "intuition." This kind of knowledge proceeds from an adequate idea of the formal essence of certain attributes of God to an adequate knowledge of the essence of things.[①]

译文参考 A

我将把这些认识事物的途径看作"第一种知识",或称作"观点"或"想象"。

我们对事物的属性具有一般概念和充分观念,我将此看作"理性"或称"第二种知识"。

除了这两种知识以外,我在后文还会提到第三种知识,我称它为"直观"。这种知识是从一种对上帝某种属性的形式本质的充分观念,发展到关于事物本质的充分知识。

语篇精粹 B

Knowledge of the first kind is the only cause of falsity; knowledge of the second and third kind is necessarily true.

Proof In the preceding Scholium we asserted that all those ideas which are inadequate and confused belong to the first kind of knowledge; and thus this knowledge is the only cause of falsity. Further, we asserted that to knowledge of the second and third there belong those ideas which are adequate. Therefore, this knowledge

---

① Benedict de Spinoza, *Spinoza: The Complete Works*, translated by Samuel Shirley, Hackett Publishing Company, 2002, p. 267.

is necessarily true. ①

译文参考 B

第一种知识是谬误的唯一来源，第二种知识和第三种知识必然为真。

证明 在前文的批注中我们曾阐明，凡是不充分的和混乱的观点都属于第一种知识，因此这种知识是谬误的唯一来源。此外，我们也曾阐明充分的观点都属于第二和第三种知识。因此，第二和第三种知识是必然为真的知识。

语篇精粹 C

The first（kind of knowledge），then，we call Opinion, the second Belief, but the third is what we call clear Knowledge.

We call it Opinion because it is subject to error, and has no place when we are sure of anything, but only in those cases when we are said to guess and to surmise. The second we call Belief, because the things we apprehend only with our reason are not seen by us, but are only known to us through the conviction of our understanding that it must be so and not otherwise. But we call that clear Knowledge which comes, not from our being convinced by reasons, but from our feeling and enjoying the thing itself, and it surpasses the others by far. ②

译文参考 C

那么我们把第一种知识称作"观点"，把第二种知识称作

---

① Benedict de Spinoza, *Spinoza：The Complete Works*, translated by Samuel Shirley, Hackett Publishing Company, 2002, p.268.

② Ibid. , p.63.

"信念"，而把第三种知识称作"清晰的知识"。

我们将第一种知识称作"观点"是因为它总是与错误相关，在获得事物确定性的过程中没有任何作用，却仅在我们进行猜测和假说时发挥一定作用。我们将第二种知识称作"信念"是因为我们仅借理性理解的事物并未为我们所见，而是只通过知性的是此非彼的确证使得我们知道。但我们称第三种知识为"清晰的知识"是因为它不是经由理性的说服而得来，而是因我们对事物本身的感觉和享用而得来。到目前为止，第三种知识是超越其他两种知识的。

（六）存在趋向（conatus）

1. 术语解读

在《伦理学》中，斯宾诺莎提出了一个重要的概念——"存在趋向"（conatus）。这个概念被很多学者看作斯宾诺莎伦理学的基石，在斯宾诺莎的心理学中起重要作用。它传达了斯宾诺莎的如下观点：每个事物都表现出其朝向自我保存和运动的固有倾向。在斯宾诺莎看来，"存在趋向"具有两个层面的含义：从物理学角度来看，它指的是物体具有的运动趋向或倾向；从形而上学角度来看，它指的则是某个"本质"朝向"存在"运动的那种倾向。"存在趋向"是一个具有矛盾含义的原初结构，它在缺失"存在"的状态下，不断努力地肯定"存在"。斯宾诺莎并没有明确地给"存在趋向"下定义，其含义是通过将这个概念与其他概念关联论述而得以展现。

2. 语篇精粹

语篇精粹 A

The conatus with which each thing endeavors to persist in its own being is nothing but the actual essence of the thing itself.

Proof　From the given essence of a thing certain things necessarily follow, nor do things affect anything other than that which necessarily follows from their determinate nature. Therefore, the power of anything, or the conatus with which it acts or endeavors to act, alone or in conjunction with other things, that is, the power or conatus by which it endeavors to persist in its own being, is nothing but the given, or actual, essence of the thing. ①

译文参考 A

"存在趋向"是事物本身的一种实际本质，每个事物都以这种"存在趋向"来维持它自身的存在。

证明　从事物的给定本质出发，一定能得到其他某些东西，这些东西只能影响从其确定的本质出发而必然得到的一切。因此，任何事物的力量，或者说"存在趋向"，就恰恰是那个事物被给予的或者说实际的本质。拥有"存在趋向"的事物才能单独地或与其他事物联合地行动或尝试行动。

语篇精粹 B

No virtue can be conceived as prior to this one, namely, the co-

---

① Benedict de Spinoza, *Spinoza*: *The Complete Works*, translated by Samuel Shirley, Hackett Publishing Company, 2002, p. 283.

natus to preserve oneself.

Proof The conatus to preserve itself is the very essence of a thing. Thus, if any virtue could be conceived as prior to this one——namely, this conatus——then the essence of a thing would be conceived as prior to itself, which is obviously absurd. Therefore no virtue……etc.

Corollary The conatus to preserve oneself is the primary and sole basis of virtue. For no other principle can be conceived a s prior to this one, and no virtue can be conceived independently of it. [①]

译文参考 B

事物的所有属性中最具有优先地位的一个就是"存在趋向"，一种保存自身的趋势。

证明 事物保存自身的"存在趋向"恰恰就是事物的独特本质。因此，如果事物有任何先于"存在趋向"的属性，那么这个事物的本质就必须先于事物自身，这显然是荒谬的。因此，不会有先于"存在趋向"的属性。

推论 保存自身的"存在趋向"是德性的首要的和唯一的基础，因为没有其他原则可以被设想为优先于这一个，并且没有德性可以被设想为独立于它。

语篇精粹 C

The desire arising from pain or pleasure, hatred or love, is proportionately greater as the emotion is greater.

---

① Benedict de Spinoza, *Spinoza*：*The Complete Works*, translated by Samuel Shirley, Hackett Publishing Company, 2002, pp. 332-333.

Proof Pain diminishes or checks man's power of activity, that is, it diminishes or checks the conatus wherewith a man endeavors to persist in his own being; and therefore it is contrary to this conatus, and the conatus of a man affected by pain is entirely directed to removing the pain. But, by the definition of pain, the greater the pain, the greater the extent to which it must be opposed to man's power of activity.

Therefore the greater the pain, with that much greater power of activity will a man endeavor to remove the pain; that is, with that much greater desire, or appetite, will he endeavor to remove the pain. Again, since pleasure increases or assists man's power of activity, it can readily be demonstrated in the same way that a man affected with pleasure desires nothing other than to preserve it, and with all the greater desires as the pleasure is greater. Finally, since hatred and love are emotions of pain or pleasure, it follows in the same way that the conatus, appetite, or desire arising through hatred or love is greater in proportion to the hatred and love. ①

<h3 style="text-align:center">译文参考 C</h3>

情感越大，则来自苦或乐、恨或爱的渴望则越高。

证明 在人试图维持其自身存在时，痛苦会消减或抑制人的活动力，即消减或抑制"存在趋向"，因此这是与"存在趋向"相悖的，受到痛苦影响的人的"存在趋向"便彻底朝去除痛苦运作。但是依据痛苦的界说，痛苦越大，痛苦抑制人的活动力的程

---

① Benedict de Spinoza, *Spinoza: The Complete Works*, translated by Samuel Shirley, Hackett Publishing Company, 2002, p. 297.

度就越高。

因此，痛苦越大，人就会用更大的活动力去尝试消除痛苦，即是说，人会用更大的渴望或欲望去尝试消除痛苦。同样地，快乐增加和协助人的活动力，受到快乐影响的人渴望的就是保存快乐。快乐越大，人就越渴望快乐。最后，爱与恨是痛苦或快乐的情感表现，因此同样地，来自爱与恨的"存在趋向"、欲望或渴望是与爱或恨本身的大小程度相匹配的。

（七）心灵的永恒（Eternity of the mind）

1. 术语解读

斯宾诺莎在《伦理学》的第五部分里阐明了他关于心灵的永恒和过有道德生活的观点。斯宾诺莎关于心灵的永恒的主要观点包括：在上帝那里存有有关人类身体本质的观点，即使在身体毁灭之时，这个观点也持续存在；由于上述观点是永恒的，那么人类心灵的一部分也是永恒的；人能理解得越多，那么其心灵中永恒的部分就越大。"心灵的永恒"这一概念有时也和斯宾诺莎所谓的永恒的概念相矛盾：他认为"永恒"不能由时间来定义，更与时间没有任何关系，可心灵中永恒的部分若与时间没有关系的话怎能说是变大呢？

但总的来讲，心灵永恒的那个部分是人身体的本质，即智能。斯宾诺莎想借此告诉人们，我们此生的目的是要尽全力使心灵永恒的部分变得"最大"，并使得我们心灵中与记忆和想象相关的部分在与心灵永恒部分的比对下显得微不足道。

2. 语篇精粹

语篇精粹 A

The human mind cannot be absolutely destroyed along with body, but something of it remains, which is eternal.

......

Scholium　As we have said, this idea, which expresses the essence of the body under a form of eternity, is a definite mode of thinking which pertains to the essence of mind, and which is necessarily eternal. Yet it is impossible that we should remember that we existed before the body, since neither can there be any traces of this in the body nor can eternity be defined by time, or be in any way related to time. Nevertheless, we feel and experience that we are eternal. For the mind senses those things that it conceives by its understanding just as much as those which it has in its memory. Logical proofs are the eyes of the mind, whereby it sees and observes things. So although we have no recollection of having existed before the body, we nevertheless sense that our mind, insofar as it involves the essence of the body under a form of eternity, is eternal, and that this aspect of its existence cannot be defined by time, that is, cannot be explicated through duration. Therefore, our mind can be said to endure, and its existence to be defined by a definite period of time, only to the extent that it involves the actual existence of the body, and it is only to that extent that it has the power to determine the existence of things by time and to conceive them from the point of view of duration. ①

译文参考 A

人的心灵不会随着身体的彻底毁灭而毁灭，心灵的某些东西是永恒的。

……

批注 如我们所言，这一观点所表达的意思是身体的本质在一种永恒的形式之下，它是思考的一种确定模式，而思考属于心灵的本质，并且一定是永恒的。但我们不可能记得我们在身体存在之前就存在，因为身体中不可能存有任何我们自身的迹象，且永恒也不可能被时间所定义或以任何方式与时间有关。但是我们能感觉和经验到我们是永恒的。因为心灵感知那些借助理解得到的东西和那些存在于心灵的记忆中的东西。逻辑证明是心灵的眼睛，心灵借逻辑证明来观看和观察事物。因此尽管我们不能回想起我们在身体之前就存在的事情，我们仍能感知到我们的心灵是永恒的，心灵是以一种永恒的形式包含了身体的本质，并且心灵的存在是无法由时间来定义的，即不能借时间的延续来加以阐明。因此，可以说我们的心灵是延续的，只有言及心灵包含了身体的实际存在时，才能用一段确定的时间来定义心灵的存在，才能说心灵有能力借时间来决定事物的存在并从延续的视角来看待事物的存在。

语篇精粹 B

The third kind of knowledge depends on the mind as its formal

---

① Benedict de Spinoza, *Spinoza：The Complete Works*, translated by Samuel Shirley, Hackett Publishing Company, 2002, p. 374.

cause insofar as the mind is eternal.

Proof　The mind conceives nothing under a form of eternity except insofar as it conceives the essence of its body under a form of eternity, that is, except insofar as the mind is eternal. Therefore, insofar as it is eternal, it has knowledge of God, knowledge which is necessarily adequate. Therefore, the mind, insofar as it is eternal, is capable of knowing all the things that can fallow from this given knowledge of God: that is, of knowing things by the third kind of knowledge, of which the mid is therefore the adequate or formal cause insofar as it is eternal. ①

译文参考 B

心灵是第三种知识的正式原因，因为心灵是永恒的。

证明　只有当心灵在一种永恒的形式下设想身体的本质时，即只有当心灵是永恒时，心灵才能在一种永恒的本质下设想其他事物。因为心灵是永恒的，心灵能拥有对上帝的知识，对上帝的知识必然是充分的知识。因此，正因为心灵是永恒的，心灵能够知晓从关于上帝的给定知识而来的其他一切知识：即是说，心灵能借由第三种知识而知晓事物，而正因为心灵是永恒的，心灵是第三种知识的充分缘由或正式缘由。

语篇精粹 C

It is only while the body endures that the mind is subject to passive emotions.

---

① Benedict de Spinoza, *Spinoza: The Complete Works*, translated by Samuel Shirley, Hackett Publishing Company, 2002, pp. 376-377.

Proof Imagining is the idea whereby the mind regards something as present, an idea which, however, indicates the present state of the body rather than the nature of an external thing. Therefore, an emotion is an imagining insofar as it indicates the present state of the body. So it is only while the body endures that the mind is subject to passive emotions.

......

Scholium If we turn our attention to the common belief entertained by men, we shall see that they are indeed conscious of the eternity of the mind, but they confuse it with duration and assign it to imagination or to memory, which they believe to continue after death. ①

译文参考 C

只有当身体是延续的时候，心灵才从属于被动情感。

证明 在想象中，心灵将某物看作现在时，但想象却指明了身体的现在时状况，而非指明一个永恒事物的本质。因此，情感是一种想象，它指明了身体的现在时状况。因此，只有当身体是延续的时候，心灵才从属于被动的情感。

......

附注 如果我们回到使人们感到愉悦的普通信念，我们就会看到人们实际上是意识到了心灵的永恒的，但人们常常将它与延续相混淆，并把它归为想象或记忆，并相信其在人死后依然持续着。

---

① Benedict de Spinoza, *Spinoza: The Complete Works*, translated by Samuel Shirley, Hackett Publishing Company, 2002, p. 378.

第三章 莱布尼茨：17 世纪的亚里士多德

Although I am one of those people who have done a lot of work on mathematics, ever since my youthI have continued to meditate upon philosophy, for it always seemed to me that there was a way of establishing something solid in it by clear demonstrations. I had gone far into the country of the scholastics, when mathematics and modern authors drew me out again, while I was still quite young. Their beautiful way of explaining nature mechanically charmed me, and I rightly scorned the method of those who make use only of forms and faculties, from which we learn nothing. But afterwards, having triedto go more deeply into the principles of mechanics themselves in order to explain the laws of nature which are known through experience, I realized that the consideration of mere extended mass is insufficient, and that use must also be made of the notion of force, which is perfectly intelligible, though it belongs to the sphere of metaphysics. I realized alsothat the opinion of those who transform or demote animals into mere machines, although it seems possible, is implausible, and indeed contrary to the order of things.[①]

——Gottfried Wilhelm Leibniz

虽然我是一个在数学上花过很多工夫的人，但从青年时代起我就从来没有放弃过哲学上的思考，因为我始终觉得，哲学可能有办法通过清楚明白的证明来建立某种坚实可靠的东西。我以前曾在经院哲学领域钻得很深，后来，近代的数学家及作家们使我跳出经院哲学的圈子，那时我也还很年轻。他们那种机械地解释自然的美妙方式非常吸引我，而我对那些只知道用一些丝毫不能教人什么的形式或技能（来解释自然）的人所用的方法，就很有理由地加以摒弃了。但后来为了给经验使人认识的自然法则提供理由，我又对机械原则本身作了深入的研究，我觉得，仅仅考虑一种有广延的质量（masse étedue）是不够的，我们还得用"力"（force）这一概念。这个概念虽然属于形而上

---

① R. S. Woohouse and Richard Francks, *Leibniz's 'New System' and Associated Contemporary Texts*, Clarendon Press, 1997, p. 11.

学的范围，但却是很好理解的。我又觉得，有
些人要把禽兽转变或降级为纯粹的机器，这种
意见虽然（理论上）似乎是可能的，但（实际
上）看起来却似乎并非如此，甚至是违反事物
的秩序的。[①]

——哥特菲尔德·威廉·莱布尼茨

哥特菲尔德·威廉·莱布尼茨

---

① ［德］莱布尼茨：《新系统及其说明》，陈修斋译，商务印书馆，2002 年，第 1~2 页。

一、人生历程

(一) 天资聪颖的哲学少年

哥特菲尔德·威廉·莱布尼茨（Gottfried Wilhelm Leibniz），1646 年 7 月 1 日出生于德国莱比锡，这里是路德宗教改革的核心地带。他出生三天后，莱布尼茨的父亲弗里德里希（Friedrich）向教会报告了一件奇特的事，这个婴儿在洗礼时抬起头看向牧师，似乎是在接受落在他头上的圣水一样。莱布尼茨的父亲非常高兴，他认为这一迹象显示儿子会成为一个善良而高贵的人，为上帝而服务终生，并产出重要的成果。

莱布尼茨出生在一个动荡的年代，日耳曼联邦在当时是神圣罗马帝国的领地。在 17 世纪，神圣罗马帝国控制了大半个中欧，它包括几百个由诸侯或亲王实际统治的王国。莱布尼茨出生的时候，欧洲正在经历三十年战争（1618—1648 年），三十年战争的起因是波西米亚人在 1618 年掀起的反对哈布斯堡王朝的宗教压迫的战争。莱布尼茨所处的撒克逊州迅速卷入战乱之中，虽然在 1648 年，对立的双方，即加尔文派和路德派达成和平协议，但是神圣的罗马帝国已经瓦解，形成了三个宗教信仰互相对立的地区。在学术方面，莱布尼茨生活在科学革命的时代，亚里士多德和中世纪经院哲学逐渐式微，伽利略、开普勒和哥白尼的新世界观埋葬了亚里士多德的宇宙学，尽管在天主教国家，接受这些异端学说是危险的，但是社会思潮涌动，人们都开始对传统的学说产生怀疑，试图用新的方法解决旧的疑惑。例如，行星是如何围绕太阳运行的？重物如果不是因为其自然倾向而落地，那么用什么来解释大地的重力呢？莱布尼茨就生活在这样一个充满着矛盾和冲突，但是又孕育着新的世界观的时代。

莱布尼茨的父亲是莱比锡大学的道德哲学教授，母亲是弗里德里希的第三任妻子，父亲对小莱布尼茨寄予厚望，这个聪慧的孩子很早就在父亲的影响下学会了阅读，小莱布尼茨最喜欢的就是欧洲和德国的历史故事。遗憾的是，弗里德里希·莱布尼茨教授在他55岁的时候就去世了，小莱布尼茨此时才6岁。莱布尼茨的母亲卡萨琳娜（Catharina）肩负起了照顾莱布尼茨和他的妹妹的责任，并为了履行这一责任终生未改嫁。莱布尼茨7岁时被送入一所以培养城市未来领导者为目标的拉丁文学校——尼克莱学校（Nicolaischule），学习的主要课程有三门：拉丁语法、修辞学和逻辑学。尼克莱学校的校规非常苛刻，从进校的第一天起，无论是老师还是学生，都不允许说除了拉丁文和希腊文之外的语言。很显然，这所学校培养的不是商人和艺术家，而是上流社会人士。这段时间里，小莱布尼茨很快展现出他的天赋，他在各门课程中都名列前茅。在这一阶段，他阅读了大量古典历史学家和作家的著作，并开始了对亚里士多德哲学的学习。1661年，14岁的莱布尼茨从尼克莱学校毕业，进入莱比锡大学，在詹姆斯·托马西斯（James Thomasius）的指导下学习亚里士多德哲学，并接触了伽利略、笛卡尔、培根、霍布斯、伽桑狄等当代学者的学说。

1662年12月，16岁的莱布尼茨仅仅用两年时间就获得了学士学位，他的答辩论文是"个体化原则中的形而上学争论"（Met-aphysical Disputation on the Principle of Individuation）。其中，他讨论了区分于无生命的事物的生命体所构成的概念，认为任何实体由于其先天组成而成为自身，这里已经有了单子论思想的雏形。托马西斯为这篇论文的发表版本写了序言。

1663 年，莱布尼茨去了耶拿大学，他先是在恩哈德·魏格尔（Erhard Weigel）的指导下学习数学，同时学习法学，并于 1667 年拿到了法学的博士学位。莱布尼茨拒绝了阿尔多夫大学的聘任，于 1672 年前往巴黎继续他的学术生涯。

（二）受益颇丰的巴黎岁月

莱布尼茨前往巴黎所承担的是一项外交使命，他试图说服法国的路易十四不要进攻周边的其他国家。莱布尼茨在巴黎这座文化艺术中心待了四年多，受益颇丰。在巴黎期间，他接触了惠更斯、马勒博朗士、阿诺德等人。在 1673 年他访问英国，遇到了波义耳和奥登博格，回到巴黎之后，他一直待到 1676 年，在巴黎的最后一年中，莱布尼茨发现了微积分的计算方法，虽然牛顿已经有了这一发现，但是直到 1687 年才发表，莱布尼茨于 1684 年发表了这一方法，学术界对于谁先发现了微积分一直没有定论，但是莱布尼茨对微积分和现代数学的贡献是不可埋没的。莱布尼茨还在巴黎制造出了世界上第一台手摇乘法计算器。

（三）蛰居汉诺威的伟大学者

1676 年，莱布尼茨接受了汉诺威公爵的邀请，回国担任图书馆馆长和法律顾问。在回国的路上，莱布尼茨特意绕道海牙，拜访了斯宾诺莎。他与斯宾诺莎进行了很长时间的争论，莱布尼茨认为斯宾诺莎仍然走在笛卡尔主义的道路上，斯宾诺莎哲学中的笛卡尔因素使得斯宾诺莎走向了无神论，但是斯宾诺莎哲学的一元论思想却给了莱布尼茨很大的启发。来到汉诺威后，莱布尼茨用心著述，写作了大量哲学著作。在社会活动方面，1700年，他成为柏林科学学会（The Society of the Sciences at Berlin）的首任主席，在构建学会的同时，他试图将四分五裂的基督教会统一起来，他希望找到天主教徒和新教徒的共识，但是却发现困难很大。莱布尼茨的另一个计划是将基督教国家统一起来，形成欧洲联盟。1711年，他自荐于沙皇彼得大帝，并试图让沙皇与路易十四皇帝结盟。莱布尼茨还尝试让基督教世界与非基督教世界联合起来，他对中国文明也非常感兴趣。

莱布尼茨是他所生活的时代最杰出的人之一，他获得了无数的荣誉和赞助，但是他的晚年生活却并不如意，当他的赞助人汉诺威爵士成为英国国王之后，他却没有随同前往伦敦，原因是莱布尼茨并没有按照约定，完成汉诺威爵士家族史的撰写，这也让他失去了前往英国与牛顿直接争辩的机会。1716年11月，莱布尼茨在孤独中去世，甚至都没有引起人们的重视，只有巴黎的科学院为莱布尼茨发布了悼词。莱布尼茨终生未婚，他的财产全部留给了妹妹的继子。

（四）成果卓著的学术生涯

莱布尼茨一生著述颇丰，涉及范围也很广。在哲学方面，他写作了针对洛克的《人类理解论》的批评著作:《人类理智新论》,这是他一生为数不多的巨著。这本书共分为四卷,分别讨论了天赋观念、观念、语词和知识的问题。这本书成书之时,洛克已经去世,莱布尼茨决定不出版这本书,因为他觉得批评一个已经离世的人的学说,而对方又无法反击是不公平的。另外,在他去世前,他写作了《神正论》和《单子论》,系统地阐述了自己的形而上学思想。莱布尼茨通过意大利传教士了解了中国的很多情况,写作了《中国近况》一书,中国的周易思想对莱布尼茨发明二进制和计算器起到了很大的启发作用。莱布尼茨的著述大多以短文的形式写成,有很大一部分至今都没有得到出版。直到他死后多年才为人所知,部分由于这个缘故,有学者认为莱布尼茨公开发表的著述和私下记录的文字之间有很大差别,因此他们认为,莱布尼茨有"公共哲学"(public philosophy)和"私人哲学"(private philosophy)的区别。

莱布尼茨的人生是一位百科全书式的学者的一生,他对哲学、数学、物理学、生物学、逻辑学、医学、地理学和计算机科学都做出了杰出的贡献,他的十余万页手稿和信件,给人类留下了丰厚的精神财富。莱布尼茨回忆自己的人生,非常自豪地说:"这是怎样的生命?在我完成所有之后。现在我什么都没有。我永远地被当作我的时代最伟大的学者。我是一个广为人知的数学家,伟大的伊萨克·牛顿(Sir Isaac Newton)由于我声称为微积分的创始人而感到担忧,尽管牛顿很明显地把我尊成他的同事。我也是一位伟大的有名的哲学家。"[1] 作为一位伟大学者思想的重要组

---

[1]　M. B. W. Tent, *Gottfried Wilhelm Leibniz The Polymath Who Brought Us Calculus*, Taylor & Francis Group, 2012, p. 220.

成部分，莱布尼茨的哲学是他对人类文明的贡献的一个代表。

二、前定和谐——单子论视角下的哲学

（一）多元实体的连续性问题及其解答

莱布尼茨的哲学首先是一个形而上学体系，探讨的是世界的基本元素是怎样的，它们彼此如何作用，以及它们如何创造我们所知的世界等本体论问题。莱布尼茨认为，笛卡尔与斯宾诺莎都走向了错误的方向，没有真正地解决物理学的形而上学问题。笛卡尔与斯宾诺莎都假定了机械论是关于广延或物体的学说，他们认为由于物理学处理广延的性质问题，广延必然是真实的，问题在于它的地位和它与心灵的关系的问题。笛卡尔认为广延是实体，但是因为实体独立于其定义，那么就如同平行论者指出的那样，实存之间是没有关系的，因而斯宾诺莎认为广延仅仅是实体的一种属性（attribute）。但是在莱布尼茨看来，斯宾诺莎的澄清并没有起到作用，广延仍然是一个完全闭合的和不可还原的系统。莱布尼茨认为，只要物理学的对象与道德科学的对象是彼此不同的，广延是实体还是属性并不重要，因为世界已经被分割成两个孤立的实体了，但是这无法避免怀疑论，因此物理学与道德科学应当以另外的方式融贯起来。莱布尼茨认为，这也就是不可分的点与点之间如何发生关系的问题。

莱布尼茨认为，可以很容易看出广延不是原初的物理概念，笛卡尔引入了运动的量的概念，并认为这是永恒的，而莱布尼茨则认为不是运动，而是"力"（force）。莱布尼茨把"力"作为实

体的概念，而并非运动着的物体，这与他对数学无穷的研究有关。伽利略的机械论将力看作持续提升的速度，即一个永恒持续的可分的量。莱布尼茨发明微积分实际上就是为了解决这个问题，他认为这个发明使得物理学有了新的视野，物理学不是一个分离的实体的集合，而是一个连续体。这个连续体不是一个运动的连续体，因此运动会导致分离，从而走向运动的反面，因此彼此区别的实体并不是运动，运动必须是同一个运动体。莱布尼茨认为，最终的元素是"流"（flow），"流"使得运动从一个阶段进入下一个。物理学家所处理的运动，实际上是"流"背后的"力"的显现。莱布尼茨认为"力的单元"（unit of force）将会作为形而上学的基础连接宗教和科学。

莱布尼茨称这个连接了宗教和科学的世界中的基本元素为"单子"（monad），可以被定义为精神运动的一个中心。① 那么莱布尼茨是如何论证出单子来的呢？首先，他区分力的元素是实体还是实体的属性，莱布尼茨认同斯宾诺莎所说的实体的逻辑仅仅需要实体来说明，而不需要使得实体进入任何关系之中。斯宾诺莎正是因为这一设定而指出只有一个实体，莱布尼茨试图避免这一点，指出力的每一个单元都是一个实体。那么这些个别实体是如何彼此区别的呢？他们并非以占据位置和大小的方式彼此区别，因为这些都属于广延的范畴，而广延的范畴不能被用于解释力，因为力是比广延更为基本的概念。单子彼此区别的唯一方式是思想，或它们在精神生活中的质。莱布尼茨指出，笛卡尔二元论中已经说明，事物不是物体就是心灵，如果单子不是物体，那么它

① Nicholas Jolley, *Leibniz*, London and NewYork：Routledge, 2005, p. 28.

就是心灵。我们在生活中经验到的"生存"实际上是一种"流"或"动力"。力是物理运动和变化的基础，世界就是大量的个体生命的集合。

这种单子论思想是如何解决了传统理性主义哲学的问题呢？莱布尼茨认为，一个实体，必然会变化，只有上帝是永恒不变的，但是造成实体变化的原因却不能是外在于它的，那样它就不是独立的了。在每一个实体中都必须有使其变化的内在原则，在保留实体的同一性的同时造成变化。莱布尼茨认为，他已经发现了自我的意识生活的同一性，即思想将差异性中的统一性聚合起来，我的思想具有统一性（unity），而我也可以接受他人的思想，因此思想有多样性。我的思想、知觉变化的背后有改变的同一原则，因此它们是我的思想和知觉。造成我的知觉和思想变化的原则是欲望（appetition 或 desire）。

莱布尼茨从连续性（continuity）的原则出发，对笛卡尔的物理学形而上学进行修正，构建了一种多样性中的统一性的形而上学法则。意识不是人类心灵的特属概念，意识是一个连续体，每一个单子都是这个连续体之中的一定程度的感觉经验的中心。虽然单子有意识的程度不同，但是每一个单子都是一个个体，因为它具有自身的意识和经验。正是因为有着不同程度的意识，才有了不同的单子。除了知觉的差别，没有其他办法把两个单子区分开来，因此具有同一个程度的意识的单子，实际上是一个单子。实在实际上是精神中心或精神生命的集合，每一个中心或生命都有不同于其他个体的程度的、经验的意识。同时莱布尼茨还认为，由于连续性的原则，在单子序列当中没有间隔，每一个可能的程度的意识都实际存在着，因此实在不仅仅是单子的集合，它还是一个等级系统（hierarchy）。这个等级系统的概念来自于托马斯·阿奎那。对于阿奎那来说，实体都包含着朝向完美的动力。阿奎那认为，这一个动力来自于形式的现实化；而莱布尼茨则否认目的论的因素，不是讨论事物所要成为的东西，而是已经成为的东西。这不仅代表着个体主义的进一步发展，还意味着自然科学中对于最终因的否定。斯宾诺莎赞赏阿奎那对于最终因的认识，认为自我完善是样态的优质标记；而莱布尼茨则认为这是实体的本质，而且莱布尼茨并不以传统形而上学的范式来设想自我完善的动力，而是将其看成知觉和欲望，是单子对自身的知觉的不同等级。

　　莱布尼茨需要处理的另一个问题是因果性，如果单子是一个独立的实体，那么它就与其他单子没有因果关联。莱布尼茨将斯宾诺莎的独立完整闭合的属性替换为独立完整的个体单子，与斯宾诺莎一样，莱布尼茨用平行论来消除了因果性，即用一种单子的平行论来取代属性的平行论。莱布尼茨认为，一方面，每一个单子不管有哪个程度的意识，都能够表象整个单子的宇宙。因为每一个单子都是闭合的，它的过去与未来都包含在自身之中。如果我们能够完全知道一个单子的过去，我们也就能够预测它的全部未来，而不需要知道任何外在于个体单子的事情。另一方面，一个单子中如何能够推论出其余整个宇宙的程度依赖于单子的有意识程度，大多数单子存在程度比较低的意识，仅仅能够推论出它们所在的环境，这些单子我们称之为"物体"（body）。整个宇宙如同一系列被制造得十分精确的钟表，由一个非常有经验的制造者和调节者来保证它们的运行，使得它们能够如同管弦乐队一般以和谐的韵律来演奏。每一个时刻哪个乐器该演奏哪个音符是由这个乐器的过去所决定的，现在反映出过去。虽然每件乐器的发音不同，但是每一个单独的音节和谐地组合到一起，就如同发音就是为了组成这样的乐曲一样，每一个音节和谐地彼此相连。这位将每个音节都摆置成和谐状态的音乐家就是上帝，即一个超级心灵，能够组织这场音乐会。这也是莱布尼茨作出的上帝存在论证。

因此，莱布尼茨认为，宇宙实际上是一个目的论系统，但是不是在笛卡尔的上帝根据蓝图创世的意义上，而是在每一个元素自身是一个最小的目的论系统的意义上。单子之间没有因果关系，只有一种相互之间的来自于上帝的前定和谐（preestablished harmony）的关系。在每个单子内部有真正的因果关系，这是来自于欲望的法则。宇宙中的最基本的关系不是机械的，而是目的性的，这种思想使得莱布尼茨重新思考传统的道德与宗教问题。

对于物理学来说，莱布尼茨认为伽利略式的运动中的物体并非真实的，只有单子是真实存在的，而单子不是物体。但是这并不意味着物理学的对象完全是虚幻的，物体是单子镜示其他的单子的情况，在一定的距离看来，一片云看起来像是固体，相对低层次的单子或者处于高层次单子的低层次方面表象世界为空间中的物体，单子的意识程度提高，它就可以更加充分和精确地表象世界。人们称之为物体的是单子的对于他者的混淆的意识。因为一个单子有能力得出各种程度的自我意识，它能够区分自我与非我，自我，即是排除了非我。但是自我是如何区别自我与非我呢？

一个单子并非以空间地外在于非我而区别于他者，而是以成为一个不同的生命，成为经验中的一个不同的目标，一个不同的视野来区分于他者。在这一基础上，莱布尼茨给出了需要神学作为基础的新的科学的理解。每个单子都以自己的方式和意识程度表象宇宙，在人类的层次许多类型的表象发生着，科学与知觉都是在这一层次上。由于每一个表象的层次都反映出一定程度的对宇宙反映的充分性，更高层次的意识有更充分的表象。知觉是比较低层次的表象，人们只能获得例如太阳东升西落这种层次的经验认识，而在更高层次上，认识更加稳固和精确，也更加系统。从模糊的知觉到精确的思想，一直都有"概括"的参与，因为我们的表象是一个前定和谐的整体。科学来自于一个推理的表象层次，例如力学。因此，尽管力学理论和概念比感觉更精确，但是它们仍然只是表象，是现象。物理学不是宇宙的最终解释，只是告诉我们所发生的事情，而没有告诉我们为什么发生。力学尽管是有用的、可靠的和真实的，但是也是有限的。即使力学的描述述说了整个世界，它也不能回答苏格拉底为什么被监禁的问题，这一类问题只能够通过对苏格拉底的灵魂单子的内在欲望进行研究才能得到说明。每一个单子都可以从内部和外部两个方向来观看，从外在的角度来观看，一切如同相关于物体状态的机械运动序列一般，这种机械运动只是揭示单子运动的目的的途径，而非目的本身，外在的观察只能够根据数学原则考察相关部分的关联性，而不能揭示部分的内在于机制的欲望（desire），即其内在生活（inner lives）。

这一点使得莱布尼茨不同于笛卡尔与斯宾诺莎，后两位理性主义哲学先驱都认为，力学是自足的，不需要另外的解释。他们从几何学中推论出物理学，并认为对于广延世界问"为什么"这类目的论的问题是没有意义的。但是莱布尼茨认为，力学不能够从几何学推论出来，力学背后的形而上学原则是必需的，实在背后是理性结构，力学是理性的科学，但是伽利略的力学只选择了无穷数量的力学中的一种作为唯一的力学，其背后的理由是非理性的。莱布尼茨在这里与霍布斯哲学取得了一致。他认为有一个理由，但是并非是理性的，那么一定是目的。伽利略的力学为真的条件是上帝在所有的可能的理性系统中选择了对人类来说最好的一种系统。上帝可以根据理性计划来组织单子的生活，这一切都在创世的刹那完成，他选择伽利略力学作为组织原则不是因为它比其他的计划更好，而是因为它更适合人类，对人类更有用。因此，莱布尼茨相信他证明了上帝的智慧和善。

莱布尼茨和笛卡尔、斯宾诺莎及马勒伯朗士一样，提出了自己的一系列上帝存在的证明。与笛卡尔和斯宾诺莎不同，莱布尼茨主要试图解释和辩护上帝在世界中的公正和博爱，通过回答"恶"（evil）的问题的方式来证明上帝的善。在本体论上，莱布尼茨认为笛卡尔在第五沉思中提出的证明是错误的。笛卡尔认为，因为上帝是拥有所有完美的存在，其存在即是完美，因此上帝存在。而莱布尼茨则认为，一个人有义务去说明上帝存在是可能的，即使得所有的完美结合于一个存在物是可能的，这样才能说一个完美结合物存在。莱布尼茨认为，完美是一种正面的绝对的无限的简单性质，因此在完美之中没有不一致存在，因为完美是不可分析的，不可设定其限制的，即如果有两个实体 A 和 B，它们是完美的，那么"A 和 B 是不兼容的"不能够得到论证，因为 A 和 B 是简单的，而且本质上这个命题是不可认识的，因此完美之间可能是兼容的。莱布尼茨因此认为，一个所有完美的集合体，是可能的。但是这个论证并不足以证明上帝必然存在，莱布尼茨必须说明存在自身就是完美的，因此一个存在物才可能是完美的，即说明必然存在属于上帝的本质。莱布尼茨认为，一个必然的东西等同于从其本质之存在所推论出的东西，因为必然的存在者必然存在，其反面是矛盾，与这一存在者的本质的概念相矛盾。换句话说，如果必然的存在者是一个从本质推出存在的存在者，那么它的存在必然是它的本质特性，即存在是它的本质特性。

莱布尼茨在这里运用了充足理由律，每一个偶然的事实真理必须有一个充足的理由来说明它是如此这般，而并非其他情况。但是由于每一个偶然的事实真理都依赖于其他的事实的真理，整个序列的尽头则处于充足理由律之外，这个最终的原因就是上帝。在《神义论》中，莱布尼茨用另一个论证补足了这个论证：第一，他提出，由于整个序列的第一因必然能够考察所有其他的可能状况，因此它具有理解力；第二，由于它能够在无穷世界中作出选择，因此它具有意志；第三，由于它有能力造成这个世界，因此它有能力；第四，由于第一因与其他所有的可能性相关，因此它是无限的；第五，由于所有的一切都被连接在一起，因此只有一个上帝。莱布尼茨这样就论证了上帝的唯一性、全知全能性和博爱性。

莱布尼茨从连续性（continuity）的原则出发，对笛卡尔的物理学形而上学进行修正，构建了一种多样性中的统一性的形而上学法则。单子论是莱布尼茨的一大创造，虽然这一设想仍然需要上帝的前定和谐的协助，但是他指出了笛卡尔和斯宾诺莎的理论不能真正地解决连续性问题，并给出了一种更为融贯的回答。

（二）"有纹路的大理石"与知识的等级

学界一般认为，莱布尼茨在形而上学上更接近亚里士多德主义，而在知识论上则更接近柏拉图主义。在莱布尼茨的知识论体系中，首先是人类的知识（knowledge）与认知（cognition）的区别。他认为，知识或者是模糊的，或者是清楚的，清楚的知识有充分的（adequate）和不充分的区别，而充分的知识或者是符号的知识，或者是直观的知识。莱布尼茨认为，清楚（clear）的知识指的是认识到呈现给我们的某物。当我们能够列举出足够的标记将某物区分于他物的时候，那么这一知识是清楚明白（clear and distinct）的。如果组成一个观念的标记都能够清楚地为人所知时，这个认知就是充分的。如果一个观念是复杂的，我们能够知晓它所有的组成部分，那么我们的知识就是直观知识（intuitive knowledge）。莱布尼茨认为，人类只有少量的直观知识，而上帝有全部的直观知识。莱布尼茨认为，以上区分能够帮助我们理解真观念与假观念的区别。他认为，一个观念为真，就意味着它的观念包含一个矛盾时是可能的并且是假的。这里，可能性可以是先天的，也可以是后天的。

关于知识的等级问题，每个单子都在自身中从自己的视角反映整个宇宙。每一个单子都有自己的知觉。对于莱布尼茨来说，知觉是"单子表象外部事物的内在状态"①。每一个单子都对应于其环境的变化有其相应的知觉。但是由于单子之前缺乏联系，这种联系只有通过欲望才能传递。莱布尼茨认为，所有的单子都有知觉和欲望。但是并非所有的单子都在人的意识和经验的意义上是有意识的，或者是都有经验的。莱布尼茨认为，我们说单子有知觉，只是在前定和谐的意义上，每个单子都内在地反映环境的变化，而不是说对环境的表象需要伴随着表象的意识。表象的改变是由于内在原则发动的，而不是仅仅对环境的反映，表象整个宇宙是每个单子的自然倾向。单子有不同的意识等级，在单子的等级中，第一类单子只有"微知觉"（petites perception），一般指的是无生命的东西，这种层次的单子只有混淆的知觉，没有区分，人类有时候也处于这种状态；第二类较高级的单子具有比较清晰的知觉，而且具有感觉和记忆，记忆促使理性的产生，动物等都是由这类单子构成的；第三类单子有理性或自我意识，能运用概念进行推理、判断等思维活动，具有理性灵魂。人就由这类单子构成的，人类并非总是能够对所有的微知觉有清晰的意识，例如人在海边，不可能听清每一声海浪声，只能有一般的概括性的知觉。第四类最高级的单子是纯理性纯精神的全知全能，这就是上帝，上帝是根据完善的原则来行动的。

莱布尼茨认为，每一个实体都表达了整个宇宙。为了使得这一理论反映在知识论层面，莱布尼茨构建了他的微知觉（petites perceptions）理论。莱布尼茨说："在每个时刻我们都有无穷的知

---

① Gottfried Wilhelm Leibniz, *Principles of Nature and Grace Based on Reason*, New Synthese Historical Library, 2004, p. 3.

觉，并不伴随着灵魂自身的意识或反省，由于我们的印象太小且太多，或不改变，所以它们并不足以彼此区别。"① 或者说，发生在宇宙中的每件事物都被每个有限的心灵所表达。虽然这些事物极其微小，以至于不能区分开，如同海浪中每一朵浪花的声音一般。莱布尼茨认为，我们一定能够听到这些声音，只是不能把它们分离开而已。

莱布尼茨认为，对于人来说，概念在人类的单子中产生之后，敏感性的灵魂就会被提升到理性的层次，获取精神的特权。灵魂在达到概念层次并服务于人类生活之前，不是理性的，它们一旦变成了理性的，就不会再放弃上帝之国（Republic of God）的公民身份。在一定意义上莱布尼茨走向了进化论，他认为一旦人认识到组成人类的动物的机器能够成为一个有机体，敏感性灵魂就能够使得灵魂与机器之间形成前定和谐。未来的状态已经在现在表现出来，只有智能才能够认识到身心的这种同一，而动物不能成为人也是因为如此，只有上升到概念层次，认识到身心关系的存在的单子才能成为人。

关于知识的类型问题，莱布尼茨区分事实的真理（truths of fact）和理性的真理（truths of reasoning）。在理性的真理中，理由和解释是通过概念的分析来实现的，我们可以将观念分解为更简单的观念或更简单的真理，直到我们到达极点。所有的理性的真理都可以被分解为原始观念或同一律。在那个程度上，矛盾原则就起到作用了。在事实的真理中，理性不能通过对概念的分解而

---

① Gottfried Wilhelm Leibniz, *New Essays on Human Understanding*, Cambridge University Press, 1996, p. 54.

发现真理，必须通过对于事实的考察才能得知。然而理性必须对事实有所认识，这一理性是位于偶然的事实之外的。在知识的界限的问题上，莱布尼茨不同意洛克的想法。必然真理的来源不同于偶然真理，因为我们可以把握到事情真正的本质，而并非如洛克所言的偶然归纳得来的"名义的本质"。莱布尼茨认为，我们不仅可以把握到个别事物的本质，也能把握到种和属的本质。这是因为莱布尼茨给了本质下了一种新的定义，本质重要的不是别的，而是在考察中的可能性，同时，由于只关系可能性，本质是永恒的。

对于知识的来源问题，莱布尼茨站在唯理论的立场，反对经验论。他认为天赋观念存在，反对洛克式的白板说。在《人类理智新论》中，莱布尼茨阐述了自己的柏拉图主义的观念起源说。他指出了心灵不是白板的几个原因：第一，实体之间没有真正的因果关联，因此没有说明我们的观念来自于经验的方式，观念不可能来自于经验。第二，莱布尼茨认为，我们的心灵是一块白板这种说法违反了不可识别的同一性原则（the Principle of the Identity of Indiscernibles）。[1] 经验是必要的，但是仅仅在使得我们注意到心灵中的思想的意义上重要。但是心灵是单子，没有窗户，因此它不可能像白板或蜡块一样被书写，洛克式的知识论将思想看作"思质"（thinking matter），实际上是犯了将心灵物质化的错误。而莱布尼茨认为心灵必然是非物质的，为了论述这一点，他提出这样一个比喻，知觉不能以机械或物质的方式来进行解释，

---

① See Gottfried Wilhelm Leibniz, *New Essays on Human Understanding*, Cambridge University Press, 1996, p. 59.

因为考察机器不能够告诉我们任何思想或知觉，就如同观察磨坊的组成部分和机械运动不能告诉我们它们的功能一样。

但是莱布尼茨认为，虽然感觉不是观念的起源，不能充分解释必然真理的来源，但是经验主义的知识论却可以解释偶然的真理（contingent truths）。由于感觉永远不能得到任何必然的真理，在最好的情况下，感觉也只能给我们一个相对强的归纳的普遍性。是人类的理解力（知性）自身，给予我们真理与真理的必然性。虽然如同洛克所指出的那样，我们并非总是意识到这些真理，但是这些真理总是作为性向（disposition）或倾向（tendency）存在于我们的心中，这就是天赋观念的意谓所在。我们的心灵就如同"有纹路的大理石"，技艺娴熟的雕塑家可以发现其隐含的纹理，使其成为某些它所倾向成为的形状。

莱布尼茨的知识论站在唯理论立场，对于以洛克为代表的经验论提出的一系列问题，如知识的起源、确定性和范围问题，并作了相应的回应，形成了一种以单子论的形而上学设定为基础的知识论。他区分偶然真理与必然真理，事实上是为经验的知识论价值保留了空间，因而形成了一种容纳经验有效性的唯理论知识论哲学。

（三）逻辑、语言与真理

莱布尼茨还在中学的时候，就对于革新亚里士多德的逻辑充满着兴趣，他常常写出长长的基本范畴序列，进行逻辑演算。成年之后的莱布尼茨拒绝了亚里士多德逻辑，而试图用一种更加"科学化"的方式来处理范畴，即拒斥亚里士多德式的通过分离的方法来达到修正后的基本形而上学范畴。亚里士多德的“属加种差”的定义方式被修正为新的方式。在亚里士多德那里，一个范畴的定义方式是这样的，事物可以被分为物质的和非物质的，物质的可以分为生命体和非生命体，生命体分为有感觉的（动物）和无感觉的（植物），如果属是动物，而种差是理性的，那么动物就可以被区分为理性的和非理性的。理性的动物分为不朽的和可朽的，以此类推。人类被定义为可朽的、理性的动物。亚里士多德的分类方法假设了各种范畴，但是这些范畴都不是简单的，而是可以进一步区分的，直到最简单的概念。但是在实践中，并不是所有的差别都是概念的差别，并不是所有的区分都是根据事物的定义的特性来作出的。例如，狗（dog）和狼（wolf）都属于野兽，但我们定义了两者之后，依然不知道如何将两者区分，以及两者如何与其他动物区分，亚里士多德的分类法告诉我们根据特定范畴进行分类，但是却没有告诉我们一些真理来自于其他的真理，是这一真理演绎的秩序构成了科学，因此莱布尼茨试图建立一个概念的秩序，这个概念的秩序可以说明概念的真。

为了达到这一目标，莱布尼茨试图建立一种普遍语言，用这种普遍语言，思想可以更加清楚和准确地表达，避免自然语言的模糊性和歧义性。这种想法实际上在西方哲学史上并不是首创。中世纪学者库萨的尼古拉（Nicholas of Cusa）和拉蒙·卢尔（Ramon Lull）等人都提出过类似的想法。例如，卢尔认为可以把伊斯兰教和基督教融合在一起，而融合的方式就是阐述两种宗教共同的基本概念和信念，而后发明一种机制，使得这些概念能够结合在一起。他认为，所有的论证和真理都可以用这种机制而构造出来。在莱布尼茨的时代，约翰·亨利希·阿里斯特德（Johann Heinrich Alsted）和柯门纽斯（Comenius）等人的工作给予他直接的启迪。[①] 莱布尼茨认为，普遍语言可以作为促进人类和平的工具，如果每个人都用同样的语言，并从同样的基本概念中推论出同样的命题，那么交流就会变得容易，误解和争执就会减少，而知识的扩展也会更加容易，人们消除了迷信和偏见，世界和平也会更有希望。

建立普遍语言的基本思想是将复杂的观念分解为组成它们的简单观念，然后通过一些机制重新组合它们，构建更加复杂的概念或命题。通过选择恰当的机制，我们可以将概念组合成为有效的论证，从而创造出表达真理的命题，获得确定的知识。卢尔的普遍语言构想依然依赖于亚里士多德的范畴逻辑；而莱布尼茨作为新哲学的代表，希望能用一种新的逻辑构建普遍语言。莱布尼茨同时接纳了霍布斯的符号与概念关系的思想，将符号对应于概念的关系区分为任意的和约定的，但是他认为最重要的不是符号，而是符号彼此连接的方式。莱布尼茨因此提出他的"盲目的思想"（blind thought）的概念，认为符号的操作可以不需要识别符号所代表的东西。莱布尼茨实际上已经在设想一种计算机语言了，并预见到计算机的发明将给人类带来的变化。

莱布尼茨的普遍语言的发明的另一个特征是将其看作一种新的人工语言，而不是日常语言的重述，这是和《圣经》中上帝创造一切的设想相反的。莱布尼茨的这一基本思想与 20 世纪上半叶

---

① See Frederick Copieston S. J. , *A history of philosophy v. 4. Modern philosophy*: *from Descartes to Leibniz*, Image Books, 1994, p. 267.

流行的逻辑原子主义思潮不谋而合，以罗素、前期维特根斯坦为代表的逻辑原子主义者试图发现不可进一步分析的逻辑原子和感觉原子，并从此出发，通过命题逻辑和谓词逻辑的组合，一步一步建立起更加复杂的运算，由此可以避免日常语言的歧义性和多义性。莱布尼茨的普遍语言构想可以被看作逻辑原子主义的先声。同时，莱布尼茨的这一构想也激励着计算机语言的发展，科学家们正是在莱布尼茨的基本假定下，编制了以二进制为基础的各式各样的程序语言。

由于莱布尼茨想要发明一种仅仅依赖于内部组合，而不依赖于外部限制的符号语言，那么首先需要的是拥有简单的真范畴。如果能够获得这种范畴，人们就可以从这些范畴的组合当中获得最高的范畴，从它们而来的命题也必然为真。为了达到这一目标，莱布尼茨的方法是这样的：我们假设一些初始概念，例如，可以用 a、b、c、d、e、f 等来表示，我们用这些符号的组合，可以构建更加复杂的概念。由两个简单项组成的被称之为"com2nations"，而三个简单项是"con3nations"，以此类推，我们可以得到 ab、ac、bd、bf 等组合项，用这种方式我们可以构建出所有已知的和未知的概念。

那么我们从何知道这些简单的真范畴呢？莱布尼茨认为，我们的心灵中有感觉和天赋观念，这些都是思想（thought），而记录思想的物理记号就是名称（name）。思想不同于观念（ideas），因为观念是思想的对象，观念总是存在的，不依赖于人的意识，而思想则需要人的意识活动作为前提。名称是一种人类偶然规定的东西，而观念则是天赋的，普遍语言中的简单的真范畴就是依赖于对天赋观念的分析得来，再用名称加以命名。

那么我们如何通过简单的范畴获取真理呢？莱布尼茨提出了两条解释原则。如果实在是理性的，那么我们只需要一个原则——矛盾律（the principle of contradiction），但是由于理性仅仅是一个可能性的实在，而不是现实的存在，第二个原则，即充足理由律（principle of sufficient reason）就成为必需的，这一原则通过观察和实验来辨别何为真实，何为可能真实。因为莱布尼茨认为，上帝选择了诸多可能性中最好的一种为实在，因此他设立了这样一条目的论原则。

莱布尼茨认为，矛盾律产生了他称之为"理性的真理"的真理，而充足理由率则产生了"事实的真理"。这两条原则，以及从这两条原则得来的真理，彼此依赖。一个令人满意的对事物的解释必然包括这两者。理性的真理就是如同几何学或算术学的定理，它们是必然为真的。当我们的心灵理解了三角形的定义之后，就知道它的三个角的度数等于两个直角的度数之和。

这是能够被直观到的本质。但是在这一点上，莱布尼茨与斯宾诺莎不同。莱布尼茨认为，这种秩序虽然是永恒不变的，但是只是可能的。仅仅说明三角形的定理还不能确定欧几里得几何学的存在。欧几里得几何学必须说明其能够排除掉其他几何学而为真，因为没有什么逻辑必然性能够说明真实的世界是欧几里得几何学的，其他的几何学也可以适用。因此说明世界是欧几里得几何学的，就需要一种不同于理性论证的论证，而这种论证就是目的论的论证。

如同我们对于作为一个整体的宇宙，需要一种双重解释，对于任何在宇宙中的个别情况，我们也需要一种双重解释。一种纯粹机制的解释只能用于说明一个人的身体和身体的运动的情况，但是不能解释一个人为什么处于这种状态之中。一种目的论的行为解释了人为什么要如此这般的行动，特别是能够展示出一个人可能有的许多可能性。例如，苏格拉底为什么没有选择逃离雅典，他为什么要选择被囚禁？一种完整的对世界的解释包含着为什么（why）和如何（how）两个层面，因为它必须要给出最终的原因和运动的相互关系。莱布尼茨给出了一种完整解释的形式："如果 A 是 B，那么 C 是 D；但是 A 是 B，因此 C 是 D。"前者是理性的真理的理解，是一系列使得我们理解运动的命题，但是后者是事实的真理的理解，包含着最终原因和内在于其中的善。没有前者，这种理解就缺乏逻辑结构，而没有后者，前者仅仅是可能的，而非现实的，后者给予前者以现实性。机制的和目的论的两种解释并非彼此矛盾，莱布尼茨因此认为他已经说明了单子论的真理理论能够使得宗教和科学相融贯。在这一点上，莱布尼茨超越了唯科学主义者对于物理机制的崇拜。

莱布尼茨逻辑不同于亚里士多德逻辑的要点在于，他不是试图建立一种自圆其说的概念秩序，而是试图说明概念秩序的真，因此他引入了普遍语言的设想，并以此为目标建立了他的逻辑哲学和语言哲学。他认识到语言作为表达思想的媒介的重要性，提出了一套可操作的实现普遍语言的方法，这可以被看作 20 世纪逻辑原子主义运动的先声。另外，他所提出了两种解释的区分启发康德提出"先天综合判断"如何可能的重大问题。

（四）构建普遍法学——莱布尼茨的道德政治哲学

莱布尼茨的道德和政治哲学一直是一个争议很大的话题。伏尔泰（Voltaire）曾经说："不管有什么样的灾害困扰着人们，哪怕是地震、海啸和瘟疫这样的灾害落在无辜的人身上，莱布尼茨都可以说'所有的一切是所有可能世界中最好的'（All is for the best in this best of all possible worlds）。"[1] 伏尔泰认为，莱布尼茨的政治哲学是对现状和上帝的错误的辩解。罗素也赞同伏尔泰的观点，认为莱布尼茨背叛了自己的逻辑哲学，持有一种保守主义的争执观点，影响了他的理论彻底性。当代学者继承了这种质疑，甚至认为这种为现实辩护的立场在客观上造成了斯宾诺莎的离世。即使是同情莱布尼茨的专业哲学家也并不看好他的道德和政治哲学。

莱布尼茨与霍布斯和洛克是同代人。但是很显然，莱布尼茨受到霍布斯的政治哲学的影响更大。在那个时代，霍布斯的"社会契约"（social contract）和"自然状态"（state of nature）等概念是学术界的热点问题。莱布尼茨试图融合彼此针锋相对的观点，提取其要点，将其融入一个表面上看起来不可能相融的新系统之中。这种方法也被他利用到了政治哲学的研究中。莱布尼茨试图发明一种普遍法学（universal jurisprudence）[2]，一个对人类和上帝，乃至任何一种理性的实体都适用的系统，使得上帝与所有有

---

[1] Voltaire, *Candide*, Boni and Liveright Inc., 2006, p. 11.

[2] Gottfried Wilhelm Leibniz, *Leibniz_ Political Writings*, Cambridge University Press, 1988, p. 2.

理性的实体都生活在一个精神的社会或普遍性的领域（a society or universal realm of spirit），而这是整个宇宙中最高贵的地方，一个位于物理世界中的纯粹道德领域。

对于莱布尼茨来说，神的正义与人的正义是在同一个层次上的，而非有不同种类的区别。莱布尼茨认为，说上帝的正义不同于人的正义，就好像是在说在天堂中几何学和算术学不适用一样。几何学和算术学不依赖于任何权威的力量，而是智慧与善的永恒法则。上帝并非是第一因或者"想象中的形而上学存在，不能够思想、意愿与行为"，而是"一个明确的实体，一个人，一个心灵"（a definite substance, a person, a mind），上帝不仅仅从意愿和行为中得出正义，其中还包含着思想和知识。莱布尼茨认为，智慧在理解之中，善在意志之中，正义是两者结合的结果。力量（power）是另外的东西，它能够将正义变为事实。莱布尼茨会提出这种设想，和他对道德行为的设想是分不开的，他认为道德行为有自发的（voluntary）和理性的（rational）行为两种。他不能将正义视为柏拉图主义式的关系或确定的和谐，一种理性选择的行为必须包含其中。

莱布尼茨将正义看作一种博爱（charity），而博爱是"一种普遍性的善举"（benevolence），智慧的人根据理性的考虑将其付诸实践，直到达到"最伟大的善"。莱布尼茨的正义观加入了友爱的因素，因此不同于其他哲学家的观点。对此，莱布尼茨有三个理由：第一，普遍的法学可以用于上帝和人，而传统的法学，基于"属于"（owe）和"由于"（due）这类概念，这类概念不能应用于上帝，因为上帝不负任何责任。上帝的爱能够给予理性的人们以相应的福祉，由于博爱的标准能够应用于上帝和人，因此能够作为普遍的法学的基础。第二，如果博爱是法学的本质，那么力量和管理、控制就不是。这样一种思路是以霍布斯为代表的法律实证主义（legal-positivist）的反面。第三，博爱不仅仅假设了人与人之间的暴力和归咎，而且假设了积极的爱。莱布尼茨相信，如果一个人把使得他人幸福作为自己的事务，那么不仅仅他的生活会更幸福，而且宗教改革后基督教教派的分离状况也将得到改变。真正的慈爱可以战胜教义的差异，因为慈爱超越了世界上的其他的任何考虑。

莱布尼茨不仅用慈爱定义正义，而且作过其他的尝试。他用数学概念和谐（harmony）、比例（proportion）、ratio（比）等来定义正义。终其一生，莱布尼茨都认为正义的原则和数学法则"$A=A$"和"$2+2=4$"具有同样的效力。莱布尼茨试图将所有复杂的命题分解成简单的命题，达到谓词中包含主词的不可还原的层次，到达普遍语言可以进行运算的层次。莱布尼茨认为，在算术学和几何学的计算中可以发现正义，而且在数学中发现的正义并不比在事物的本质和对上帝的理解中发现得更少。但是莱布尼茨没有始终坚持这种观点，因为在其中没有自发的主动行为的加入。和谐与比例的理论假设了感受的被动性，没有把基督教的自发精神考虑在内。在基督教中，正义不仅仅是一种关系，而是一种行动。和谐是正义的一种结果，而并非是正义的本质。在这里，我们看到了在斯宾诺莎的政治哲学中，始终有基督教的自发精神和柏拉图的理性主义两种力量在起作用。莱布尼茨虽然强调意志（will）在正义中的作用，但是他也认为，如果意志占据了理智的位置，就会走向暴政。如果把意志放在第一位，有多少种正义，就会出现多少种暴政。如果上帝的暴政是被强制而施行的话，那么人们也不会再颂扬上帝。

对莱布尼茨来说，上帝并不是万能的，也是只能在一定的界限内工作，例如上帝可以在诸种可能性中选择最好的一种，但是却不能凭借意志创造观念或本质本身，而只是发现了它们，遵循它们。在正义的行动中，意志与知识必须联合起来，知识提供需要做的事情的标准，而且提供诸种选择，而意志则是努力去实现它们。理智或思想不足以造成道德行为，因此认识错误不等于道德败坏，意志必须遵从理性，作出最好的选择。

但是问题是，上帝与人类都有对于善的同一个标准，那么恶是从哪里来的呢？如果上帝是公正的，那么痛苦和罪恶是哪里来的呢？如果人在完美的程度上不及上帝，那么人类是否能够因此为自己的行为负责呢？莱布尼茨在他的《神正论》（*Theodicy*）中系统地讨论了三个难题：上帝的公正、人的道德自由和恶的起源。莱布尼茨不打算用狭隘的定义来表达正义，因为这是个普遍性的概念，而不仅仅局限于它的政治含义，因此他将正义放入自己的形而上学与神学体系内。这一点对于理解莱布尼茨的政治哲学非常重要，一种局限于政治领域的狭隘理解会阻碍我们的理解。莱布尼茨认为，为了理解上帝创造的世界中的恶的位置，一种对于上帝的工作的一般理解是必需的。那些永恒的事实与本质在上帝的理解中存在，而非在上帝的意志或力量中存在。同时，上帝的意志对上帝的理解不能起到作用。如果意志能够对理解起到作用，就会陷入无限循环中，理解与意志的关系就会混淆。上帝的道德自由使得他选择了最好的可能性，如果上帝不是自由的，那么他的选择将会是必然的。上帝只是把最好的付诸实践，而不是创造一切的可能性。上帝可以创造出一个人，不给他任何东西，但是却不能不给出他的本质特性。上帝选择将本质中最完满的变成存在，并事先决定它们彼此的关系。

对于最完满的世界的疑问，莱布尼茨的回答是：这里需要一种符合充足理由律的回答。原因是上帝有且只有一个上帝，而且上帝是最完美的，其他的事物都不如上帝更完美，上帝依赖于道德的必然性（最好的）的限制而行动，但是他始终都能够作出不同的选择。莱布尼茨认为存在两种必然性：一种是道德必然性（moral necessity），另一种是形而上学必然性（metaphysical necessity），对于后者来说，反面是不可能设想的，而前者则总是可以设想其相反的情况，前者保证了道德自由，而后者保证了道德责任。但是一种并不那么完美的善比起完美的善来说，不能被称之为"正确"（right），但是这正是自由的意义所在。由于存在的个体是复数的，因此上帝选择的是诸多存在者能够彼此兼容的最好的可能性，而并非任何个体独立于系统的更好的状态，个体的最佳状态是与整个系统相兼容的。这样一个最好状态的系统就是上帝选择的道德可能性。莱布尼茨说现实世界是所有可能世界中最好的一个，并不是意味着在任何一个给定的时刻，世界都达到了它完美的和谐状态。现实世界一直在进步和发展，宇宙中的和谐使得所有的事物根据自然的法则朝向荣耀前进。莱布尼茨认为，灵魂的提升是根据前定和谐的计划来进行，并达到神圣精神的。和谐的精神统一体包括上帝之城（city of God），即自然世界中的一个道德世界。上帝是这个宇宙的工程师，同时也是精神之城中的君主。工程师与君主是同一个上帝，这一联合体在物理世界与道德世界的和谐之中体现出来。每个单子都在它的可能性范围内寻求自身的完善，莱布尼茨将单子的系统看作朝向发展和进步的整体，这一过程是无休止的，关于上帝的知识不可能被人所完全知道，我们的幸福不会充满快乐，没有渴望的东西，而是在永恒的进步中朝向新的快乐和完善。这种无休止的自我完善的概念在康德那里也得到了继承。康德受到莱布尼茨的上帝之城的概念和道德与自然世界和谐的论述的影响，莱布尼茨用单子作为连接点，将历史的和逻辑的两者结合起来，但是莱布尼茨哲学中历史因素总是受到逻辑和数学因素的制约，因此在原则上所有的一切都是可以预测的，没有新的东西产生，所有的发展都是逻辑和数学系统的现实演绎。

接下来，莱布尼茨区分了三种恶（evil）：道德的恶（sin），形而上学的恶（imperfection）和物理的恶（pain），[①] 其中，道德的和形而上学的恶的区分对于道德责任来说是本质性的。如果邪恶（evil）是形而上学的，那么恶（sin）就不是自发的，因此不是一种恶，正义作为一种博爱的行为，对于人类来说就是不可能的，这里斯宾诺莎主义获得了上风。但是莱布尼茨避免由于给予了恶与善同样的本体论地位，而使得上帝成为恶的创造者，恶产生自形式（forms）与其状态（state）的分离，而这不是上帝的意志创造出来的。上帝所意欲的是每一个被造物的善，而整体的善

---

① G. W. Leibniz, *Theodicy Essays on the Goodness of God, the Freedom of Man and the Origin of Evil*, Open Court Publishing Company, 1985, p. 67.

才是真正的善，有一些恶是必然存在的。但是道德的恶似乎总是
有可能与形而上学的恶相混淆，莱布尼茨在这里陷入了一个困境，
因为他的普遍法学试图将普遍的正义、恶与人类的自由融贯起来。
他已经意识到了必然性会摧毁人类自由的基础，会使得道德的善
恶评价没有意义。因此道德动机变得非常重要，但是莱布尼茨对
于恶的理解却使得这变得不可能。他处于一个自我矛盾的位置，
自由意志是惩罚的恶的近似原因，虽然人类的不完满是最终原因。
莱布尼茨试图用"完善"（perfection）来使得矛盾双方融贯起来。
形而上学与伦理学在上帝的完善中连接在一起。莱布尼茨认为人
有朝向完善的趋向，而完善会给人带来愉悦（pleasure），不完善
会给人带来痛苦（pain），人类行动的动力就是朝向完善，因为朝
向完善会给人带来愉悦，愉悦是意志和行为的基础，并且是唯一
的基础。因此，莱布尼茨认为自己的形而上学、伦理学与心理学
是一贯的。

　　莱布尼茨的正义理论在他的国家理论和政治哲学中也得到了
贯彻。一种正义的政治秩序需要爱（benevolence）与智慧（intel-
ligence），而不是所有社会成员对于社会构成和社会安全的参与，
也即任何一种自然权利（natural right）。国家（state）对于莱布
尼茨来说，是一种"无限的不平等的社会"（unlimited unequal so-
ciety）①。这是因为，国家是相关于所有生活和所有的善（good）
的，而不是某个特定的目的，这种不平等体现在制定规则的人和
被要求遵守规则的人之间，和柏拉图一样，莱布尼茨认为国家的

---

① Gottfried Wilhelm Leibniz, *Leibniz _ Political Writings*, Cambridge University Press, 1988,
p. 79.

统治者应该是哲学家，即最聪明、最善良的人。在这一点上，莱布尼茨不同于提倡自然权利的洛克和霍布斯，平等的自然权利是一种空想，莱布尼茨的国家学说与起源无关，契约并不重要，重要的是公正、福利与总体的善，而霍布斯正是忽略了统治者的贤良的重要性，认为责任优先于政府的构成。而对莱布尼茨来说，自由比平等更重要，但是这并没有让他变成一个共和主义者。他认为一个好的国王和法律能够很好地保证人们的自由，一个拥有绝对权力的好国王，比平等的选票更可以令人们忍受。

莱布尼茨并非仅仅将注意力集中在权力和权力的分配上，而是始终贯彻着理性（reason）与权力（power）的平衡。他认为，这两者的平衡不仅仅可以带来美和正义，而且还可以带来完美的国家。因此，人们需要避免权力压倒理性的情况发生，权力应当听从理性的建议，这样共同体才能够得到真正的安宁与福利。

在国际关系问题上，莱布尼茨试图使得以爱作为基础的正义不仅仅停留在哲学的可理解性的层面，而是将其实际用于国家间的政治关系和构建国际关系系统上。他认为可以用博爱来取代意识形态的差异，使得西方文明的最大不幸"教会分立"（Schism）得以解决。他将自己的生命的很大一部分时间用于这项事业。莱布尼茨认为宗教改革后的基督教与天主教是一致的，一些差别只是教会内部的差别，而非实质性的差别。为了推进这项事业，莱布尼茨不仅仅努力进行理论层面上的建构，他奔走于各个宗教和政治派别之间，纵横斡旋，为他心中的普遍法学的实现而努力。

莱布尼茨的普遍法学的设想与他的普遍语言的设想是一贯的，即建立一种将宗教与科学连接起来的哲学，这种哲学能因为其彻底性而具有普遍性，能够改变教派分立的状况，有利于欧洲的和平和上帝的博爱的实现。他的前定和谐思想并不容易为人所接受，但是莱布尼茨认为，上帝选择的是诸多存在者能够彼此兼容的最好的可能性，而并非任何个体独立于系统的更好的状态，个体的最佳状态是与整个系统相兼容的。

（五）莱布尼茨名言及译文

（1）Philosophers have been much perplexed in accounting for the origin of forms, entelechies, or souls. Today, however, when it has been learned through careful investigations made in plant, insect and animal life, that the organic bodies of nature are never the product of chaos or putrefaction, but always come from seeds in which there was without doubt some preformation, it has been decided that not only is the organic body already present before conception, but also a soul in this body, in a word, the animal itself; and it has been decided that, by means of conception the animal is merely made ready for a great transformation, so as to become an animal of another sort. We can see cases somewhat similar outside of generation when grubs become flies and caterpillars butterflies. ①

哲学家曾经对理解形式，隐德莱希②或灵魂的起源感到困惑。然而今天，当经过仔细地对植物、昆虫和动物生活的考察之后，

---

① Gottfried Wilhelm Leibniz, *Monadology*, *The philosophical works of Leibniz*, SophiaOmni, 2001, p. 9.

② 隐德莱希是希腊语 entelecheia 的音译，亚里士多德将其用于目的论的意义上，即现实的完成或实现。莱布尼茨以这一用语表示单子的活力和能动的力量。

自然的有机体物体从来不是混乱或腐败的产物，而总是来自于在其中毫无疑问预先形成的种子，有机体不仅仅已经在受孕之前呈现了，而且有机体中的灵魂，即动物自身也是一样；并且已经决定了，动物只是以受孕的方式为重大变化作准备，以便于成为另一种类型的动物。当外在于代际，蛴螬变成苍蝇和毛虫变成蝴蝶时，我们可以看到某种程度上相似的例子。

（2） All nature is a plenum. There are everywhere simple sub-
stances, separated in effect from one another by activities of their own
which continually change their relations; and each important simple
substance, or monad, which forms the centre of a composite substance
(as, for example, of an animal) and the principle of its unity, is
surrounded by a mass composed of an infinity of other monads, which
constitute the body proper of this central monad; and in accordance
with the affections of its body the monad represents, as in a centre,
the things which are outside of itself. Each monad is a living mirror, or
endowed with internal activity, representative according to its point of
view of the universe, and as regulated as the universe itself. Thus there
is a perfect harmony between the perceptions of the monad and the mo-
tions of bodies, pre-established at the beginning between the system of
efficient causes and that of final causes. [1]

　　自然的全部都是充盈的。到处都有简单的实体，事实上它们由持续改变其关系的自身活动彼此区别；每一个重要的简单实体或单子，构成了组合实体的核心（比如，动物）与它的联合体的

----

① Gottfried Wilhelm Leibniz, *Selections*, translated by Wiener, Scribner, 1951, pp. 523-524.

原则，单子被大量无限的其他单子组合成的物质所包围，这些单子构成了中心单子的特性；而且与在中心一样，单子根据其所表象的物体的影响表象外在于它自身的事物。每一个单子都是一个活着的镜子，或被赐予了内在活动，根据它的对宇宙的观点来表象，而且如宇宙自身一样受到控制。因此在单子的知觉和物体的运动之间具有完美的和谐，（和谐）在开始时在有效的原因的系统和最终因的系统之间已经事先建立起来了。

（3）If there is a reality in essences or possibilities or indeed in the eternal truths, this reality must be founded in something existing and actual, and consequently in the existence of the necessary being, in whom essence involves existence, or with whom it is sufficient to be possible in order to be actual. [①]

如果在本质或可能性，或永恒真理中有一个实在，这个实在必须在存在并且真实的某物中发现，并且最终在必然存在者的存在之中，在它之中本质包含着存在，或者对它来说为了成为真实而可能是足够的。

（4）Perception and that which depends on it are inexplicable by mechanical causes, that is, by figures and motions. And, supposing that there were a machine so constructed as to think, feel and have perception, we could conceive of it as enlarged and yet preserving the same proportions, so that we might enter it as into a mill. And this granted, we should only find on visiting it, pieces which push one a-

---

① Gottfried Wilhelm Leibniz, *Monadology*, *The philosophical works of Leibniz*, SophiaOmni, 2001, p. 5.

gainst another, but never anything by which to explain a perception. This must be sought for, therefore, in the simple substance and not in the composite or in the machine. Furthermore, nothing but this (namely, perceptions and their changes) can be found in the simple substance. It is also in this alone that all the internal activities of simple substances can consist. ①

知觉和基于它的东西是不可用机械原因，即形状与运动解释的。并且假设有一台机器是为了思想、感觉和具有知觉而构造，我们可以设想它为扩大了的或者保留了同样的比例，那么我们可以如同进入磨坊一样进入它。同时很显然，我们只会在访问它时发现彼此相接的片段，但是不会有任何解释知觉的东西。因此，这必须在简单的实体中而不是组合物或机器中寻求。此外，除了这个（即知觉与它们的改变）之外没有什么可以在简单实体中发现。同时仅仅在这个之中所有的简单实体的内在活动可以存在。

（5）Every individual substance contains in its perfect notion the entire universe and everything that exists in it, past, present, and future. For there is no thing on which one cannot impose some true denomination from another thing, at very least a denomination of comparison and relation. Moreover, there is no purely extrinsic denomination. I have shown the same thing in many other ways, all in harmony with

---

① Gottfried Wilhelm Leibniz, *Monadology*, *The philosophical works of Leibniz*, SophiaOmni, 2001, p. 2.

one another. ①

每一个单子个体在其完美的观念中包含着整个宇宙和过去、现在和未来存在其中的每件事物。因为至少在比较和关系的命名中，没有一个人不能从其他事物中给予其一些真的命名的事物。而且没有纯粹的外部的命名。我已经以许多其他的方式表现出同样的事情，一切彼此和谐。

（6） Spinoza says that no substance, not even corporeal substance, is divisible. This is not a remarkable thing for him to say, since for him there is only one substance. But it is true for me as well, even though I admit an infinity of substances, since in my view all of them are indivisible, that is, are monads. ②

斯宾诺莎说没有实体，甚至物质实体，是可分的。这对他不是一件值得注意的事情，因为对他来说，只有一个实体。但是对我来说这也是真的，即使我承认无限的实体，因为在我看来所有的它们是不可分的，即是单子。

（7） At first, after freeing myself from bondage to Aristotle, I accepted the void and atoms, for it is these that best satisfy the imagination. But thinking again about this, after much meditation I saw that it is impossible to find the principles of a real unity in matter alone or in what is merely passive, since this is nothing but a collection or aggregation of parts of infinitum. ③

---

① Gottfried Wilhelm Leibniz, *Philosophical Essays*, Roger Ariew and Daniel Garber eds. , Indianapolis: Hackett, 1989, pp. 32-33.

② Ibid. , p. 274.

③ G. W. Leibniz, *Philosophical Texts*, Oxford University Press, 1998, p. 145.

初看起来，在我自己解放于亚里士多德的束缚之后，我接受了原子和虚空，因为这些最好地满足了想象。但是再一次思考这一点，经过沉思之后我看出不可能仅仅在物质或只是被动的东西中发现真实的统一体的原则，因为这只是无休止部分的收集或集聚。

(8) In necessary propositions, of course, one arrives at an equation of identity by means of an analysis continued to a certain point; and this is precisely what it means to demonstrate truth with geometrical rigour. In contingent propositions, however, the analysis proceeds to infinity, through reasons for reasons, so that there is never a full demonstration; nevertheless, the reason for the truth always subsists, although it can be perfectly understood only by God, who alone can go through the infinite series in a single mental thrust. [①]

当然，在必然命题之中人们以分析延续到某一点的方式获得同一性的等式；并且这正是以几何学的严苛论证真理的方式。然而在偶然命题中，分析持续到无限，由理由到理由，因而不会有一个完整的证明；然而真理的理性总是存在着的，虽然它只会由上帝完美理解，上帝自己可以在一个单独的心灵推进中穿越无穷的序列。

(9) For though the characters are arbitrary, their use and connection has something which is not arbitrary, namely a certain proportion between the characters and the things, with the relations to one

---

① Gottfried Wilhelm Leibniz, *Philosophical Essays*, Roger Ariew and Daniel Garber eds., Indianapolis: Hackett, 1989, p. 99.

another of different characters expressing the same things. And this proportion or relation is the ground of truth. It brings it about that whether we use these characters or others, the same thing always produces either an equivalent thing, or one corresponding in proportion.[1]

因为虽然符号是任意的，它们的使用和连接有不是任意的东西，即符号与事物，和表达同样事物的不同符号的关系之间的一种比例关系。并且这种比例或关系是真的基础。它造成了不管我们使用这些符号还是其他的，同样的东西总是或者造成同样的东西，或者在比例上相符合的东西。

（10）Supposing space to have parts—that is to say, so long as it is divided by bodies into empty and full parts of various shapes—it follows that space itself is a whole or entity accidentally, that it is continuously changing and becoming something different: namely when its parts change, and are extinguished and supplanted by others.[2]

设想空间拥有部分——就是说，只要它以物体被分为空无与充满着的不同形状的部分——那么空间自身是一个整体或偶然实体，即它持续地改变并且变成不同的事物：即当它的部分改变，并且消亡和由他者取代。

（11）We observe as common to all simultaneous perceptions; and we call an extensum that by the perception of which we can perceive several things simultaneously; and this for some indefinite reason. Hence an extensum is a continuous whose parts are simultaneous

---

① Richard T. W. Arthur, *Leibniz*, Polity, 2014, p. 57.
② Ibid., p. 151.

and have a situation among themselves, and in the same way this whole behaves as a part with respect to another whole. A continuous whole is that whose parts are indefinite; space itself is such a thing, abstracting the soul from those things that are in it. [1]

我们称观察到的对所有持续的知觉共同的东西为广延，并且我们称伸展物为我们可以持续地知觉一些东西的知觉，而且这为了一些明确的理由。因此一个伸展物是一个连续的整体，它的部分是连续的，并且它们自身之间有一个境况，并以同样的方式将这个整体作为一个相对于其他的整体的部分行动。一个连续的整体及其部分是明确的；空间自身是这样一件事物，从在它之中的事物中抽象出灵魂来。

(12) How the soul acts on the body. As God does on the world, that is, not by way of miracle, but through the mechanical laws. And so, if (though impossible) minds were eliminated, leaving the laws of nature, the same things would come about as if there were minds, and even books would be written and read by human machines, understanding nothing. Indeed, it should be known that it is impossible to eliminate minds while preserving the mechanical laws. For the general mechanical laws are decrees of the divine will, and the individual (speciales) laws in each and every body (which follow from the general laws) are the decrees of its soul or form, striving towards its good, that is, towards perfection. And so God is that mind which leads everything toward general perfection. Furthermore, the soul is that sen-

---

① Richard T. W. Arthur, *Leibniz*, Polity, 2014, p. 157.

tient force which strives in each and every thing toward individual per-fection. ①

灵魂如何作用于身体。如同上帝作用于世界，不是以奇迹的方式，而是通过机械法则。并且如果心灵被消除（虽然不可能），只剩下自然法则同样的如同心灵的东西将会来临，并且甚至书会被什么都理解不了的人类机器所写作和阅读。事实上，人们需要知道消除心灵的同时保留机械原则是不可能的。因为一般的机械法则是神圣意志的命令，并且在每个和每一个物体中的个别法则（从一般法则而来）是它的灵魂或形式的命令，力求朝向它的善，即朝向完美。并且这样上帝即是引领万事万物朝向完美的心灵。而且灵魂是有感觉能力的力量，它在每个和每一件事物中朝向个体的完美。

（13）Hence it is at once clear that there exist many minds besides ours, and, since it is easy to think that men who converse with us can have exactly the same reason to doubt our existence as we have to doubt theirs; and since no reason operates more strongly for us than for them, they will also exist and have minds. Thus both sacred and profane history, and indeed whatever pertains to the status of minds, that is (seu) rational substances, may be considered con-firmed. ②

因此在我们之外存在许多心灵是立即清楚的了，并且因为很容易认为与我们相反的人们会拥有恰好同样的理由怀疑我们的存

---

① Daniel Garber, *Leibniz: Body, Substance, Monad*, Oxford University Press, 2009, pp. 196-197.

② Ibid., p. 284.

在，如同我们怀疑他们一样；并且因为没有理由对我们来说比对他们运行得更强，他们也会存在和拥有心灵。因此敬神的和不敬神的历史，而且事实上关于心灵状态的无论什么东西，即理性的实体，会被视为确证的。

三、主要影响

（一）对哲学史的影响——融汇前人思想，启发后学进步

莱布尼茨去世之后，他的名声有所衰落，人们只记得伏尔泰对莱布尼茨的冷嘲热讽。伏尔泰认为莱布尼茨的哲学是未经证实的，这一描述在当时影响很大，并成为学术界的主流看法。另外一个造成这一后果的因素是理性主义哲学在 17 世纪的衰落，莱布尼茨的哲学很快变得无人问津。莱布尼茨的学生伍尔夫（Wolf）对莱布尼茨哲学的错误解释也给人们带来了不好的印象，人们甚至开始怀疑莱布尼茨是否独立于牛顿发明了微积分。直到 1765 年，莱布尼茨的《新随笔》（*Nouveaux Essais*）的出版才重新唤起了人们对莱布尼茨哲学的兴趣，康德阅读了此书。1768 年，路易斯·多腾斯（Louis Dutens）编纂的多卷本莱布尼茨文集也得到了出版。1900 年，罗素写作了对莱布尼茨形而上学的研究论文，另外，莱布尼茨的未发表文集也在 20 世纪得到了出版。这引起了分析哲学家们的广泛兴趣。

莱布尼茨在近代西方哲学史上具有崇高的地位。他的深邃的、具有划时代意义的哲学思想通过狄德罗等人对 18 世纪法国哲学，通过康德、黑格尔和费尔巴哈对 18 世纪、19 世纪德国古典哲学，

以及通过马赫、卡希尔和德勒兹等人对现代哲学产生了直接、深刻和巨大的影响。

这些哲学家都在某种程度上认为自己是从对莱布尼茨哲学的反思中获得的洞见和新的方向。狄德罗为了定义一个综合性的哲学系统，从莱布尼茨哲学中获取了"百科全书"（Encyclopaedia）的概念，并引领了百科全书学派。康德则从莱布尼茨对洛克的经验主义的批判中获得营养，服务于他的批判哲学。而罗素则认为莱布尼茨与弗雷格都处于同样的方向上，即建立一种以逻辑为基础的哲学和数学。柯亨（Hermann Cohen）和卡西尔（Ernst Cassirer）则抓住了莱布尼茨的无限性理论，来构建以科学的先验范畴为基础的新康德主义学说。费尔巴哈在他的莱布尼茨研究中提出了他的唯物主义观点，认为人类生活在一定的物质条件之中。马赫则在莱布尼茨这里发现了对于现象主义（Phenomenalism）的支持论证，拒绝了爱因斯坦的相对论中的绝对时空理论。布罗维尔（Brouwer）在莱布尼茨的连续空间观基础上建立起了"拓扑学"（Topology）。德勒兹（Deleuze）则对莱布尼茨的表达、差别和重复（repetition）的观点作出了发展。

然而在当代，莱布尼茨主义与整个理性主义思潮同样，走向式微，基本上没有与莱布尼茨针锋相对的观点出现，人们以自己的方式理解和使用莱布尼茨的观点，但是却无法产生与之对应的当代观点。人们会产生一些常见的困惑，如上帝是否是单子，上帝与其他单子的关系是什么？如果其他单子围绕上帝而存在的话，那么是否会走向泛神论？莱布尼茨的系统面临的一个更大的问题，即其他单子的存在问题，莱布尼茨从来没有试图证明这一点，而是把它作为自明事实。他从笛卡尔的二元论假设出发，说明了笛卡尔的广延实际上是单子。莱布尼茨认同单子的复数性，如同笛卡尔认同广延的复数性。但是莱布尼茨也认为单子是实体，是独立存在的，是向外闭合的精神实体。那么单子所知道的只有自己，它能否凭借知觉把握其他的单子？如果我能够完全表象其他单子，那么前定和谐一定能够说明这一点，但是前定和谐并没有保证这一表象的出现。表象的显现与表象的完整是不同的。这样，莱布尼茨与斯宾诺莎在实体的数量上就是没有区别的，只有一个可确信的实体存在，区别仅仅在于是一个整体还是自我。这里莱布尼茨和斯宾诺莎遇到了类似的问题，即他们所讨论的实体都与物理学家所研究的真实世界的实体有着很大的区别。莱布尼茨的由上帝在可能世界中选择的真实领域，仍然是一个纯粹的理智秩序，而与经验的事实世界无关。这里莱布尼茨思想涉及的是理论与实际存在的事实的关系问题，莱布尼茨用目的论的事实来取代了实际存在的事实，这是他不同于科学家所关注的哲学的层面，也是莱布尼茨对于古代和现代思想进行综合的思想成果，即试图将机械论世界观与目的论世界观结合起来。

（二）对当代科学的影响——普遍字符构想推动计算科学的发展

莱布尼茨在数学、物理学和计算科学方面都有着很多突破性的贡献。其中尤为令人瞩目的是他在计算机理论和实践方面作出的努力。计算机本质上是符号的操作，计算机的能力就在于能够根据规则进行各种符号操作。事实上，计算机只操作两种符号：0和1，计算机的智能来自于规则和程序的设计及运行方式。这种计算机的运行思路是莱布尼茨首先提出的，他第一个提出了将理性还原成计算乃至处理计算的机器的构想。莱布尼茨在数学中观察到我们可以根据规则使用和操作符号来表象抽象的量，得到对我们有用的结果。因而设想根据观念间的逻辑，通过数学中的有形符号操作来表象复杂的观念。这样我们就可以得出与正确地运用理性进行思考同样的结果，这样做的原理是符号运作的规则反映了观念间的逻辑。莱布尼茨亲自设计出了一台计算机。他的设想也启发了后来者如冯·诺依曼和图灵等人。莱布尼茨的设想促进了计算机科学的发展。现代计算机的系统就是通过符号的运作来进行信息处理，计算机科学家通过研究如何表象信息，设计运算法则来得到有意义的计算结果，这和莱布尼茨当初的设想是一致的。

莱布尼茨在物理学理论上也多有建树。1671 年，莱布尼茨写作了《物理学新假说》（*Hypothesisphysica noua*），分别阐述了具体运动原理（Theoriamotus Concreti）和抽象运动原理（Theoriamotus Abstracti）。他的具体原理试图从较简单现象的角度来解释复杂现象，运动的起因是以太微粒的碰撞造成了运动。而莱布尼茨的抽象原理认为，物质的微粒完全处于静止状态时，对一个运动着的物质不存在阻力，只有当微粒构成部分内在地运动时，物体才具有阻力或内聚力。他认为，运动着的物体，不论多么微小，它将带着处于完全静止状态的物体的部分一起运动。这也与莱布尼茨的时空观有关，莱布尼茨反对牛顿的绝对时空观，与牛顿的学生S. 克拉克（Clarke）进行了长时期的辩论。在莱布尼茨看来，时空与运动、物质是密不可分的，他认为没有物质也就没有空间，空间本身不是绝对的实在性，这些思想后来启发了爱因斯坦

（Einstein）等人对相对论的思考。

在地质学方面，莱布尼茨认为地球在早期是一个灼热的球体，形成之后开始逐渐冷却、收缩。当外表层冷却到一定程度后，一方面形成了原始的大气，另一方面形成波质地壳，随着地球的进一步冷却，地壳周围的水蒸气便冷凝成大海。他的地球成因学说，尤其是他的宇宙进化和地球演化的思想启发了拉马克（Lamarck）、赖尔（Lyell）等人，促进了 19 世纪的地质学理论的新进展。

莱布尼茨在化学、生物学、气象学等领域也做了重要的工作。1677 年，他写成《磷发现史》，促进了磷元素的发现。在生物学方面，他从哲学角度提出了有机论方面的多种观点，认为存在介乎动物、植物之间的生物，水螅虫的发现证明了他的观点。在气象学方面，他曾亲自组织人力进行过大气压和天气状况的观察。莱布尼茨还曾致函 D. 帕潘（Papin），提出了蒸汽机的基本思想，并提出了无液气压机原理。莱布尼茨一生涉猎了各个不同的学术领域，都留下了深深的印记，承接前人，启迪后学，其学说对后世产生了不同程度的影响。

四、启 示

（一）对人生追求的启示——将学术生活与政治生活结合起来

莱布尼茨的一生不仅仅是学者的一生，他一直努力将自己的学术研究与政治生活结合起来，他的普遍字符的设想的初衷就是为了解决不同文化、不同宗教和教派的冲突与分裂问题。这与 20 世纪语言哲学中逻辑主义的进向是非常相似的，两者都试图绕开日常语言的模糊与歧义，以精确和普遍的语言来澄清思想，而这种进向所针对的就是，人类由于错误地使用语言而导致的误解、冲突和仇恨。莱布尼茨的形而上学思想也并非空中楼阁，而是始终尝试对时代的问题作出回答。他的单子论和前定和谐思想是对近现代科学兴起的时代所面临的各种哲学问题作出的一种回应，他的形而上学与政治哲学思想也是一贯的。

在实践方面，莱布尼茨一生都在奔走与斡旋，以一位政治活动家的形象出现在历史舞台上，为欧洲的统一与和平做出了贡献。

（二）对科研方法的启示——博采众家之长，追求真理

莱布尼茨广泛地吸收古代和当代学者的研究成果，并将它们批判性地吸收入自己的理论体系当中。他吸收了开普勒（Kepler）、尼古拉·库萨（Nicholas of Cusa）和布鲁诺（Giordano Bruno）的宇宙作为一个普遍的和谐体的思想，这在他的单子论和前定和谐思想中都打下了烙印。同时，莱布尼茨还吸收了中世纪神学家雷蒙德·卢尔（Raymond Lull）关于复杂物可以被分析为简单物乃至最简单物的思想。莱布尼茨的逻辑分析和单子论就来自于卢尔的这一想法，莱布尼茨将其发扬光大，并提出了普遍字符的思想。莱布尼茨哲学作为唯理论的最高峰，吸收了笛卡尔、马勒博朗士、斯宾诺莎等人的思想，特别是他扬弃了笛卡尔的二元论和斯宾诺莎的一元论，形成了精神与物质连续的单子论，是他为哲学所做的重大贡献之一。直到今天，当代哲学的许多流派如泛心论、思辨实在论等都需要从莱布尼茨那里寻找思想资源。另外，莱布尼茨吸收中国古代的阴阳思想，发明了二进制，并设

计了一台真正的计算机器，这有助于计算机科学的发展。作为一位大学者，莱布尼茨的贡献突破了学科的壁垒，在物理学、数学、历史学和哲学等多个领域都有所建树，这是非常罕见的。因此，莱布尼茨被誉为"17世纪的亚里士多德"，即一位真正的百科全书式的学者。在近代以来，专业壁垒和学科门槛越来越难以跨越的时代，莱布尼茨的工作殊为难得，自从他之后，几乎没有再出现过这样跨多个学科并都有第一流建树的大学者。

（三）对学术争论的启示——在学术辩论中不断推进研究

维特根斯坦曾说：哲学家不参加学术辩论，就如同拳击手不上拳台。学术辩论对学术发展有着重要的推动作用。莱布尼茨的一生，为追求真理，在多个领域，与前辈和当代学者展开了多次讨论，例如他为了与以洛克的《人类理解论》为代表的经验论思想进行讨论，写作了《人类理智新论》。但是当他完成这本书之时，洛克已经去世了，莱布尼茨认为对手没法回应，辩论就没法进行下去，因此在他死后这本书才得到出版。这种尊重对手，为真理而真理的精神值得人们学习。莱布尼茨与克拉克（Clarke）为了时空观的问题进行了多年的讨论，克拉克站在牛顿的绝对时空观立场上，与莱布尼茨的单子论针锋相对，两人有来有回，进行了多次理性对话，虽然双方都没有被说服，但是许多问题得到展开，双方都从中获益颇多。

五、术语解读与语篇精粹

（一）单子论（Monadologie）

1. 术语解读

《单子论》（*Monadologie*）是德国近代哲学家莱布尼茨的代表作。1840 年由 J. E. 爱尔特曼收入《莱布尼茨哲学全集》中。《单子论》是莱布尼茨整个思想大厦的基石。全文共 90 节，前 48 节主要论述单子的本质，后 42 节主要论述实体间的关系。

"单子"一词本来自于希腊语，意为"一"。莱布尼茨的单子则指存在于实体之中的灵魂、形式或精神，它们之间经由实体来沟通。在莱布尼茨看来，单子本身不具分割性和广延性，是单纯的终极存在。单子的数目是无限的，性质上具有多样性，并在欲望的推动下从此知觉向彼知觉变化。单子的知觉是具有等级性的，最低等的单子为只具有微知觉的无生命单子，最高级的单子为上帝，动物与人位于中间。单子间依据"前定和谐"发生联系。莱布尼茨的单子论具有丰富的辩证法精神。

2. 语篇精粹

语篇精粹 A

1. The monad, which we shall discuss here, is nothing but a simple substance that enters into composites—simple, that is, without parts.

2. And there must be simple substances, since there are composites; for the composite is nothing more than a collection, or aggregate, of simples.

3. But where there are no parts, neither extension, nor shape, nor divisibility is possible. These monads are the true atoms of nature and, in brief, the elements of things.

4. There is also no dissolution to fear, and there is no conceivable way in which a simple substance can perish naturally.

5. For the same reason, there is no conceivable way a simple substance can begin naturally, since it cannot be formed by composition.

6. Thus, one can say that monads can only begin or end all at once, that is, they can only begin by creation and end by annihilation, whereas composites begin or end through their parts.

7. There is also no way of explaining how a monad can be altered or changed internally by some other creature, since one cannot transpose anything in it. [①]

译文参考 A

1. 我们所说的单子指的是构成复合体的无法再拆分的各个单一实体。

2. 复合体的存在也意味着单一实体存在的必然性。因为复合体本身不外乎是多个单一实体的组合而已。

3. 单一实体即单子无法外延，无法分割，又无形状，乃是自

---

① Leibniz, Gottfried Wilhelm, *Philosophical Essays*, edited and translated by Roger Ariew and Daniel Garber, Indianapolis: Hackett Publishing Company Indianapolis & Cambridge, 1989, pp. 213-214.

然界之真正的原子，事物的组成要素。

4. 因而，我们无须担心单子会解体，或因天道而消失。

5. 同样，我们也无法想象单子会因天道而出现，单子并非以复合的方式形成。

6. 我们也可以说，单子是在瞬间出现又在瞬间消失的，即单子只能因创造而开始，因毁灭而终结。而复合体的产生与消亡则是渐次的。

7. 试图解释单子可能由任何外物作用而发生内部的变化都是徒劳的，因为我们无法移动其内部的任何东西。

语篇精粹 B

1. However, monads must have some qualities, otherwise they would not even be beings. And if simple substances did not differ at all in their qualities, there would be no way of perceiving any change in things, since what there is in a composite can only come from its simple ingredients; and if the monads had no qualities, they would be indiscernible from one another, since they also do not differ in quantity. As a result, assuming a plenum, in motion, each place would always receive only the equivalent of what it already had, and one state of things would be indistinguishable from another.

2. It is also necessary that each monad be different from each other. For there are never two beings in nature that are perfectly alike, two beings in which it is not possible to discover an internal difference, that is, one founded on an intrinsic denomination.

3. I also take for granted that every created being, and conse-

quently the created monad as well, is subject to change, and even that this change is continual in each thing.

4. It follows from what we have just said that the monad's natural changes come from an internal principle, since no external cause can influence it internally.

5. But, besides the principle of change, there must be diversity (un detail) in that which changes, which produces, so to speak, the specification and variety of simple substances.

6. This diversity must involve a multitude in the unity or in the simple. For, since all natural change is produced by degrees, something changes and something remains. As a result, there must be a plurality of properties (affections) and relations in the simple substance, although it has no parts.

7. The passing state which involves and represents a multitude in the unity or in the simple substance is nothing other than what one calls perception, which should be distinguished from apperception, or consciousness, as will be evident in what follows. This is where theCartesians have failed badly, since they took no account of the perceptions that we do not apperceive. This is also what made them believe that minds alone are monads and that there are no animal souls or other entelechies. With the common people, they have confused a long stupor with death, properly speaking, which made them fall again into the Scholastic prejudice of completely separated souls, and they have even

confirmed unsound minds in the belief in the mortality of souls. [①]

译文参考 B

1. 但是单子仍然需要具有某种质的，否则其存在就成了无源之水。而且假若单一实体无法根据其质来进行区分，则我们也就无法洞悉实体内部的变化。一个复合体的形成需是多个简单成分的组合；倘若单子没有质，他们之间也就无法彼此区别开来，因其本就没有量的差别。因此，在一个完全充盈的空间内，倘若每一部分都只会获得并继续它先前的运动，则事物的此状态与彼状态将无法被区别开来。

2. 每一单子必然会区别于其他任何的单子，因为世上绝无两个本质完全一样，却又具有差别的存在。

3. 因此我认为，任何被创造的本质，任何被创造的单子都会经历变化，且这种变化会在单子中持续进行。

4. 也就是说，单子的自然变化来自于其内在的原则，因为任何外界的影响都不会对其发生内在作用。

5. 除变化原则外，还必定有多样性，正是后者造成了单一实体的特征和多样的种类。

6. 这种多样性在单一性或单体性中必然包含众多性，因为所有的自然变化均是逐渐发生的，一些东西在变化，另一些则保持不变。因此，尽管不可再分，在单子中必然有诸多性能，即各种关系。

7. 在单一体或单一物质中包含或体现出的众多性的暂时状态

---

① Leibniz, Gottfried Wilhelm, *Philosophical Essays*, edited and translated by Roger Ariew and Daniel Garber, Indianapolis: Hackett Publishing Company Indianapolis & Cambridge, 1989, pp. 214-215.

被称为知觉。这一知觉须和下面将要提到的统觉与自觉区分开来。在这一方面，笛卡尔派曾犯过一个严重的错误——他们否认人类意识不到的知觉的存在性，继之，他们认定只有精神才是单子，不存在动物精神或其他的隐德莱希。这就使他们混淆了长时间的昏迷和真正的死亡。他们也由此接受了经院哲学家们关于灵魂能够完全脱离肉体而存在的错误观点，进而为那些相信灵魂永生的精神错乱者正名。

语篇精粹 C

1. Therefore, since on being awakened from a stupor, we apperceive our perceptions, it must be the case that we had some perceptions immediately before, even though we did not apperceive them; for a perception, can only come naturally from another perception, as a motion can only come naturally from a motion.

2. From this we see that if, in our perceptions, we had nothing distinct or, so to speak, in relief and stronger in flavor, we would always be in a stupor. And this is the state of bare monads. [①]

译文参考 C

1. 由是推之，因为我们在长时间昏迷之后清醒，便能立刻意识到知觉的存在，那么知觉一定是早就存在于我们的意识之中的，只是我们没有意识到而已。因为知觉只能从另一种知觉中自然产生，正如一种运动只能从另一种运动中产生一样。

2. 因此，只要我们在知觉中并没有什么特别的、突出的东

---

① Leibniz, Gottfried Wilhelm, *Philosophical Essays*, edited and translated by Roger Ariew and Daniel Garber, Indianapolis: Hackett Publishing Company Indianapolis & Cambridge, 1989, p. 216.

西，我们便总会处在一种麻木状态，这也就是完全单纯的单子状态。

（二）前定和谐（Pre-established Harmony）

1. 术语解读

这是莱布尼茨哲学的重要概念之一，是一种因果关系的哲学理论，最早出现于其代表作《单子论》中。莱布尼茨认为，宇宙万物皆由独立且不可再分的"单子"构成，彼此不能互相作用却能互相协调，构成和谐整体。这种和谐乃是上帝在创造万物时依照和谐原则确定下来的，因而具有神恩性和自主性，灵魂和形体唯有借助于上帝创世时的"神恩"或"前定"才能得以"和谐"共存，并且"似乎彼此互相影响似的运动"。

然而莱布尼茨的单子的"前定和谐"理论也面临着极大挑战：第一，上帝的存在性及其造物传说仍需全面辩证与诠释；第二，莱布尼茨否定心理物理因果相互作用的可能性，就须提出相应的知觉和行为的因果关系理论，否则就意味着否定人的感知能力和主观行为能力；第三，既然并行理论否认精神的内在因果关系，则它须否定推理的可能性，或解释思想间可以毫无关联的可能性；第四，既然并行理论拒绝承认物理性转变，则它就很难解释诸如一个物理实体向另一个物理实体移动的现象。倘若上述问题不能解决，那么莱布尼茨的并行理论或其理论的要义，即"前定和谐"则无法成立。

2. 语篇精粹

语篇精粹 A

1. Thus, one can state that not only is the soul (mirror of an indestructible universe) indestructible, but so is the animal itself, even though its mechanism often perishes in part, and casts off or puts on its organic coverings.

2. These principles have given me a way of naturally explaining the union, or rather the conformity of the soul and the organic body. The soul follows its own laws and the body also follows its own; and they agree in virtue of the harmony pre-established between all substances, since they are all representations of a single universe.

3. Souls act according to the laws of final causes, throughappetitions, ends, and means. Bodies act according to the laws of efficient causes or of motions. And these two kingdoms, that of efficient causes and that of final causes, are in harmony with each other.

4. Descartes recognized that souls cannot impart a force to bodies because there is always the same quantity of force in matter. However, he thought that the soul could change the direction of bodies. But that is because the law of nature, which also affirms the conservation of the same total direction in matter, was not known at that time. If he had known it, he would have hit upon my system of pre-established harmony. [1]

---

① Leibniz, Gottfried Wilhelm, *Philosophical Essays*, edited and translated by Roger Ariew and Daniel Garber, Indianapolis: Hackett Publishing Company Indianapolis & Cambridge, p. 223.

译文参考 A

1. 因而我们可以说不仅灵魂（不朽的宇宙的镜子）是不朽的，动物自身亦然，尽管其外在结构经常会被部分损毁、蜕变或披上有机的外壳。

2. 这些原则赋予我以自然之理去解释灵魂与有机体之统一或者完全一致的方法。灵魂遵循其自身法则，躯体亦然。二者又借一切实体间的前定和谐彼此契合，因其均为同一宇宙之体现。

3. 灵魂通过欲求、目的和手段，按照终极理由法则行事。躯体则按照充足理由原则或运动原则行事。充足理由领域和终极理由领域和谐共生，彼此依托。

4. 笛卡尔认识到，灵魂无法施力于躯体，因物质中之力量值恒定不变。但他以为，灵魂可改变躯体的方向。这一看法源于笛卡尔所处时代的人们并不知晓物质运动保持同一方向的自然之法。倘若笛卡尔知晓这一法则，他必将着迷于我的前定和谐体系。

语篇精粹 B

Thus each individual substance or complete being is like a world apart, independent of every other thing besides God. There is no stronger argument for demonstrating not only the indestructibility of our soul, but also that it always retains in its nature the traces of all its preceding states with a potential memory which can always be roused, because the soul has consciousness, or knows in itself what everyone calls I. This renders it susceptible of moral qualities, and of punishment and reward, even after this life. But this independence does not prevent the commerce of substances with one another; for as all

created substances are a continual production of the same sovereign be-
ing in accordance with the same plans, and as they express the same
universe or the same phenomena, they perfectly agree with each other,
and that makes us say that one acts upon the other, because one ex-
presses more distinctly than the other the cause or reason for the chan-
ges, in much the same way that we attribute motion to the ship rather
than to the whole sea, and rightly so, although speaking abstractly we
could maintain another hypothesis of motion, since motion in itself,
leaving aside the cause, is always something relative. In my opinion
this is how we must understand the commerce of created substances
with one another, and not as a real physical influence or dependence,
which we could never conceive distinctly. [①]

译文参考 B

因而每个单个实体或整体存在都是世界的一部分，除上帝外，
彼此互相独立。没有比这更能证实我们灵魂不灭性的了，而且灵
魂在本质上能够保存并不时唤起其先前状态的潜在记忆，因为灵
魂具有意识或洞悉人们所说的“我”。这就使它易受道德品质、
惩罚与回报的影响，即使物质实体消失之后亦然（因为没有记忆
的永生对它而言毫无意义）。但是这种独立性并不能阻止实体间
的交通，因为所有实体都是同一至高无上的存在依据同一规划而
创造的连续体。实体表达的是同一宇宙或同一现象，他们彼此完
全一致。因此我们可以说，此实体作用于彼实体，因为前者可更

① Leibniz, Gottfried Wilhelm, *The ShorterLebeniz Texts*, Lloyd Strickland ed., Continuum: New York, 2006, p.47.

清晰地表达发生变化的原因，正如我们把运动归因于船只而非整个大海一样。尽管从理论上，我们可坚持另一种运动假说，因为运动本身，抛却其他原因，经常是相对的。我认为，我们须理解被创造的实体间的交通并非是真正意义上的实体影响或依赖。而对此，我们却永远不明就里。

语篇精粹 C

This hypothesis is entirely possible. For why should God be unable to give to substance in the beginning a nature or internal force which enables it to produce in regular order—as in an automaton that is spiritual or formal but free in the case of that substance which has a share of reason—everything which is to happen to it, that is, all the appearances or expressions which it is to have, and this without the help of any created being? Especially since the nature of substance necessarily demands and essentially involves progress or change and would have no force of action without it. And since it is the nature of the soul to represent the universe in a very exact way, though with relative degrees of distinctness, the sequence of representations which the soul produces will correspond naturally to the sequence of changes in the universe itself. So the body, in turn, has also been adapted to the soul to fit those situations in which the soul is thought of as acting externally. This is all the more reasonable in as much as bodies are made solely for the spirits themselves, who are capable of entering into a society with God and of extolling his glory. Thus as soon as one sees the possibility of this hypothesis of agreement, one sees also that it is the most reasonable one and that it gives a wonderful idea of the harmony of the universe and of the perfection of the works of God. [1]

译文参考 C

这种假说是完全有可能的，因为为什么上帝未在创世之初就赋予实体一种本质或内驱力，使其能依次产生——就像在一个精神的或形式的，但又是自由的自动机器处在理性的实体中的状态一样——其后来所遭遇的一切，后来其所有的表现、所有的表达，而无须借助于任何其创造者的帮助呢？尤其是，既然实体的本质必然要求，实质上也会包含进展或变化，否则实体将毫无活动之力，既然灵魂的本质是以一种非常精确的方式来表征宇宙，尽管明晰程度会有所差异，那么灵魂自身所产生的序列将会与宇宙自身所产生的序列一一对应。反过来，身体也被灵魂改造，当灵魂被认为是进行外部活动时，身体便会迎合那些状态。身体仅为它们自身的灵魂而存在是更为合理的，因为灵魂能够和上帝交往，赞美他的荣耀。因此，一旦我们看清了这种和谐的可能性，我们也同时看到这是最合理的和谐，它使得宇宙间的和谐和上帝的作品的完美性之间生出了奇异的理念。

（三）微知觉（Petites perception）

1. 术语解读

莱布尼茨的"微知觉"（petites perception 或 tiny perception），

---

① Leibniz, Gottfried Wilhelm, *Philosophical Essays*, edited and translated by Roger Ariew and Daniel Garber, Indianapolis: Hackett Publishing Company Indianapolis & Cambridge, 1989, p.458.

即觉察不到的知觉，是使单子获得永恒性和连续性的实体的一切精神状态。虽然莱布尼茨没有对这一理论进行过整体的系统论证，但在其《单子论》《人类理智新论》中均曾有所提及。这一理论克服了笛卡尔派心灵实体学说的弊端，将世界统一于以微知觉为基本规定的能动的个体单子。正是因为微知觉的活动，单子才有了本体的意义。

在《单子论》中，莱布尼茨将知觉分为两类：有意识和反省的统觉与无察觉和反省的微知觉。后者（即无意识）以混乱的方式表征整个宇宙，从而使得单子"成为宇宙的一面永恒的活镜子"。"微知觉"遍及人、动物、植物和无机界，且并非一成不变的，它在欲求的推动下不断向新的、更清晰的观念靠近。莱布尼茨的微知觉是一种天赋的、永恒的欲求，是一种质的规定。这一哲学思想为后来的哲学、精神分析学、伦理学研究奠定了基础，因而在莱布尼茨整个哲学体系中占据重要地位。

2. 语篇精粹

语篇精粹 A

These tiny perceptions are therefore more effectual than one thinks. They make up this I-know-not-what, those flavors, those images of the sensory qualities, clear in the aggregate but confused in their parts; they make up those impressions the surrounding bodies make on us, which involve the infinite, and this connection that each being has with the rest of the universe. It can even be said that as a result of these tiny perceptions, the present is filled with the future and laden with the past, that everything conspires together, and that eyes as piercing as those of God could read the whole sequence of the universe in the smallest of substances. [①]

译文参考 A

这些微知觉的效力远大于人们的认知。它们组成了那些我不知晓为何之物，那些味道、那些合为一体便清晰，分割为部分则令人困惑的感知特性的影像。我们周围之物给予我们的印象包罗万象，其中包含了每个实体与宇宙中其他事物的联系。甚至可以说正是因这些微知觉才使得每个实体存在既能承接过去又能孕育未来，万物和谐共生。只要有上帝那洞察一切的目光，我们就可以从最微末的实体中解读出整个宇宙间事物的序列。

语篇精粹 B

These insensible perceptions also indicate the same individual, who is characterized at any given time T by the traces of his earlier states that are preserved in his perceptions at T, thereby connecting his past states with his present state. Indeed, the insensible perceptions don't merely indicate or mark that this is the same individual as the one who…etc. , they constitute his individuality— they take him one and the same individual all through. Even when the individual has no sense of the previous states, no longer has any conscious memory of them, they could be known by a superior mind because traces of them do now really exist. (And those trace-preserving

---

① Leibniz, Gottfried Wilhelm, *Philosophical Essays*, edited and translated by Roger Ariew and Daniel Garber, Indianapolis: Hackett Publishing Company Indianapolis & Cambridge, 1989, p. 296.

perceptions also provide a means whereby it might become possible to gradually improve ourselves to the point where we can recover our memories at need.) That's why death can only be a sleep, and not a lasting one at that: the perceptions merely cease to be distinct enough; in non-human animals, they are reduced to a state of confusion which puts a stop to awareness, but only temporarily. Man must in this regard have special prerogatives for safeguarding his person hood, but I shan't go into that here. [1]

译文参考 B

这些感觉不到的知觉也表明，任何一个人在给定时间 T 均由追溯其在时间 T 保存于其知觉内的过去的痕迹而得到描述，因此将他的状态与现状相联系。事实上，这些感觉不到的知觉不仅仅表明人的同一性，它们造就了其个性特征——它们使得他始终是他自己。即令他自己对先前的状态并没有感知，即没有任何明确的记忆，它们也能被更高级的心灵知晓，因为痕迹是确乎存在的。（当有朝一日我们提升了自我，需要回复我们的记忆的时候，那些被保存了痕迹的感知便有了用武之地。）因而死亡亦不过是一种沉睡，而非永久的沉默：只不过是这些知觉不再明显而已。在动物中，知觉蜕化成混乱状态，察觉停滞。但这种状态不过是暂时的。从这一角度而言，人须具有特权来保持其人格，此处不再赘述。

---

[1] Leibniz, Gottfried Wilhelm, *Philosophical Essays*, edited and translated by Roger Ariew and Daniel Garber, Indianapolis: Hackett Publishing Company Indianapolis & Cambridge, 1989, p. 296.

语篇精粹 C

1. For we experience within ourselves a state in which we remember nothing and have no distinct perception; this is similar to when we faint or when we are overwhelmed by a deep, dreamless sleep. In this state the soul does not differ sensibly from a simple monad; but since this state does not last, and since the soul emerges from it, our soul is something more.

2. And it does not at all follow that in such a state the simple substance is without any perception. This is not possible for the previous reasons; for it cannot perish, and it also cannot subsist without some properties (affections), which is nothing other than its perception. But when there is a great multitude of small perceptions in which nothing is distinct, we are stupefied. This is similar to when we continually spin in the same direction several times in succession, from which arises a dizziness that can make us faint and does not allow us to distinguish anything. Death can impart this state to animals for a time. ①

译文参考 C

1. 我们自身都曾经历过记不起任何东西或没有任何清晰知觉的状态，比如当我们陷入昏厥或无梦的酣睡中时，便是如此。在此种状态中，灵魂与一个简单的单子并无明显差异。但此状态并不会持续很久，灵魂便会脱离单子清醒过来。灵魂是某种更高级

---

① Leibniz, Gottfried Wilhelm, *Philosophical Essays*, edited and translated by Roger Ariew and Daniel Garber, Indianapolis: Hackett Publishing Company Indianapolis & Cambridge, 1989, p. 216.

之物。

2. 然而绝不能说一个简单实体总是处在无知觉状态的。这点此前已经论证。因单子不可毁灭，或与其他单子毫无二致的存在。其特征便是其知觉。但当众多微末的、毫无明显差异的单子聚在一起时，我们就会震惊；当一个人朝着一个方向不断旋转时，他就会眩晕，陷入昏迷，分不清东南西北。死神也一度会把这种状态植入生命体中。

（四）上帝之国（City of God）

1. 术语解读

奥古斯丁在其《上帝之国》中比较了上帝之国和地上之国，为基督教的统治地位提供理论论证和辩护。莱布尼茨袭用了"上帝之国"一词，用它来指宇宙中所有精神并存的完美之所，是真正的宇宙之国，所有的精神都进入一个完美的共同体中，上帝是其中全知、全能和至善的君主。在上帝之国中，所有的善必将得以回报，所有的恶终将被惩罚。整个世界是前定和谐、协调一致的。

关于现存世界之外是否存在有生命的世界的争议在西方古已有之，但自基督教社会以来到中世纪时期，宗教社会普遍认为，人类社会具有独一无二性。莱布尼茨则认同多元化的世界的可能性。在其著作《形而上学谈话》中，他提出"可能世界"这一概念。他认为，在无穷多的可能世界中，上帝选择其中最完美的可能世界，并使其实现，这就是"上帝之国"。

2. 语篇精粹

语篇精粹 A

1. From this it is easy to conclude that the collection of all minds must make up the city of God, that is, the most perfect possible state under the most perfect of monarchs.

2. This city of God, this truly universal monarchy, is a moral world within the natural world, and the highest and most divine of God's works. The glory of God truly consists in this city, for he would have none if his greatness and goodness were not known and admired by minds. It is also in relation to this divine city that God has goodness, properly speaking, whereas his wisdom and power are evident everywhere.

3. Since earlier we established a perfect harmony between two natural kingdoms, the one of efficient causes, the other of final causes, we ought to note here yet another harmony between the physical kingdom of nature and the moral kingdom of grace, that is, between God considered as the architect of the mechanism of the universe, and God considered as the monarch of the divine city of minds. [①]

译文参考 A

1. 由此不难推断，所有精神的集合体组成上帝之国，即在最完美的君主统治之下的可能存在的最完美的王国。

---

① Leibniz, Gottfried Wilhelm, *Philosophical Essays*, edited and translated by Roger Ariew and Daniel Garber, Indianapolis: Hackett Publishing Company Indianapolis & Cambridge, 1989, p. 224.

2. 上帝之国乃是真正的宇宙之国，是自然界中的道德世界，是上帝最高贵、最神圣的杰作。上帝之荣光在其中得以真实地展示，若不是精神知晓并惊异于上帝的伟大和美德，上帝之荣光便无从谈起。上帝将其恩德全部赐予这个上帝之城，其智慧与权力也随处可见。

3. 我们之前在作用因和目的因两个领域之间打造了完美的和谐，也是时候去构建已显现于物理世界和道德恩赐之间的另一种和谐了，即作为世界机制的建筑师的上帝和上帝作为神圣的精神之国的君主之间的和谐。

语篇精粹 B

Finally, under this perfect government, there will be no good action that is unrewarded, no bad action that goes unpunished, and everything must result in the well－being of the good, that is, of those who are not dissatisfied in this great state, those who trust in providence, after having done their duty, and who love and imitate the author of all good, as they should, finding pleasure in the consideration of his perfections according to the nature of genuinely pure love, which takes pleasure in the happiness of the beloved. This is what causes wise and virtuous persons to work for all that appears to be in conformity with the presumptive or antecedent divine will, and nevertheless, to content themselves with what God brings about by his secret, consequent, or decisive will, since they recognize that if we could understand the order of the universe well enough, we would find that it surpasses all the wishes of the wisest, and that it is impossible to make it better than it is. This is true not only for the whole in general, but also ourselves if we are attached, as we should be, to the author of the whole, not only as the architect and efficient cause of our being, but also as to our master and final cause; he ought to be the whole aim of our will, and he alone can make us happy.[①]

译文参考 B

最终，在这个完美政府的治理下，善行将被奖赏，恶行将被惩处，一切行为都须是为了善者而生，即为了那些不会对这个伟大的国度恨恨不平、心怀不满的人。这些人在完成了自己的义务之后，便听凭天意。他们深爱并适时地效仿着所有美德的拥有者，那真正的、纯粹的爱的本性使他们深为被爱者的幸福而喜悦。也正因为此，那些智者和有德者会竭尽全力做任何看似与他们推测的或者先前曾有过的上帝的意指相符的事情，尽管他们已满足于凭借上帝赐予他的秘密的、后继性的、决定性的意志而实现的东西。他们承认只要充分理解宇宙之秩序，必将发现此秩序超越了最有智慧者的一切欲求，除此无他——不仅就整体而言，更是就我们自身而言——只要我们真心爱着这个所有美德的拥有者，不仅把它视为是我们存在的建筑师和动力因，而且将其视为我们的主和目的因，是我们的终极意志，并最终使我们幸福。

语篇精粹 C

For we must hold as certain that God does not want the death of

① Leibniz, Gottfried Wilhelm, *Philosophical Essays*, edited and translated by Roger Ariew and Daniel Garber, Indianapolis: Hackett Publishing Company Indianapolis & Cambridge, 1989, pp. 224 - 225.

the sinner, and desires that all men be saved, not in fact with an absolute and irresistible will, but with a will ordered and circumscribed by certain laws; and hence we must hold that he assists each person as far as the rules of his wisdom and justice permit. And in fact the things we have said till now are almost all evident from the light of reason itself; but it is only from God's revelation that we have been able to learn about the secret plan of the divine counsel with regard to the restitution of men. We must therefore bear in mind that God is not only the First Substance, the Author and Preserver of all other things, but also that he is the most perfect mind, and on that account he is imbued with a moral quality, and enters into a sort of society with other minds. In this society God presides as a supreme monarch over all of his subjects, who are collected into the most perfect commonwealth that we may call the city of God. [①]

译文参考 C

我们须坚信上帝并非希望罪人就死，他期望所有子民都能得救——不是因其独立的、不可抵制的意志，而是因其意志被某些法则规范、限定。如此，我们认定他是在其智慧与正义的规则允许范围之内帮助了他人。事实上，迄今为止，我们所言之事几乎皆是对理性自身的证明；然而上帝的启示让我们发现所有的一切原本是上帝的秘密计划，旨在对人类进行补偿。因此，我们须时刻牢记上帝不仅是第一实体，万物的创造者和守护者，亦是最完

---

① Leibniz, Gottfried Wilhelm, *The Shorter Lebeniz Texts*, Lloyd strickland ed., Continuum: New York, 2006, p. 204.

美的精神，富于道德品质，与其他精神一起进入一个社会。在此社会中，上帝为所有其他实体之上的最高的君主，与这些实体集合在一起构成了我们称之为"上帝之国"的最完美的共同体。

（五）普遍语言（Universal Characteristic）

1. 术语解读

"普遍语言"也被称为"普遍符号语言"，或"通用语言"，是现代符号逻辑的先导。莱布尼茨在 1669 年他的学位论文《科学的综合》中首次提到他对于把传统的逻辑推理变为数学运算的构想，即创造一种通用数学，使得推理也能如同在算数一样，只需要遵循演绎的过程。逻辑推理的"通用数学"须依赖独特的语言系统才可实现，这一语言便是"通用语言"。它是人类思维通用的语言表达系统，一部分符号用来表达概念，而另一部分则用来表达推理。莱布尼茨希望能够创造出一套与人类思想一一对应的字母表，所有的事物都可以通过字母的排列组合的形式而区分开来，推论的实质是符号的连接和代换。

作为一种人工语言，莱布尼茨设想的"普遍语言"能够避免自然语言的模糊性，并能够更为精确有效地表达理性思维，但是这仅仅是一种构想，局限于形式，莱布尼茨本人也只是研究了主谓式命题结构，未能深入到内容和理性逻辑方面。

2. 语篇精粹

语篇精粹 A

The rule for discovering fitting characteristic numbers is this one only: when the concept of a given, term is composed directly out of the concepts of two or more other terms, then the characteristic number of the given term is to be produced by multiplying the characteristic numbers of the terms composing it. For example, since man is a rational animal, if the number of animal is a, for instance, 2 and the number of rational is r, for instance 3, the number of man, or h, will be 2 x 3 or 6...To make clear the use of characteristic numbers in propositions, the following must be kept in mind. Every true categorical proposition, affirmative and universal, signifies nothing but a certain connection between the predicate and the subject—in the direct case, that is, of which I am always speaking here. This connection is such that the predicate is said to be in the subject, or to be contained in it, and this either absolutely and viewed in itself, or in some particular case. Or in the same way, the subject is said to contain the predicate; that is, the concept of the subject, either in itself or with some addition, involves the concept of the predicate. And therefore, the subject and predicate are mutually related to each other either as whole and part, or as whole and coinciding whole, or as part to whole. ①

译文参考 A

发现恰当符号的数字的唯一规则是：若一给定的词项的概念直接由两个或者多个词项组合而成，则该给定词项的符号的数字

---

① Gottfried Wilhelm Leibniz, *Philolosophical Paper and Letters*, L. E. Loemker ed. , Springer, 1975, pp. 235-236.

将是其组成部分的概念的乘积。例如：人是一种理性动物，若动物的符号为 a，其对应数字为 2，理性的符号为 r，所对应的数字为 3，则人的符号 h 所对应的数字将为 2×3＝6……若要更为清楚地了解命题符号的数字使用，须谨记下列内容：每个肯定性命题不过是意味着其主谓语间的关系而已——以一种我在此常说的直接方式。此关系中谓语被认定处于主语之中，或者说主语涵盖谓语，这一点显而易见，无须论证，也毫无例外。同样，主语被认定是包含谓语的，即主语的概念或存在于其自身，或存在于包含于其内的谓语的概念之中。因而主谓语间或为整体与部分的关系，或为整体与另一恰如其是的整体间的关系，抑或者部分与整体间的关系。

语篇精粹 B

And so now, nothing more is needed to construct the characteristic I am working on to the point where it is sufficient both to provide a grammar of such a wonderful language and a dictionary for most of the more frequent items, that is, to the point of having characteristic numbers for all ideas; I say, nothing more is needed than for the philosophical and mathematical curriculum, as it is called, to be set up in accordance with a certain new method that I could set out. So conceived, the curriculum would contain nothing in itself either more difficult than other curricula or very far from what is ordinarily used and understood, or very foreign to common habits of writing. Nor does it require much more work than we see already expended on several curricula or encyclopedias, as they are called. I think that a few chosen persons could complete the task in five years; in two years, they could set forth those doctrines most often used in daily life, that is, morals and metaphysics in an unshakable calculus. [1]

译文参考 B

目前我正急需构建这种语言，既能充分为其提供语法，又能将其大多数频发词项编纂称成词典，也即构建所有的观念符号的数字。我认为，目前须依据我所设定的新方式为哲学和数学打造所谓的全部课程体系。其设想是，该课程不应比其他任何课程更为困难，或远非我们通常所使用并理解的，或完全陌生于常规书写方式的课程。其工作量也无须多于我们耗费在一些课程或被称为的百科全书上的工作。我想只需选定若干人手，五年内他们完成这项任务，两年内他们着手于日常生活常用的那些信条，即以无懈可击的计算推演出的道德的和形而上学的信条。

语篇精粹 C

But we must go beyond words. Since, due to the wonderful interconnection of things, it is extremely difficult to produce the characteristic numbers of just a few things, considered apart from the others, I have contrived a device, quite elegant, if I am not mistaken, by which I can show that it is possible to corroborate reasoning through numbers. And so, I imagine that those so very wonderful characteristic numbers are already given, and, having observed a certain general property that characteristic numbers have, I meanwhile assume that

---

[1] Leibniz, Gottfried Wilhelm, *Philosophical Essays*, edited and translated by Roger Ariew and Daniel Garber, Indianapolis: Hackett Publishing Company Indianapolis & Cambridge, 1989, p. 8.

these numbers I imagine, whatever they might be, have that property. By using these numbers, I can immediately demonstrate through numbers, and in an amazing way, all of the logical rules and show how one can know whether certain arguments are in proper form. When we have the true characteristic numbers of things, then at last, without any mental effort or danger of error, we will be able to judge whether arguments are indeed materially sound and draw the right conclusions. [1]

译文参考 C

但是我们要超越单词本身。由于事物间的内部关系不可捉摸，试图创造出与众不同的有限事物符号的数字极为困难，因而我发明了一种精炼的方法，若我没有弄错的话，一种使得用数字来证明推理的真实性成为可能的方法。我设想那些完美符号的数字已经按其特性的规则存在，我假定我所设想的这些数字，不管是什么样的数字，也应具有那些特性。通过使用这些数字，我能即刻以一种令人惊异的方式，演绎出所有的逻辑规则，并展示一个人如何判定某些特定的数字是否形式正确。当我们拥有了真正的事物的符号数字之时，至少，无须任何智力活动，也无须害怕出错，我们就能够判断论证是否是基本合理并作出正确的结论。

① Leibniz, Gottfried Wilhelm, *Philosophical Essays*, edited and translated by Roger Ariew and Daniel Garber, Indianapolis: Hackett Publishing Company Indianapolis & Cambridge, 1989, pp. 9–10.

（六）矛盾原则（Principle of Contradiction）与充足理由原则（Principle of Sufficient Reason）

1. 术语解读

莱布尼茨的矛盾原则和充足理由原则密不可分。矛盾律是对亚里士多德的矛盾律的继承和发展。莱布尼茨认为，一切思想都应遵循两个主要原则——矛盾原则和充足理由原则。前者是更为基本，因为它是由真推假的逻辑依据，是一切必然的和永恒的真理的最高原则。该原则首先出现在 1675 年莱布尼茨与西蒙·富歇（Simon Foucher）来往的信件中，之后莱布尼茨又多次在其《单子论》《神正论》等作品中提到。

莱布尼茨的矛盾原则认为，一个包含矛盾的东西必然是假的，而与矛盾事物相反的必然为真；对此认可，必然意味着其对立的彼之否定，这样才有对真理的陈述。在莱布尼茨的哲学中，矛盾性与同一性是一体的，即二者都是是其所是。这一理论主要涉及的是命题自身的存在与属性。但是莱布尼茨同时发现，因事物具有普遍联系性，一些命题既没有明确的同一性又不是分析命题，他们自身没有矛盾，但其反面也没有矛盾，因而若需要判定这些命题为真则需要一个充足理由，尽管这个理由通常是我们所不知道的。由此，莱布尼茨认为有两类真理存在：事实真理和绝对真理。前者是"上帝依其自身的判断力，为自然所设定的法则，或者他们从属于这些法则"①；其是否为真的判定需要充足理由。事实真理与绝对真理相对。绝对真理是绝对必然的，其对立方必然包含着一种矛盾，逻辑、形而上学或者几何学等都属此类。在莱布尼茨看来，充足理由原则亦包含矛盾原则。必然真理自身的一致性就是其充足理由。上帝则是包含着一切关系的实体的充足理由或终极理由。反过来，矛盾原则又是充足理由原则得以应用的前提和逻辑基础，用以保证充足理由在逻辑上的和谐。

2. 语篇精粹

语篇精粹 A

1. Ourreasonings are based on two great principles, that of contradiction, in virtue of which we judge that which involves a contradiction to be false, and that which is opposed or contradictory to the false to be true...

2. There are also two kinds of truths, those of reasoning and those of fact. The truths of reasoning are necessary and their opposite is impossible; the truths of fact are contingent, and their opposite is possible. When a truth is necessary, its reason can be found by analysis, resolving it into simpler ideas and simpler truths until we reach the primitives...

3. And there are, finally, simple ideas, whose definition cannot be given. There are also axioms and postulates, in brief, primitive

---

① Leibniz, Gottfried Wilhelm, *Philosophical Essays*, edited and translated by Roger Ariew and Daniel Garber, Indianapolis: Hackett Publishing Company Indianapolis & Cambridge, 1989, p. 2.

principles, which cannot be proved and which need no proof. And these are identical propositions, whose opposite contains an explicit contradiction. [①]

译文参考 A

1. 我们的推理是基于两大原则的，即矛盾原则，据此，我们判定一个包含矛盾的东西为假，而与之相对立或矛盾的东西则为真……

2. 真理也有两种，即理性真理和事实真理。理性真理是必要的，其反面不可能成立；事实真理则具有偶发性，其反面可能成立。当一个真理为必要真理时，可通过将其解析成更为简单的观点和真理，直至达到其原初真理的方式找到其成立的理由……

3. 最后，尚有一些无法定义的简单理念。另外，还有一些原理和假设，简而言之，一些无法证明也无须证明的基本原则。这是一些同一性命题，其反面明显矛盾。

语篇精粹 B

The primary truths are those which assert the same thing of itself or deny the opposite of its opposite. For example, "A is A," "A is not not-A," or "if it is true that A is B, then it is false that A is not B or that A is not-B." Also "everything is as it is," "every thing is similar or equal to itself," nothing is greater or less than itself, "and others of this sort. Although they themselves may have their degrees of priority, nonetheless they can all be included under the name 'identi-

---

① Leibniz, Gottfried Wilhelm, *Philosophical Essays*, edited and translated by Roger Ariew and Daniel Garber, Indianapolis: Hackett Publishing Company Indianapolis & Cambridge, 1989, p. 217.

ties.' Moreover, all remaining truths are reduced to primary truths with the help of definitions, that is, through the resolution of notions; in this consists a priori proof, proof independent of experience. As an example, I shall give this proposition from among the axioms accepted equally by mathematicians and all others alike: "the whole is greater than its part," or "the part is less than the whole," something easily demonstrated from the definition of "less" or "greater," with the addition of the primitive axiom, that is, the axiom of identity. For the less is that which is equal to a part of the other (the greater), a definition easy to understand and in agreement with the practice of the human race, when people compare things with one another and, taking away from the greater something equal to the lesser, they find something that remains. Hence there is an argument of this sort: the part is equal to a part of the whole (it is, of course, equal to itself through the axiom of identity, that each and every thing is equal to itself), and what is equal to a part of a whole is less than the whole (from the definition of "less"). Therefore, the part is less than the whole. [①]

译文参考 B

基本真理或是宣称是其所是，或否认其反面。例如，"若 A 是 A"，则 "A 便不是非 A"，或者 "若 A 是 B 为真"，则 "A 不是 B" 或 "A 是非 B 即为假"。同理，"万物皆是其所是" 或 "万

---

① Leibniz, Gottfried Wilhelm, *Philosophical Essays*, edited and translated by Roger Ariew and Daniel Garber, Indianapolis: Hackett Publishing Company Indianapolis & Cambridge, 1989, pp. 30-31.

物皆与其自身相同或等同"，"真理不大于也不小于它自身"，其他类似的真理也是如此。尽管它们在优先程度上有所不同，但都归属于"同一性"名下。此外，其余真理经由定义的限定，即概念的解析，都可归于基本真理；此间便会涉及一个无须任何独立经验的先验证明，例如，我将从既为数学家们所接受也为其他所有类似的人所接受的原理中拿出一个命题："整体大于部分"，或"部分小于整体"等一些从"小于"和"大于"两词的定义，加之基本原则即同一性原理就很容易得以证实。因为"小于"等同于他者（大于）的一部分，该定义容易理解并符合人类实践，人们比较不同事物时会从大的事物中取出相当于小的事物的部分，他们发现尚有剩余。由此，便有了如下论点：部分等同于整体的一部分（当然，每一件事物即是其自身，因同一性原理认定万物皆是其所是）。（据"小于"的定义）因而，部分逊色于整体。

语篇精粹 C

Thus we already save arithmetic, geometry, and a large number of propositions of metaphysics, physics, and morality, propositions whose proper expression depends on arbitrarily chosen definitions, and whose truth depends on axioms which I commonly call identities, such as, for example, that two contradictories cannot both be, that a thing is what it is at a given time—that it is, for example, as large as it is, or equal to itself, that it is similar to itself, etc. But although you quite deliberately do not enter into an examination of hypothetical propositions, I am, nevertheless, of the opinion that this should be done and that we should not admit any that have not been demonstrated completely and resolved into identities. The principal subject of your inquiry concerns the truths that deal with what is really outside of us. Now, in the first place, we cannot deny that the very truth of hypothetical propositions is something outside of us, something that does not depend on us. For all hypothetical propositions assert what would be or what would not be if something or its contrary were posited; and consequently, they assert that the simultaneous assumption of two things in agreement with one another is possible or impossible, necessary or indifferent, or they assert that one single thing is possible or impossible, necessary or indifferent. This possibility, impossibility, or necessity (for the necessity of something is the impossibility of its contrary) is not a chimera we create, since we do nothing more than recognize it, in spite of ourselves and in a consistent manner. ①

译文参考 C

我们认定算数、几何、形而上学、物理学、道德等领域的命题的合适表达依赖于任意选择的定义，其真理依赖于我称之为同一性的原理。例如，两个矛盾体不能同时为真，一个事物在给定时刻才是其所是，即或与其自身大小一致，或等同于自身，或与其自身相似。您有意不去谈及假定命题，但我以为假定命题亟待研究。我们无须认可那些尚未完全证实或解析的同一性。您质询的主要话题涉及的是真正处于我们自身之外的真理。首先，我们不能否认假定命题的真实性是处在我们自身以外的，是不依赖于

① Leibniz, Gottfried Wilhelm, *Philosophical Essays*, edited and translated by Roger Ariew and Daniel Garber, Indianapolis: Hackett Publishing Company Indianapolis & Cambridge, 1989, pp. 2-3.

我们的存在而存在的。所有的假定命题都宣称当一个事物或其反面被设定之后将会如何或将不会如何，接着它们宣称两个彼此认同的事物的同时，假定是否可能或不可能，是否必然或毫不相关；或者它们会宣称说某单个物体是否可能或不可能，是否必然或毫不相关。这种可能性、不可能性或必然性（因事物的必然性是其反面的不可能性）并非是我们的妄想，这种可能性并非我们创造的一个臆想，因为我们只不过是在认知它，我们自身从始至终并未参与。

语篇精粹 D

The great foundation of mathematics is the principle of contradiction or identity, that is, that a proposition cannot be true and false at the same time, and that therefore A is A and cannot be not-A. This single principle is sufficient to demonstrate every part of arithmetic and geometry, that is, all mathematical principles. But in order to proceed from mathematics to natural philosophy, another principle is required, as I have observed in my *Theodicy*; I mean the principle of sufficient reason, namely, that nothing happens without a reason why it should be so rather than otherwise. And therefore *Archimedes*, being desirous to proceed from mathematics to natural philosophy, in his book Deaeguilibro, was obliged to make use of a particular case of the great principle of sufficient reason. He takes it for granted that if there is a balance in which everything is alike on both sides, and if equal weights are hung on the two ends of that balance, the whole will be at rest. That is because no reason can be given why one side should weigh down rather than the other. Now by that single principle, namely, that there ought to be a sufficient reason why things should be so and not otherwise, one may demonstrate the being of God and all the other parts of metaphysics or natural theology and even, in some measure, reason, I say, is not sufficient. [1]

译文参考 D

数学的伟大基础为矛盾原则或同一性原则，即一个命题不能同时既是对的又是错的，因而"A 就是 A"，不可能是"非 A"。此一条原则已足可证明全部算数和几何，即全部数学之原理了。但若要从数学推广至物理学，还需另一原则，即我在《神正论》中提到的充足理由原则。该原则认为若不是有必须如此不能那般的原因，则什么事情都不会发生。因此，急于完成此工作的阿基米德在其《论平衡》一书中，不得不借用了那个伟大的充分理由原则的一个特例：他认为人们会普遍承认，假设有一个天平，两边一模一样，在其两端分别挂上相同重量的重物，整个天平将保持不动。这是因为没有使得天平一边上升一边下降的理由。现在只据此原则，即若非充足理由，使得事情必须如此不能那般，则一切照常的原则便可证实神性，证实形而上学或其他自然哲学的余下部分，甚至证实理由并非充足的情况下的推理。

语篇精粹 E

And that of sufficient reason, by virtue of which we consider that we can find no true or existent fact, no true assertion, without there

---

① Gottfried Wilhelm Leibniz, *Philolosophical Paper and Letters*, L. E. Loemker ed., Springer, 1975, p. 323.

being a sufficient reason why it is thus and not otherwise, although most of the time these reasons cannot be known to us…

But there must also be a sufficient reason in contingent truths, or truths of fact, that is, in the series of things distributed throughout the universe of creatures, where the resolution into particular reasons could proceed into unlimited detail because of the immense variety of things in nature and because of the division of bodies to infinity. There is an infinity of past and present shapes and motions that enter into the efficient cause of my present writing, and there is an infinity of small inclinations and dispositions of my soul, present and past, that enter into its final cause. ①

译文参考 E

除矛盾原则之外还有充足理由原则，据此原则，若无必须如此不能那般的充足理由，便无任何真正的事物存在，也无任何真实的论断……

充足理由亦必须存在于偶然真理和事实真理之中，即存在于世间所有被创造物的联系之中。因自然界中万物千差万别，且可被分裂至无穷多个，充足理由亦也被分解为无穷多个特殊的单个理由。无数过去和当下的图形和动作成为我书写目前这篇作品的原因。我灵魂中无数过去和当下的细微的倾向和性情成为我心灵的终极理由。

---

① Leibniz, Gottfried Wilhelm, *Philosophical Essays*, edited and translated by Roger Ariew and Daniel Garber, Indianapolis: Hackett Publishing Company Indianapolis & Cambridge, 1989, p. 217.

第四章　康德：三大批判的思想家

Two things fill the mind with ever new and in-
creasing admiration and awe, the oftener and the
more steadily we reflect on them: the starry
heavens above and the moral law within. ①

——Immanuel Kant

有两样东西，人们越是经常持久地对之凝
神思索，它们就越是使内心充满常新而日增惊
奇和敬畏：我头上的星空和我心中的道德律。

——伊曼努尔·康德

伊曼努尔·康德

---

① Wikipedia, Immanuel Kant, http://en.wikiquote.org/wiki/Immanuel_ Kant. 2017. 11.

一、人生历程

伊曼努尔·康德（Immanuel Kant）是德国古典哲学的创始人，同时也是启蒙运动最后一位主要哲学家，被誉为"人类哲学界的哥白尼"。

（一）虔信派宗教精神的熏陶

康德 1724 年出生于东普鲁士首府格尼斯堡（德语：Königsberg，今称"加里宁格勒"），在 11 个兄弟姐妹（最终只有 5 个成人）中排行老四，家里生活拮据。父亲是一个马鞍匠，父母是信仰新教的虔信派（Pietismus）教徒，因此从小受虔信派影响颇深。在母亲的坚持下，康德进入虔信派中学——腓特烈（Fredrik）中学读书。在接受教育的过程中，康德发现自己家里和学校的两种虔信派环境是充满矛盾的：家里父母的虔信给他带来了温暖、安全；而学校里的虔信派教育却严格要求反省、监督、自制等，这让年幼的康德感到恐惧、害怕。这样的教育经历在康德身上留下了一种充满张力的情节，当康德回忆起这段中学教育时说："我一想起幼时那种奴隶待遇就会周身发抖，不寒而栗。"他反感中学的教育所倡导的那种外在要求的自我反省的虚伪、在他人监督中培养的奴性、自以为完美的自制带来的傲慢，从而导致了他在上大学之后离教会越来越远，不仅不参加教会活动，骨子里已经不相信上帝，甚至在临死前拒绝接受牧师的安慰和祝福。

（二）简洁严谨的生活方式

康德一生深居简出，终身未娶，除了在周边乡下当家庭教师和一次短途旅行外从未离开过格尼斯堡，直到 1804 年去世。因此，诗人海因里希·海涅（Heinrich Heine）说："他既无生活，也无经历。"康德的生活十分有规律，他每天早上五点钟准时起床，喝一杯茶，抽一袋烟，每天邀请各界朋友一起谈论政治和哲学。康德生活中进行每一项活动的时间就像机器那么准确，几乎从未变化过。每天下午三点半，工作了一天的康德会准时出门散步，邻居们纷纷以此来校对时间，而教堂的钟声也同时响起。一生中唯一的一次例外是，他为了一口气看完法国浪漫主义作家让·雅克·卢梭（Jean-Jacques Rousseau）的《爱弥儿：论教育》（Émile, ou De l'éducation），放弃了每天例行的散步。这使得他的邻居们竟一时搞不清是否该以教堂的钟声来对自己的表。作为卢梭的崇拜者，康德在卧室里挂有卢梭的画像，这也是他卧室唯一的装饰，卢梭对康德一生的思想发展影响深刻。

康德去世后，他经常散步的小路被市政府命名为"哲学家之路"。在康德的墓前，鲜花终年不断，因为格尼斯堡的年轻人有一个约定俗成的习惯，结婚时都要带上一束花放在康德墓前。人们经常能看到，扎着鲜花的彩车载着新娘和新郎在去婚礼的路上绕道来看望康德。

（三）曲折坚定的哲学之路

1740 年，16 岁的康德进入格尼斯堡大学哲学系学习。1745 年大学毕业后，由于大学没有位置，他只好到格尼斯堡附近小城镇担任贵族家庭的家庭教师。1755 年，他终于在格尼斯堡大学取得了一个编外讲师的职位，同时兼任格尼斯堡王家图书馆管理员以补贴家用。康德的著述和讲课使他受人尊敬，名声远扬，很多人慕名而来成为他的学生，其中最著名的就是歌德（Goethe）和席勒（Schiller）。

康德一生不图名利，甘于清贫，但学识渊博，不出门便知天下事。他精通当时的自然科学，曾经用物理的原因解释天文、地理、气象等现象，据说还为格尼斯堡大教堂设计过避雷针。

尽管名气很大，但直到 1770 年 46 岁时，康德才成为格尼斯堡大学的教授。因为不愿意离开家乡，他拒绝了很多大学的邀请，只愿意在格尼斯堡大学担任哲学教授，而且身体状况也不允许他迁居异乡。康德在给友人的信中说："我胸腔狭窄，心脏和肺的活动余地很小，天生就有疑病症倾向，小时候甚至十分厌世。"当上教授以后，康德沉寂十年没有发表一篇文章，而是潜心研究他的批判哲学。

（四）卢梭和休谟对他的影响

18 世纪中叶，《百科全书》的出版标志着法国启蒙运动进入高潮，但此时的唯物论在本质上仍然是机械的。此时的康德还在唯物主义的独断论（Dogmatism）和唯心主义的独断论之间徘徊，而大卫·休谟（David Hume）对人性的研究，以及把经验论推向了彻底的怀疑论的思想，使康德很受启发，开始走上了批判哲学之路。他曾经说："我坦率地承认，就是休谟的提示在多年以前首先打破了我的独断主义的迷梦，并且在我对思辨哲学的研究上给我指出了一个完全不同的方向。"①

此外康德又遵循卢梭的教导，建立一门可以确立人在自然界地位的科学。如果说休谟的怀疑论（Skepticism）使康德深入到了科学知识的基础问题，那么可以说卢梭对于启蒙主义的反思则使康德意识到科学知识的局限和自由问题的重要性。

二、理性批判的哲学

康德哲学思想的形成经历了从"前批判时期"到"批判时期"的过程。人们一般以 1770 年为界，康德在成为格尼斯堡大学的教授之前，主要研究自然科学，此时他信奉莱布尼茨-沃尔夫（Leibniz-Wolff）体系，提出了著名的"星云假说"（Nebular Hypothesis）。1770 年之后，康德将研究重点转向哲学，着重对人性的问题进行探讨。康德把他所在的时代称为"批判的时代"，倡导用"人类理性"去批判一切。

（一）前批判时期的自然科学与哲学

18 世纪法国唯物论的进一步发展，虽然抨击了牛顿关于上帝作为"第一推动力"的假设，但却认为事物的运动归根结底在于物质之间的传递，而非来源于物质内部，这样的解释毫无疑问还是不能摆脱"第一推动力"的问题。为了解决这一问题，康德于 1755 年出版了著作《宇宙发展史概论》（*Natural History and the*

---

① ［德］康德：《任何一种能够作为科学出现的未来形而上学导论》，庞景仁译，商务印书馆，1978 年，第 9 页。

Theory of Celestial Bodies)，提出关于太阳系起源的星云假说。

他认为，整个宇宙最初是一团云雾状的物质粒子（即原始星云），后来仅仅由于它们自身内部固有的引力和斥力的相互作用而导致了星云的漩涡运动，最后逐渐演化成了太阳系。这样一来，上帝作为第一推动力的思想就被推翻了，上帝本身也被驱逐出了自然界。于是康德得出结论：任何有限的东西由于本性的原因一定有开始、有终结，同样我们的太阳系也一定会走向消亡，但这整个过程不需要上帝的出现。

但是康德在《宇宙发展史概论》中，试图把自然界的科学解释与神学结合起来。他认为，虽然上帝没有用物质的方式创造世界、推动世界，但是上帝仍然是宇宙的"原始原因"，自然界的必然性规律也最终体现了"上帝的意志"。但是另一方面，他又说："难道人们敢说，在微小的植物或昆虫身上也能找到它们的发生、发展的原因吗？难道人们能够说，给我物质，我将向你们指出，幼虫是怎样产生的吗？"① 这表明，康德认为，上帝按照两套完全不同的规律来设计物质世界和生命世界，前者可以通过力学手段制造出来，而后者却涉及"尚未展开的概念"，也就是说涉及超物质世界的某种精神性质。

不可否认，康德的星云假说在哲学上具有重大意义。恩格斯对于康德的星云假说给予高度评价。他说："康德关于目前所有的天体都从旋转的星云团产生的学说，是从哥白尼以来天文学取得的最大进步。认为自然界在时间上没有任何历史的那种观念，

---

① ［德］康德：《宇宙发展史概论》，上海外国自然科学哲学著作编译组译，上海人民出版社，1972 年，第 17 页。

第一次动摇了……康德在这个完全适合于形而上学思维方式的观念上打开了第一个缺口，而且用的是很科学的方法。"[1] 恩格斯还指出："在康德的发现中包含着一切继续进步的起点。如果地球是某种逐渐生成的东西，那么它现在的地质的、地理的、气候的状况，它的植物和动物，也一定是某种逐渐生成的东西，它一定不仅有在空间中互相邻近的历史，而且还有在时间上前后相继的历史。"[2] 由此可以看出，18 世纪末 19 世纪初，自然科学在发展的观点逐渐渗入各门自然科学之后，出现了重大突破。

后来，法国天文学家拉普拉斯（Laplace）独立提出类似于康德的星云假说，并进行了数学论证。与康德不同的是，拉普拉斯在他的天文学体系中不谈上帝。据说，有一次拿破仑问拉普拉斯，为什么在他的天文学体系中不给上帝留一个位置，拉普拉斯理直气壮地说："我感到没有必要。"

休谟站在经验论的立场上对"实体"进行了根本性的怀疑。他认为，我们关于实体的观念如果不是从感觉印象获得的，就是从反省印象获得，但是我们又不能把通过感觉印象获得和反省印象获得等同于实体本身，那么我们既不能形成对外物的经验，也没有关于外物和我们知觉的关系的经验。这样经验就成了意识与外物、思维与存在不可逾越的鸿沟，那么我们所经验到的只能是印象和观念本身，即"除了印象和观念之外别无他物"，这样他就对经验的物质实体采取了怀疑的态度。从经验论出发，休谟进一步推出所谓的"因果必然性"只不过是一种习惯性的联想。他

---

① 《马克思恩格斯选集》（第三卷），人民出版社，2012 年，第 432~433 页。
② 同上，第 450 页。

说："我们只能发现各种事情相继出现，可是我们并不能了解原因所借以进行的任何能力，和原因同其假设的结果间的任何联系……一件事情虽然跟着另一件事情而来，可是我们永远看不到它们中间有任何纽带。它们似乎是'会合'在一块的，却不是'联系'在一快的。"①

休谟不仅否定了客观必然性，还把客观必然归结为主观思想，这样一来，他又陷入了主观唯心主义。休谟所谓的一切试图从经验或主观观念中推出客观实体存在的做法都是无效的这一观点，严重威胁自然科学的哲学根基，使整个科学大厦摇摇欲坠。对此，康德充满自然科学信念的头脑受到了很大的冲击，但并没有动摇自己对科学的信仰。他认为，重要的应该是为科学知识寻求其存在的可能性条件，划定科学知识的范围，重新为科学知识奠定牢固的基础。

所以在认识论问题上，康德主张"调和"经验论与唯理论。康德意识到了双方的片面性，他一方面同意经验论一切知识都必须来源于经验的原则，另一方面也赞同唯理论对经验论的批评，即对科学知识来说仅有经验是不够的，它们的普遍必然性只能是先天的。他这样做的目的就是试图把二者结合起来，融入一个体系之中。

在关于知识如何能够把握经验对象的问题上，经过长时间的思考，康德形成了一种奇特的观念：既然当年哥白尼可以把地球与太阳之间的关系颠倒过来，设想不是太阳围绕着地球转，而是地球围绕着太阳转，从而提出了"日心说"假说，我们为什么不

---

① ［英］休谟：《人类理解研究》，关文运译，商务印刷馆，1957年，第68页。

能按照这个思路考察知识问题呢？换言之，如果知识必须符合对象这条路走不通，我们不妨像哥白尼那样换一个角度，把知识与对象之间的关系颠倒过来，看一看让对象符合知识亦会有什么结果。在康德看来，问题由此便得到了完满的解决：一方面，我们的知识的确必须建立在经验的基础之上；另一方面，进行认识活动的主体本身具有一整套认识形式，由于这些认识形式在经验之前并且作为经验的条件而存在于我们的头脑之中，因而便使知识具有了先天性或普遍必然性。科学知识的普遍必然性由此就得到了证明。这就是被人们称为康德哲学的"哥白尼式的革命"。

康德的"哥白尼革命"以其独特的方式证明了科学知识的普遍必然性，突出了主体在认识中的地位、作用和能动性，但是也产生了极其严重的消极后果。因为如果不是知识必须符合对象而是对象必须符合主体的认识形式，那就意味着事物对我们来说被划分成了两个方面：一方面是通过主体的认识形式所认识的事物，康德称之为事物对我们的"现象"（Phenomenon），另一方面是未经认识形式限制因而在认识之外的"物自体"或"自在之物"（Dinge an sich）。主体先天的认识形式虽然构成了知识普遍必然性的根据，但也限制了我们对事物的认识：我们只能认识自在之物刺激我们的感官所形成的现象，而不可能认识自在之物。这样一来，不仅自然科学要求按照自然本来的面目认识自然的原则发生了动摇，而且更严重的是，形而上学企图超越自然的限制而把握宇宙统一的本质和规律的理想注定不可能实现。从这个角度看，"哥白尼式的革命"归根结底是对理性认识能力的限制，其结果完全是消极的。然而康德认为，虽然认识形式的限制体现了认识能力的有限性，但是另一方面它也表明在我们的认识领域之外还有一个不受认识形式限制因而可能是无限自由的领域。由此可见，康德的哲学革命应该包含两方面的内容：一方面，它通过主体先天的认识形式来确立科学知识的普遍必然性；另一方面，则通过对认识能力的限制为自由开辟道路。

康德的"哥白尼式的革命"只是一种假说。如果我们要证明它是正确的，那就必须考察理性本身，证明人类理性的确具有一些先天的认识形式，而且这些认识形式在认识中具有法则的作用。康德把这项分析考察理性的工作称为"批判"。总的说来，在"前批判时期"，康德在自然科学中提出了一些唯物论和辩证法思想，但在哲学上，仍然没有脱离莱布尼茨-沃尔夫体系。

康德把知识区分为经验性知识和纯粹知识，纯粹知识是由先天综合判断得来的。知识的基本单位是判断，判断又分为分析判断和综合判断，前者指宾词蕴含于主词的判断，后者指宾词通过经验加于主词之上。经验为知识提供材料，而主体则为知识提供对这些材料进行加工整理的形式，知识就其内容而言是经验的，但就其形式而言则是先天的，这种既有感觉经验的内容，又具有普遍必然性的知识，康德称其为"先天综合判断"。先天综合判断实际上体现了康德力图克服经验论和唯理论的片面性的调和主义倾向，它也是康德批判理论的中心问题。

（二）纯粹理性与真

从 1770 年起，康德的研究进入哲学批判时期，批判的对象主要是莱布尼茨-沃尔夫形而上学体系。他先后出版了三部著名的哲学著作:《纯粹理性批判》(*Critique of Pure Reason*)(1781 年)、《实践理性批判》(*Critique of Practical Reason*)(1788 年)、《判断力批判》(*Critique of Judgment*)(1790 年),分别阐述了他的认识论(Epistemology)、伦理学(Ethics)和美学(Esthetics)思想,构成了"真""善""美"的批判哲学体系,其中《纯粹理性批判》的出版奠定了康德在哲学史上的不朽地位。

康德哲学体系始终贯穿着两个基本的概念:"现象"和"自在之物"(也被译为"物自体")。一方面,康德肯定在我们之外存在着刺激我们感官而产生感觉的"自在之物";另一方面,他又断言"自在之物"是不可以被认识的,我们认识所能达到的只是"自在之物"刺激我们的感官而产生的感觉表象,即所谓的"现象"。康德说:"作为我们感官对象而存在于我们之外的物是已有的,只是这些物本身可能是什么样子,我们一点也不知道,我们只知道它们的现象,也就是当它们作用于我们的感官时在我们之内所产生的表象。"①

我们应该注意的是,康德所说的"现象"不是指我们日常生活中所说的客观事物的表面现象,而是指一种主观的感觉表象,它是由"自在之物"刺激我们的感官而引起的,但并不反映"自在之物"的任何性质。至于"自在之物"是什么样子,我们一无所知,但是我们不可否认"自在之物"是一定存在的,只是我们不能够认识它。康德所说的"自然界"也与我们日常生活中所说的不同,他把感觉表象的总和称为"自然界",也就是说,"自然

① [德]康德:《任何一种能够作为科学出现的未来形而上学导论》,庞景仁译,商务印书馆,1978 年,第 50 页。

界"是由我们的感觉表象所构成的世界，而不是自在之物，也就是"现象界"。

整体来说，康德哲学就是围绕着"现象"和"自在之物"的关系，即思维与存在是否具有同一性的问题展开论述的。

在《纯粹理性批判》中，康德要解决的核心问题是"自在之物为何不可知"。在知识的来源问题上，他指出："吾人之一切知识虽以经验始，但并不因之即以为一切知识皆自经验发生。"① 他又说："经验从未以真实严格之普遍性赋予其判断……当严格的普遍性为一判断之本质者时，则此一判断乃指示知识之一种特殊源流即指示一种先天的知识能力。因之，必然性与严格的普遍性，为先天的知识之正确标准，且二者有不可分离之关系。"②

按照康德的这一说法，知识的来源有两个：一个是感官提供的后天的零散的感觉经验，另一个是头脑中先天固有的具有普遍性、必然性的认识能力。康德认为，人的认识活动就是先天的认识能力去整理后天的感觉经验而形成的具有普遍性和必然性的科学知识。他为此提出了著名的"先天综合判断"理论，认为科学知识都是人的认识能力所固有的先天的或先验感性和知性形式与来自经验的感性素材结合在一起构成的"综合判断"。

康德认为，人具有的先天认识能力有三种：感性、知性与理性。而"理性"这种先天认识能力与"感性""知性"不同，它要抛开感觉经验，试图超越现象世界达到对"自在之物"的认识。康德要证明，理性是不可能做到的。

---

① ［德］康德：《纯粹理性批判》，蓝公武译，商务印书馆，1960 年，第 29 页。
② 同上，第 30~31 页。

"感性"这种先天的认识能力与感觉经验相结合，就形成了具有普遍性和必然性的数学知识。所谓"感性"，康德是指主体自我借助于感觉经验而形成的感性直观知识的先天认识能力，即感性直观形式，是我们最起码的认识能力。在康德看来，感性是人的一种被动接受的认识能力，当"自在之物"刺激我们的感官而产生的感觉只是经验的素材，只有经过先天直观形式的整理才能形成一定的经验对象，构成感性直观知识。

康德认为，人心中存在着两种先天的感性直观形式：时间和空间。他说："在这个研究过程中，我们将会发现感性直观有两个纯形式，它们是先天知识的原则，这两个纯形式就是空间和时间。"①康德把时间和空间称为"纯形式"。也就是说，时间和空间不是从经验中来的，而是人脑先天所固有的，如果人们想确定事物之间的时间和空间的关系，首先在头脑中要有一个时间和空间的观念，否则无法确定事物的上、下、左、右等空间关系以及继续、同时等的时间关系。由此，我们可以看出康德的主观唯心主义倾向。

康德用时间和空间来解释数学知识。他认为，数学知识之所以具有普遍性和必然性，在于人心中的时间和空间观念的先天性，而且数学知识涉及的只能是"现象世界"，而不能反映"自在之物"的任何性质和规律。然而虽然时间和空间并不来源于经验，却不能脱离经验，如果没有感觉经验提供材料，那么时空形式不能形成任何感性直观知识。因此，作为感性直观形式的时间和空间只能整理经验材料，只能形成对"现象世界"的知识，既不反

---

① 北京大学外国哲学史教研室：《十八世纪末—十九世纪初德国哲学》，商务印书馆，1975 年，第 17 页。

映"自在之物"本身的任何性质，也无法规定"自在之物"。

　　康德认为，在感性直观的基础上，人们的认识能力还必须继续提升，才能形成真正的科学知识，而"知性"就是更高一级的认识能力。所谓"知性"，康德是指主体对感觉表象进行思维，把特殊的、没有联系的、杂乱无章的感性材料进行加工，并且连接成有规律的自然科学知识的一种先天的认识能力，这种先天认识能力与感觉经验相结合，就形成了具有普遍性和必然性的自然科学知识。

　　作为一种先天认识能力，知性能够把经验对象统摄在知识形式中，康德称之为"纯统觉"（Pure Aperception），具体表现在"范畴"（Category）中。康德提出了十二对范畴，如下表：

量	1. 统一性	关系	1. 依附性与存在（个性与偶性）
	2. 多样性		2. 因果性与依存性（原因与结果）
	3. 实在性		3. 交互性（主动与被动之间的相互作用）
质	1. 实体性	样式	1. 可能性与不可能性
	2. 否定性		2. 存在性与不存在性
	3. 限制性		3. 必然性与偶然性

　　康德的范畴学说来源于亚里士多德提出的十对范畴，但是这十对范畴有些不是基本的思维形式，如"时间"和"地点"，而有些基本的思维形式却被遗漏了。康德摆脱了亚里士多德范畴学说的原始性、直观性，把范畴规定为人类思维的基本形式。既然范畴是人们的先天认识能力，那么它在人类的认识过程中起什么样的作用呢？康德认为，通过感性直观形式所把握的感性对象是

孤立的，它们之间不存在联系，当人们运用范畴去思维对象时，感性对象之间才有了联系和规律性。比如"太阳晒，石头热"这个现象，感性只告诉我们两个孤立的事实："太阳照在石头上"和"石头温度升高"，但并没有告诉我们这两个事实之间有什么联系。而正是因为人们头脑中有先天的"因果性"范畴去思维对象，才把这两个孤立的事实联系起来，即太阳晒是石头热的原因，石头热是太阳晒的结果。

在康德看来，在认识自然界的过程中，人不是被动的而是能动的主体，人通过自己的先天认识能力去把握自然，从而形成普遍性、必然性的科学知识。正如他说的："理智的（先天）法则不是理智从自然界得来的，而是理智给自然界规定的。"①

关于理性，康德说："吾人一切知识始自感官进达悟性而终于理性。"② 这里所说的理性与我们日常所理解的理性不同，康德所说的"理性"是指人们要超越"现象界"去把握"自在之物"的先天认识能力。人们通过"感性"和"知性"所把握的知识都是"现象世界"的知识，都是相对的、有条件的，"理性"总是试图超越"现象世界"而达到对"自在之物"的认识，但它却不能够实现。因为"理性"所追求的绝对的、无条件的对象不存在于"现象世界"。这就意味着"理性"要离开经验，超越"现象世界"去把握"自在之物"，但是"理性"本身又没有别的认识"自在之物"的工具，因此它只能借助于"知性"范畴，而"知

---

① ［德］康德：《任何一种能够作为科学出现的未来形而上学导论》，庞景仁译，商务印书馆，1978年，第93页。

② ［德］康德：《纯粹理性批判》，蓝公武译，商务印书馆，1960年，第249页。

性"范畴又只能应用于"现象世界"，不能应用到"自在之物"。如果"理性"硬要"知性"范畴去承担它认识"自在之物"的任务，以相对的有条件的东西去追求绝对的无条件的东西，那么必然会陷入自相矛盾之中，最终还是完不成"理性"的任务。

莱布尼茨-沃尔夫体系认为，人不需要考虑经验，只要从一些抽象的概念或范畴出发，遵循正确的推理规则进行推理，就能够对"灵魂""世界""上帝"三个理念作出绝对无误的规定。在康德看来，"灵魂""世界""上帝"具有绝对无限性的特点，因此"形而上学"试图通过"理性"达到对它们的认识是不可能做到的。关于"灵魂"，"形而上学"认为"灵魂"是一个独立的"实体"（Substance），坚持"灵魂不朽"。那么康德指出，"实体"是一个"知性"范畴，只适用于规定时间和空间中的感性对象，而"形而上学"所说的"灵魂"是不出现在时空之中的，不是"现象世界"的东西，而是"自在之物"，所以是不可知的。虽然康德在理论上否定了"灵魂"的可知性，但是在道德生活中他又认为灵魂作为道德假设而存在。

关于"上帝"的问题，康德也批判了"形而上学"关于上帝存在的一系列证明，他认为无论是哪种证明最终都可以证明上帝是存在的。而"存在"（Being）这个概念属于知性范畴，只能用来规定现象世界的事物，而上帝是属于"自在之物"，因此不可知，但是康德又认为在道德假设上，上帝应该是存在的。

关于"世界"的问题，康德抬出 17 至 18 世纪的机械唯物论通过"形而上学"的理性宇宙观与之相抗衡。他试图证明凡是理性宇宙论用"知性"范畴对"世界"所作出的看似十分有力的论证和规定，都受到了机械唯物论的看似十分有力的反驳。在康德看来，这两种观点的对立实际上反映了人的"理性"一旦运用"知性"范畴去规定"世界"，就会陷入不可解决的矛盾，康德称其为"二律背反"，从而说明了人的认识能力是有限的，"理性"达不到对"自在之物"的认识。

康德提出了四组"二律背反"：

（一） 正题：世界在时间和空间上是有限的。

反题：世界在时间和空间上是无限的。

（二） 正题：世界上的一切都是由单纯的不可分的部分构成的。

反题：世界上的一切都是由组合的可分的部分构成的。

（三） 正题：世界上存在着绝对的自由。

反题：世界上的一切都受因果必然性的制约，没有自由。

（四） 正题：世界上存在着一个绝对的必然存在者。

反题：世界上不存在一个绝对的必然存在者。

在这里，正题代表形而上学的理性宇宙观，反题大体反映了机械唯物论的观点，康德用反证法证明了以上四组正题和反题，以第一组为例：

正题主张：世界在时间上是有限的，意味着世界有一个开端。因为如果世界在时间上没有开端，那么在任何时间上的一点，我们都可以说有一个永恒的无限的时间序列已经过去了，但是这是不可能的，因为一个无限的时间序列是不可能完成的。所以世界在时间上是有开端的、有限的。

反题主张：世界在时间上是无限的，意味着世界没有开端。因为如果世界有开端，那么一定有一个时间世界还不存在。但是任何事物不可能在空的时间中开始存在，不能无中生有，而且一件事情也不可能相对于空的时间，由此来决定它的时间。所以世界在时间上没有开端，是无限的。

从以上论证过程可以看出，正方和反方都能自圆其说，谁也驳不倒谁，这样"理性"陷入了不可解决的矛盾之中。康德认为，这样的问题就出在双方的出发点都不正确，它们混淆了"现象"和"自在之物"的界限，超越经验地使用了"知性"范畴。同样，其他三组的论证都说明了"理性"在关于"世界"的理念陷入"二律背反"，证明了人的认识能力的有限性。康德认为，"理性"中出现"二律背反"，并不是简单地违反形式逻辑的推理而造成的错误，而是在认识过程中必然会发生的。

康德提出，人们思想上出现的矛盾并不只是因为违反形式逻辑的推理规则才造成的，这一思想可以说是一大进步，对后来的辩证法思想的发展影响很大。但是康德不懂得人们思想中的矛盾正是客观事物中的矛盾在主观上的反映，也没有看到矛盾双方的联系和转化，只是试图通过矛盾双方分家的办法去解决矛盾，因而他只讲"正题"（Subject）和"反题"（Antithesis），不讲"合题"（Synthesis）。这说明他还没有摆脱形而上学片面观点的狭隘眼界。

康德在谈到《纯粹理性批判》一书的主旨时写道："凡粗知

本著之大略者，自将见其效果仅为消极的，唯在警戒吾人决不可以思辨理性越出经验之限界耳。此实为批判之主要效用。"① 由此可见，贯穿康德的"感性""知性""理性"学说的一条主脉络就是只能认识"现象"，不能认识"自在之物"。

从以上论述中我们可以看出，在康德的认识论体系中包含着一些唯物论和辩证法的因素，表现在他承认在我们之外存在着刺激我们的感官并且能够引起感觉的客体——自在之物，主张认识开始于经验并且不能离开经验，指出在人们的思想中发生矛盾的必然性等。但是康德的认识论总的来说还是倾向于唯心主义先验论和不可知论，这也导致了他对于莱布尼茨-沃尔夫形而上学体系的批判并不彻底。在他宣布"形而上学"是假学问，断言"上帝"不可知时，同时又肯定"上帝"可以作为道德上的假设而存在。正如列宁所说："康德贬损知识，是为了给信仰留下地盘。"②

康德的认识论突出表现了 18 世纪末德国资产阶级的软弱性。但是我们不能因此只看到康德认识论的消极方面，而忽视其积极方面。在《纯粹理性批判》发表三十年之后，黑格尔（Hegel）写道："在这段时期以前，那种被叫做形而上学的东西，可以说已经连根拔掉，从科学的行列里消失了。什么地方还在发出，或可以听到从前的本体论、理性心理学、宇宙论或者甚至从前的自然神学的声音呢？……对于旧形而上学，有的人是对内容，有的人是对形式，有的人是对两者都失掉了兴趣，这是事实。"③ 从黑

---

① [德] 康德：《纯粹理性批判》，蓝公武译，商务印书馆，1960 年，第 18 页。
② 《列宁全集》（第 38 卷），人民出版社，1990 年，第 181 页。
③ [德] 黑格尔：《逻辑学》（上卷），杨一之译，商务印书馆，1966 年，第 1 页。

格尔的评价中可以看出，康德对莱布尼茨-沃尔夫形而上学体系进行批判的历史影响还是很大的。

康德认为，一切知识由感性经验开始，但形成知识的必要条件是感性直观能力，它接受感觉经验并对其进行综合统一，分为经验直观和纯直观。纯直观作为先天形式，包括空间和时间。知性对感性接受的经验材料进行综合统一，它的先天认识形式是纯概念，即范畴。理性则是人心中所固有的、要求把握绝对的、无条件的知识的那种认识能力，即跨越现象界、把握物自体的那种要求。但是感性形式是时间和空间，知性的认识形式是范畴，理性并没有自身的认识工具，因而只能借助知性范畴去把握物自体，从而造成二律背反，即"先验的幻象"。

（三）实践理性与善

《纯粹理性批判》讲认识论问题，《实践理性批判》是研究伦理学问题。康德认为，纯粹理性的实践运用法则贯通了人的幸福、道德和宗教，即我能知道什么？我应当做什么？我可以希望什么？在后来的《逻辑学讲义》中，康德又进一步指出，这三个问题其实可以归结为一个问题，即人是什么。

康德所说的"实践理性"是指纯粹实践理性，要解决道德律如何可能的问题，而不同于一般实践理性。一般实践理性可以不涉及道德，或者说人们对自己日常生活实践中所形成的普通的道德理性知识不会加以深入探究。康德以"善良意志"为中心表达了软弱贫乏的德国市民的道德思想，为德国市民的改良主义政治路线提供了思想基础。康德首先把道德和幸福绝对对立起来，认为一个好的道德动机即所谓"善良意志"绝不能掺杂丝毫感情上的好恶或趋利避害的因素，否则动机就是不纯的，意志就不是善良的，也就是不道德的。并且"道德的意义就在于这种行为应该出于义务论，而不是出于爱好"①。

由此看出，康德是典型的义务论（Deontology）者，而且康德的这些言论也是针对法国唯物论爱尔维修（Helvétius）等人提出的功利主义的道德观。康德强调的是道德现象的超功利特质，道德动机的纯正性。康德认为，"善良意志"同物质利益、实际效果毫无关系，那么当我们确定一个意志是善的还是恶的时，只能依靠道德规律。而所谓的"善良意志"就是人的意志彻底摆脱经验、感性欲望的干扰，完全服从理性先天规定的道德规律。这也就意味着道德规律是来自人的理性能力的。康德说："不论做什么，总应该做到使你的意志所遵循的准则永远同时能够成为一条普遍的立法原则。"② 也就是所能普遍做到的才是道德，如果只能某些人做到而其他人做不到就不是道德的。

康德把先天的道德规律叫作理性的"绝对命令"（Kategorischer Imperativ），所谓"绝对"，就是无条件的，不受任何经验、感性欲望、利害关系等条件的制约，它唯一的条件是实践理性本身，即要保持理性的实践运用本身的逻辑一贯性；所谓的"命令"是指"应当如此"，比如一个人借了别人的钱，在还钱时，他不是从不计利害的先天道德规律出发，而是从"好借好还，再借不难"的出发点还钱，那么这种意志就不是善良的，因为这个出发

---

① ［德］康德：《道德形而上学探本》，唐钺重译，商务印书馆，1957 年，第 13 页。
② ［德］康德：《实践理性批判》，韩水法译，商务印书馆，1999 年，第 30 页。

点是建立在个人利害的基础上。按照康德的说法，理性的"绝对命令"也仅仅是一个应当，实际上是得不到完全执行的。因为人不仅是个理性的存在者，也是一个感性的存在者，要彻底排除感性欲望对意志的影响，这对人来说是不可能的。"因为它要求不可能的东西，因而永远达不到任何现实的东西。"①

虽然康德一再强调"绝对命令"只是一个"应当"，但道德规律的存在必须以"自由"为前提。康德说："只有自由者才会有道德。"② 所谓"自由"，康德是指人的意志能够排除一切外来势力的干扰，摆脱自然因果必然性、感性欲望的制约而进行独立自决、独立判断的能力，而且为了维护道德，必须假设人的意志是自由的。作为感性存在的人是受自然必然性制约的，没有自由可言，而作为理性存在者，人能够摆脱自然必然性的制约，因为意志是自由的。但是康德把自由看作道德上的假设，排斥感性物质欲望的自由意志，因此追求纯粹精神上的自由和解放，是康德哲学的一个显著特点。

康德一方面把道德与幸福对立，另一方面又力图把二者协调起来，并把这种协调推到彼岸世界中去。这一思想主要体现在他的伦理学的最高范畴——"至善"（Summum Bonum）上。他说："纯粹实践理性的无制约的对象的全体，那就是所谓'至善'。"③ 而要想达到至善，必须"把德性和幸福结合起来"。在康德看来，虽然讲道德不是为了幸福，但是有道德的人不该老受苦，而应当

① 《马克思恩格斯选集》（第四卷），人民出版社，2012 年，第 238 页。
② ［德］康德：《道德形而上学探本》，唐钺重译，商务印书馆，1957 年，第 61 页。
③ ［德］康德：《实践理性批判》，韩水法译，商务印书馆，1999 年，第 111 页。

"配享受幸福"。因此，道德生活所要追求的最高目标就是把道德和幸福协调起来，即至善。

把道德和幸福相协调，在现实生活中有两种情形：一是把追求幸福作为道德行为的动机，二是认为道德行为可以带来幸福。康德认为，第一种情形是不可能的，因为如果把追求幸福的欲望作为意志的动机，就是不道德的；第二种情形也是不可能的，因为即便是严格遵循了道德法则，也不能就此期望在当下幸福与德性能够结合起来，达到至善。这就意味着，"至善"在现实世界中出现了二律背反，只能到彼岸世界中才能实现。对于有感性欲望的人来说，要使人的意志同道德规律完全契合，只能是一个应当，因为人的一生是短暂的，只靠一生的努力是不够的，那么只能假定灵魂不死，这样才能保证今生做不到，来世再努力。他说："至善只有在灵魂不朽的这个假设之下，才在实践上是可能的。"①但即便是假定灵魂不死，仅仅靠人力，也是无法把道德与幸福协调起来的，因此只能假定一个超自然的最高存在者——上帝。"这个至善是只有在神的存在的条件下才能实现……假设神的存在，在道德上乃是必要的。"②

无论是灵魂不死还是上帝存在，假设的根据都是自由意志，因为只有假定灵魂不死，才能给人建立起追求道德上的完善和圣洁的目标以及获得幸福的希望；也只有在自由意志的基础上假定上帝存在，才能保证幸福的绝对公正。但康德一再申诉，自由意志本身也是一个假定，而且假定只是出于纯粹实践理性的信仰。

---

① ［德］康德：《实践理性批判》，韩水法译，商务印书馆，1999年，第125页。
② 同上，第128页。

这样一来，就把宗教的基本原理建立在纯粹理性的基础之上。

康德向往着一个理想的国度："每个人应该将他自己和别人总不只当做工具，始终认为也是目的——这是一切有理性者都服从的规律。这样由共同的客观规律的关系就产生由一切有理性者组成的系统。这个系统可以叫做目的国。"①

康德认为，人的行为有很多种目的，但总的目的就是人本身。"人是目的"贯穿在人的其他一切目的中，其他目的都可以成为单纯的手段，唯有人性本身、"人格"（Person）不能再成为单纯的手段，它是自己实现自己的终极目的，即"在目的国度中，人就是目的本身，那就是说，没有人（甚至于神）可以把他单单用作手段，他自己总永远是一个目的"②。

总之，在康德看来，理想和现实之间、应当与现实之间，始终不能统一。理想是美好的，但是人们无法达到。正如马克思所说："康德认为，共和国作为唯一合理的国家形式，是实际理性的基准，是一种永远不能实现但又是我们应该永远力求和企图实现的基准。"③ 康德的"应当"哲学，反映了18世纪末德国市民对自己的阶级要求开始有了进步意识，但对于其实现又缺乏信心。

康德在《实践理性批判》的结论中说道："有两样东西，人们越是经常持久地对之凝神思索，它们就越是使内心充满常新而日增的惊奇和敬畏：我头上的星空和我心中的道德律。"④ 这就是康德毕生为之奋斗的两个最重要的目的。但问题是如何把这两种

---

① ［德］康德：《道德形而上学探本》，唐钺重译，商务印书馆，1957年，第48页。
② ［德］康德：《实践理性批判》，韩水法译，商务印书馆，1999年，第134页。
③ 《马克思恩格斯选集》（第一卷），人民出版社，2012年，第465页。
④ ［德］康德：《实践理性批判》，邓晓芒译，杨祖陶校，人民出版社，2003年，第220页。

原则调和起来。

康德把人类理性的功能概括为两种：认识功能和意志功能，后者即为实践理性。人作为道德主体，其意志就是实践理性，它是一种不依赖于任何经验而由自身就可以决定自己的意志能力，它是自律的又是自决的。因此，实践理性是理性主体一切道德行为的动因，是产生道德律令的本源，是人的最高本质，是人之为人的根本所在。康德通过实践理性这一范畴，使人的主体能动性获得了高度肯定。人为自己立法，并自觉服从，意志自律是一切道德法则依据的唯一原理。康德的自律是指：道德只是出于道德本身的目的，为了道德而道德。

（四）判断力与美

1790 年康德出版了《判断力批判》，从而完成了他的三大批判的哲学体系。在前两部著作中，认识和实践、知性与理性、必然与自由是绝对对立的，从而导致了理想和现实、"现象"和"自在之物"的分裂。到了《判断力批判》，康德试图通过判断力在对立的东西之间搭建一座沟通的桥梁。

康德所处的时代正是欧洲近代美学发展过程中的经验主义（Empiricism）思潮与理性主义（Rationalism）思潮对立时期，理性主义美学把美学看作关于感性知识的科学，如其代表人物鲍姆嘉通（Baumgarten）就认为，美是凭借感官认识到完满，就是善；经验主义美学一般具有功利主义的倾向，如 17、18 世纪英国经验主义美学家布尔克（Bourque）认为，美的生理心理基础是"社会生活的情欲"等。康德对各派美学观点进行了批评，形成了一个极为复杂、充满矛盾的独特的美学体系，成为德国古典美学的开山鼻祖。

康德从美的形式和内容的关系谈起，即把美分成纯粹美（Free beauty）和依存美（Dependant beauty）。康德认为，审美判断不是认识判断，因为它既不是模糊的感性认识，也不是清晰的理性认识，仅仅关涉对象的形式和主体的情感。在这里，康德把审美判断与认识判断之间的区别绝对化了，认为美只涉及形式，不掺杂任何对象的内容，这就陷入了形式主义，否定了审美活动的认识意义。同样，与经验主义美学也不同，他认为美不是认识，而是一种快感，但这种审美的愉悦又不同于一般的感性欲望方面的快感，它不是由利害关系而引起的感官上的快活舒适的感觉，审美判断是纯粹的。一旦判断掺杂了任何利害感的成分，那么它就不是一个纯粹的审美判断了。他说："如果问题是某一对象是否美，我们就不欲知道这对象的存在与否对于我们或任何人是否重要，或仅仅可能是重要的，而是只要知道我们在纯粹的观照（直观或反省）里面怎样去判断它……每个人必须承认，一个关于美的判断，只要夹杂着极少的利害感在里面，就会有偏爱而不是纯粹的欣赏判断了。"①

所以在审美活动中，人们必须对于对象的存在持冷漠的态度，这样才能在审美趣味中充当裁判者。不仅如此，美也不等同于善，因为在他看来，履行道德义务而带来的愉快和感官上的愉悦是有区别的，但它们又都与利害结合。如果要发现某一对象的善，那么就意味着我们必须知道，这个对象所符合的概念是什么，或者

① ［德］康德：《判断力批判》（上卷），宗白华译，商务印书馆，1964年，第40~41页。

说这个对象应当是怎样一个东西；而对于美的发现，我们不需要这样做，比如花、图案、建筑等，它们并不意味着什么，也不依据某一个概念，但令人感到愉悦。

就量的方面来说，审美判断具有普遍性。在康德看来，审美判断是单称判断（如"这朵花是美的"），而不是普遍判断（如"所有花都是美的"）。尽管如此，审美判断仍是普遍判断，因为审美判断单凭对象的形式，而不计主体的利害得失。康德认为，感官上的愉悦感是主观的，不具有普遍性，如一杯葡萄酒可能很符合我的口味，但对另一个人来说可能会感到无味。但是当我判断一个对象是美的时候，这绝不是说它仅仅对我来说是美的，而是它对于一切人都是美的。他说："鉴赏判断本身就带有审美的量的普遍性，那就是说，它对每个人都是有效的，而关于快适的判断却不能这样说。"①

此外，康德提出，审美判断是没有目的的合目的性判断。目的分为两种，主观目的和客观目的。主观目的是主体对客体利害上的要求，客观的目的是指对象本身各方面的和谐协调一致。康德认为，审美判断是"既无客观的也无主观的目的"，因为审美判断既不涉及利害关系，也不是认识判断。虽然审美判断既没有目的但又合乎目的性，是无目的的合目的性。所谓"无目的"是指主体没有意识到一个明确的目的，所谓"合目的性"，是指对象的形式恰恰适合于主体的审美功能，从而引起审美的愉悦，这似乎是合乎某种目的的。

审美判断是普遍的，意味着只要一个人判定一个事物是美的，

---

① ［德］康德：《判断力批判》（上卷），宗白华译，商务印书馆，1964 年，第 57 页。

那么人人都必然地要判定它是美的，这是为什么呢？康德认为，这是因为人们之间存在着某种"共通感"，这种"共通感"决定了审美判断具有必然性。

通过对审美判断的诠释，康德对纯粹美的分析进行了概括：美在形式。在对纯粹美作了大量的分析之后，他又转向了依存美的范畴。在区别纯粹美和依存美时，他写道："有两种美，即自由美和附庸美（按：即指纯粹美和依存美）。第一种不以对象的概念为前提，说该对象应该是什么。第二种却以这样的一个概念并以按照这概念的对象的完满性为前提。"①

由此可见，纯粹美是着眼于对象单纯的形式，而依存美是依赖于对象的概念。对于两者的区分，一是为了给美进行分类，即把纯粹美和依存美的对象区分开来。康德列举了一些纯粹美的事物，如花、鸟、贝壳、缺歌词或无标题的音乐等，这些都是以单纯的形式给人带来快感的，这种快感中丝毫不掺杂任何认识、道德或利害关系的因素在其中；而依存美的事物有人体美、一座教堂的美、有歌词的音乐等，这些事物给我们带来快感是以一个概念为前提。按照康德所说的，纯粹美的事物在数量上是极少的，仅包括极少量的自然美和艺术美，更多的事物都是依存美。区分纯粹美和依存美的目的还在于对一个具体的美的现象进行分析：就它是事物的单纯的形式带来的审美愉悦来说是纯粹美，就它依赖于一个概念、目的方面来说则是依存美。实际上两者的区分是一个具体的美的形式和内容的区分：就其单纯的形式而言是形式美，就其内容来说是依存美。但是在审美活动中，对于形式和内容哪

---

① ［德］康德：《判断力批判》（上卷），宗白华译，商务印书馆，1964年，第67页。

个重要的问题，康德总是摇摆不定，有时候他强调形式，有时候强调内容。

此外，康德还讨论了"壮美"。他特别强调壮美的道德意义，所谓壮美，指巨大和威力无穷的事物所引起的壮美感，其基础不在事物本身的形式，而在于人的心境，如狂风暴雨、惊涛骇浪、飞沙走石、火山爆发，等等。对于这些从外形看似恐怖的事物，只要我们觉得是安全的，它们的形象越恐怖，就会越有吸引力，因为它们可以把我们的心灵提升到超越平常的境界，这样恐怖感就转化为崇高感了，因此壮美是一种无形式的美，是对自我尊严的尊敬。由此可见，康德对壮美的分析是基于内容的，而且是唯心主义的。

在分析纯粹美和依存美的同时，康德还探讨了自然美和艺术美。他说："一种自然美是一个美的事物；艺术美则是对一个事物的美的表现。"① 这说明自然美和艺术美是有区别的，但是二者又是不可分割的，"自然是美的，如果它看上去同时像是艺术；而艺术只有当我们意识到它是艺术而在我们看来它却又像是自然时，才能被称为美的"②。

康德认为，艺术美优于自然美。艺术作品不是自然事物的形象的简单的描绘和复制，而是美丽地描写自然事物，甚至能够把自然事物中本来是丑的事物描绘得很美。他说："美的艺术正在那里面标示它的优越性，即它美丽地描写着自然的事物，不论它们是美还是丑。狂暴，疾病，战祸等等作为灾害都能很美地被描

---

① ［德］康德：《判断力批判》，邓晓芒译，杨祖陶校，人民出版社，2002 年，第 155 页。
② 同上，第 149 页。

写出来，甚至于在绘画里被表现出来。"①

康德认为，艺术美的特征在于它的独创性。它的独创性在于它的不可模仿性，也就是说一个伟大的艺术品，对我们来说就是一个典范，我们只能借鉴，而不可学习、不可模仿。而且康德认为，只有天才才有艺术上的独创性，也只有天才才能创造出具有典范性的艺术作品。

康德将世界分为感觉世界和理智世界，这是两个截然不同的领域。感觉世界服从于自然的机械因果律，自然因果律具有自然必然性；而理智世界则服从于目的性的自然道德律，具有自由的特性。康德认为，理论理性和实践理性二者的关系应当是实践理性居于统治地位，理论理性居于从属地位，自然界的规律性与按照自由规律实现目的的可能性相互协调，自然领域才能过渡到自由领域，自由的目的才有可能在自然中得到实现。这个过渡的中介即是"判断力"。

（五）康德名言及译文

To be happy is necessarily the wish of every finite rational being, and this, therefore, is inevitably a determining principle of its faculty of desire. ②

成为幸福的，这必然是每一个有理性但却有限的存在者的要

---

① ［德］康德：《判断力批判》（上卷），宗白华译，商务印书馆，1964 年，第 158 页。

② Immanuel Kant: *The Critique of Practical Reason*, translated by Thomas Kingsmill Abbott, Indianapolis/Cambridge: Hackett Publishing Company Inc., 2010, p. 11.

求，因而也是他的欲求能力的一个不可避免的规定根据。①

The maxim of self-love（prudence）only advises；the law of morality commands.②

自爱的准则（聪明）只是建议，道德的法则却是命令。③

What we call good must be an object of desire in the judgement of every rational man，and evil an object of aversion in the eyes of everyone；therefore，in addition to sense，this judgement requires reason.④

我们应当称为善的东西，必须在每一个有理性的人的判断中都是欲求能力的对象，而恶则必须在每一个人的眼中都是厌恶的一个对象；因而要作出这种评判，除了感官之外还需要理性。⑤

The moral law is in fact for the will of a perfect being a law of holiness，but for the will of every finite rational being a law of duty，of moral constraint，and of the determination of its actions by respect for this law and reverence for its duty.⑥

---

① 李秋零主编：《康德著作全集：实践理性批判、判断力批判》（第 5 卷），中国人民大学出版社，2007 年，第 26 页。

② Immanuel Kant：*The Critique of Practical Reason*，translated by Thomas Kingsmill Abbott，Indianapolis/Cambridge：Hackett Publishing Company Inc.，2010，p. 17.

③ 李秋零主编：《康德著作全集：实践理性批判、判断力批判》（第 5 卷），中国人民大学出版社，2007 年，第 40 页。

④ Immanuel Kant：*The Critique of Practical Reason*，translated by Thomas Kingsmill Abbott，Indianapolis/Cambridge：Hackett Publishing Company Inc.，2010，p. 28.

⑤ 李秋零主编：《康德著作全集：实践理性批判、判断力批判》（第 5 卷），中国人民大学出版社，2007 年，第 65 页。

⑥ Immanuel Kant：*The Critique of Practical Reason*，translated by Thomas Kingsmill Abbott，Indianapolis/Cambridge：Hackett Publishing Company Inc.，2010，p. 39.

也就是说，道德法则对于一个极完善的存在者的意志来说是一个神圣性的法则，但对于每个有限的理性存在者的意志来说则是一个义务的法则，是道德强迫的法则，是通过对这法则的尊重并出自对他的义务的敬畏来规定他的行动的法则。①

The moral law is holy (inviolable). Man is indeed unholy enough, but he must regard humanity in his own person as holy. In all creation everything one chooses and over which one has any power, may be used merely as means; man alone, and with him every rational creature, is an end in himself. ②

道德法则是神圣的（不可侵犯的）。人虽然不够神圣了，但在他的人格之中的人性对他来说却必须是神圣的。在整个创造中，人所想要并能够有所支配的一切都可以仅仅作为手段来使用，唯有人亦即每一个理性造物是目的自身。③

For to need happiness, to deserve it, and yet at the same time not to participate in it, cannot be consistent with the perfect volition of a rational being possessed at the same time of all power, if, for the sake of experiment, we conceive such a being. ④

因为需要幸福，也配享幸福，尽管如此却没有分享幸福，这

---

① 李秋零主编：《康德著作全集：实践理性批判、判断力批判》（第5卷），中国人民大学出版社，2007年，第88页。

② Immanuel Kant：*The Critique of Practical Reason*，translated by Thomas Kingsmill Abbott，Indianapolis/Cambridge：Hackett Publishing Company Inc.，2010，p. 41.

③ 李秋零主编：《康德著作全集：实践理性批判、判断力批判》（第5卷），中国人民大学出版社，2007年，第93页。

④ Immanuel Kant：*The Critique of Practical Reason*，translated by Thomas Kingsmill Abbott，Indianapolis/Cambridge：Hackett Publishing Company Inc.，2010，p. 52.

是与一个同时拥有一切权力的理性存在者的完善意愿根本不能共存的，哪怕我们只是尝试设想这样一个存在者。①

Hence also morality is not properly the doctrine how we should make ourselves happy, but how we should become worthy of happiness. It is only when religion is added that there also comes in the hope of participating some day in happiness in proportion as we have endeavoured to be not unworthy of it. ②

因此，即便道德，真正来说也不是我们如何使得自己幸福的学说，而是我们应当如何配享幸福的学说。唯有当宗教出现时，也才出现我们有朝一日按照我们曾关注不至于不配享幸福的程度来分享幸福的希望。③

That in the order of ends, man (and with him every rational being) is an end in himself, that is, that he can never be used merely as a means by any (not even by God) without being at the same time an end also himself. ④

在种种目的的秩序中，人（以及每一个理性存在者）就是目的自身，也就是说，人永远不能被某个人（甚至不被上帝）仅仅

① 李秋零主编：《康德著作全集：实践理性批判、判断力批判》（第5卷），中国人民大学出版社，2007年，第118页。

② Immanuel Kant: *The Critique of Practical Reason*, translated by Thomas Kingsmill Abbott, Indianapolis/Cambridge: Hackett Publishing Company Inc. , 2010, p. 61.

③ 李秋零主编：《康德著作全集：实践理性批判、判断力批判》（第5卷），中国人民大学出版社，2007年，第137页。

④ Immanuel Kant: *The Critique of Practical Reason*, translated by Thomas Kingsmill Abbott, Indianapolis/Cambridge: Hackett Publishing Company Inc. , 2010, p. 62.

当作手段来使用，而不同时自身就是目的。①

Dogmatism is the dogmatic procedure followed by reason with-outprior critique ofits own ability. ②

独断论就是纯粹理性没有预先判断它自己的能力的独断处理方式。③

The possibility of experience in general is thus at the same time the universal law of nature, and the principles of the former are them-selves the laws of the latter. ④

一般经验的可能性同时也是自然界的普遍法则，而经验的原则，也就是自然界的法则。⑤

The understanding does not draw its（a priori）laws from nature, but prescribes them to it. ⑥

理智的（先天）法则不是理智从自然界得来的，而是理智给自然界规定的。⑦

The idea of the will of every rational being as a universally legisla-

---

① 李秋零主编：《康德著作全集：实践理性批判、判断力批判》（第5卷），中国人民大学出版社，2007年，第139页。

② Immanuel Kant, *Critique of Pure Reason*, Unified Edition, translated by Werner S. Pluhar, in-troduced by Patricia Kitcher, Indianapolis/Cambridge：Hackett Publishing Company Inc., p. 34.

③ ［德］康德：《纯粹理性批判》，邓晓芒译，杨祖陶校，人民出版社，2004年，第25页。

④ Immanuel Kant, *Prolegomena to Any Future Metaphysics*, Revised Edition, translated and edited by Gary Hatfield, Cambridge：Cambridge University Press, 2004, p. 70.

⑤ ［德］康德：《任何一种能够作为科学出现的未来形而上学导论》，庞景仁译，商务印书馆，1978年，第92页。

⑥ Immanuel Kant, *Prolegomena to Any Future Metaphysics*, Revised Edition, translated and edited by Gary Hatfield, Cambridge：Cambridge University Press, 2004, p. 72.

⑦ ［德］康德：《任何一种能够作为科学出现的未来形而上学导论》，庞景仁译，商务印书馆，1978年，第94页。

tive will. ①

每个有理性者的意志都是颁定普遍律的意志。②

For all raonal beings come under the law that each of them must treat itself and all others never merely as means, but in every case at the same time as ends in themselves. ③

每个人应该将他自己和别人总不只当作工具，始终认为也是目的——这是一切有理性者都服从的规律。④

三、主要影响

康德哲学引发了德国资产阶级的哲学革命，他是德国古典哲学的奠基者，在当时的德国造成了巨大的影响。

（一）对德国哲学的影响——开启德国古典哲学的进程

康德哲学为后来的哲学家树立了一个靶子，致使以后的哲学家的思想都是建立在对康德哲学继承和批判的基础之上。康德哲学高扬人的主观能动性，把批判的对象直接指向当时的封建教会对思想意识形态的垄断，为人类的道德生活提供了理论根据。但是康德哲学本身所提出的问题和面临的问题比它所解决的问题更

---

① Immanuel Kant, *Groundwork for the Metaphysics of Morals*, translated by Allen W. Wood, Yale University Press, 2002, p. 49.

② ［德］康德：《道德形而上学探本》，唐钺重译，商务印书馆，1957 年，第 45 页。

③ Immanuel Kant, *Groundwork for the Metaphysics of Morals*, translated by Allen W. Wood, Yale University Press, 2002, p. 51.

④ ［德］康德：《道德形而上学探本》，唐钺重译，商务印书馆，1957 年，第 47~48 页。

多，尤其是他所建立的不可知论和现象与自在之物的二元论，致使人们朝着不同的方向发展他的学说。康德之后的时代也在呼唤着一种更为积极和能动的哲学，要求冲破康德对主体和客体关系的不彻底的处理方式，为人在现实的社会生活中的主体能动性作论证。这种内在的思想冲动开启了整个德国古典哲学的进程。无论是费希特、谢林，还是黑格尔，都对于康德的唯心辩证法进行了一步步的推进，这种推进，都是建立在对康德哲学的批判上发展而来的。

（二）对德国革命的影响——激起德国资产阶级革命的热情

在《实践理性批判》出版的第二年，也就是 1789 年，法国爆发了资产阶级革命。而康德生活的时代，德国资产阶级市民社会正处在形成时期，法国大革命如火如荼的发展唤醒了德国启蒙思想家们，康德的启蒙思想无疑成为德国资产阶级革命的思想先行。马克思称其为"法国革命的德国理论"①。

康德的启蒙思想反对神权，以道德为其根本，是一种带有人本精神的、崇尚自由的学说。他论证了自由、平等等概念如何获得现实性，认为人是目的而非手段，理性使人具有价值和尊严。康德的道德哲学以自由为其核心价值，恢复了人的尊严及主体地位，对于德意志民族意识的形成和思想解放起着重要作用。康德的学说在德意志形成了巨大影响，德意志政府对康德哲学的流行产生了深深的恐惧。1794 年 3 月，普鲁士国王向韦尔纳致信——

---

① 《马克思恩格斯全集》（第 1 卷），人民出版社，1956 年，第 100 页。

"康德贻害人民的著作，决不能再让它存在了"①。同年 10 月，格尼斯堡政府以"皇帝陛下特别命令"形式对康德进行斥责。但这些都未能阻止康德哲学对德意志日渐加深的影响，它也实现了对德国资产阶级的启蒙。伟大的物理学家爱因斯坦曾经这样说："我希望将来像康德和歌德那样的德国伟大人物，不仅时常会被人纪念，而且也会在公共生活里，在人民的心坎里，以及通过对他们所矢忠的伟大原则的实际遵守，而永远受到尊敬。"②

（三）对马克思的影响——促进科学实践观的产生

康德以前的哲学家对人的实践活动并不十分关注，也丧失了探求人的存在及其意义的理论旨趣，以对知识的追求取代了对其他价值的关注。康德转变了这种趋势，重新将实践确立为其哲学的根本目的。他的道德法则使得实践成为人的自由活动，其指向是道德域。即便康德哲学在某种意义上被认为具有先验唯心主义倾向，但它仍然促进了马克思的科学实践观的产生。在康德那里，实践理性高于理论理性，他给予实践以前所未有的重视。虽然康德的实践并不包含社会实践而仅仅指向道德实践，但康德的实践理性思想高度发挥了主体在实践活动中的能动作用。马克思通过长期的理论和革命实践，通过批判和反思，扬弃了康德思想中的"实践理性"，把实践范畴从实践理性概念中抽离出来，给予它更多的内涵，在社会历史领域中贯穿实践这一思维方式。实践的观

---

① 〔德〕福尔伦德：《康德生平》，商章孙等译，商务印书馆，1986 年，第 144 页。
② 〔德〕爱因斯坦：《爱因斯坦文集》（第 3 卷），许良英等译，商务印书馆，1979 年，第 106 页。

点被马克思扩展为人的自由自觉的活动，他的实践哲学是对历史中行动着、劳动着的人的把握。实践的观点是马克思主义哲学的基础，而马克思正是在形成了科学的实践观之后才创立了自己的唯物史观，实践因此成为马克思主义哲学的本质。

四、启 示

（一）对道德教育的启示——注重理性的力量

康德认为，教育塑造人性，成就人格，是使人成为人的一种主要活动。只有接受教育，人的自然禀赋和潜能才会得到最大程度的发挥。康德的道德哲学实际上是从理性出发，建立具有普遍必然性的道德法则。在他看来，理性是人的本质，道德关系着人的行为规则，那么理性就是道德原则的基础。

康德的道德哲学十分关注道德教育。他试图从人本身出发寻找道德价值，尊重理性对道德选择的作用。道德教育是社会道德生活的重要组成部分，康德将理性作为衡量道德的标准，这有助于优化个体和社会的道德结构，实现道德教育的目的。个体的道德意识、道德实践、道德选择都关涉着道德教育的目的实现，个体的道德意识应该通过理性主义的道德哲学得到强化。坚持从理性出发进行道德选择和道德实践，能够确保道德价值的标准是动机而非效果，从而使人合乎理性地进行道德选择，促使道德自律产生。换言之，只有使人为自己立法、使人遵守自己所立的法，才能唤起主体的道德尊严，使人能够自觉思考道德的价值。这就是理性对道德教育的最重要作用。

（二）对思维方式的启示——重视批判精神

康德哲学十分重视批判精神。康德曾宣称："我们的时代是批判的时代，一切东西都必须受批判。"批判精神是西方理性精神的一个重要构成要素，它使理性主体的能动性，尤其是自我批判和自我立法的作用得到充分发挥，从而使理性成为人类一切认识、道德和历史活动的最高原则。这在哲学思想史上堪称首次。康德哲学的"哥白尼式革命"的意义正在于此，它向我们阐释了不是事物在影响人，而是人在影响事物，人在构造现实世界。康德的批判精神向我们揭示了人类认识发展的另外一种可能性：在认识事物的过程中，人比事物本身更重要，人是目的。也正是凭借这种批判精神，康德哲学在黑格尔和马克思那里遭受了深刻的批判，但也正因为如此，康德的批判者也是康德的继承者，康德的批判精神造就了康德哲学永恒的功勋和荣耀。康德批判哲学把这种凝聚着探求和创造的爱智精神，当作最为宝贵的哲学遗产传给了后世，使批判思维得以发扬。自康德以后，人类的思想就进入到了"批判的时代"。

（三）对自由意志启示——对人性的再思考

在康德那里，人的本性具有两重性：一方面，人是感性存在物，受自然界及其规律的支配，受自然的本能的驱使；另一方面，人又是理性存在物，能够凭借自由意志超越自然界对人的限制和束缚，做自己的主人。在康德眼里，人正是因为其理性的意义上的存在，才能被称之为人。作为理性存在者，人为自己颁布律令并加以自觉遵守，因而是意志自律的。这种意志自律，就是人自由意志的产物，被康德视为真正意义上的自由。

康德的人性观对自由意志高度重视，将自由看作人的理性本性乃至最高本性，启发我们对自由进行深度思考。在道德领域，意志并不是他律的，而是自律的，只有作为道德主体的人为自己立法，并自觉主动地服从己出之法，人的道德行为才有其道德价值。这是人确证自身的一个重要依据，正是因为自由意志，人摆脱了外在必然性的束缚，服从于自己设定的法规，确立了自己的理性本体地位，获得了作为道德主体的尊严。这告诉我们，自由即是自律，自由和遵守道德法则非但不冲突，且本质上是一致的：遵守规则并不是限制自由，而是赋予人自由。康德的人性观对自由意志进行的深入探讨，有助于我们洞察人的本质，从而认识到道德的真正价值。

（四）结束语

康德一生都未离开过格尼斯堡，但他并不是用脚丈量土地，而是用智慧和知识来丈量人类所生活的这个世界。康德哲学体系的宏大以及其中所蕴含的批判精神，展现了他对人类理性的终极探索和关怀，令后世叹为观止。康德对自然与自由的论述使我们看到，我们与世界并非截然对立的，我们与这个世界的关系是普遍必然的。从自然的意义上来看，我们是有形世界中的组成部分，随着时间产生生灭变化、进入物质循环，而从自由的意义上看，我们作为理性存在物为自己立法、遵从自己所立的法，从而超越了自然的限制而成为自由的人，获得人的尊严。康德哲学使得人的存在在自由的意义上指向永恒。这就是康德哲学的精神所在。

五、术语解读与语篇精粹

（一）"哥白尼式的革命"（Copernican revolution）

1. 术语解读

"哥白尼式的革命"是由康德在其著作《纯粹理性批判》中提出的，主要阐述其批判哲学的影响。康德认为，在他之前的形而上学在认识方法上都是从客观到主观，从理性反映自然的方法，而且批判哲学在认识方法上则是从主观到客观，从理性向自然提出问题并要求自然解答的方法，两者的巨大区别，就像哥白尼（Nicolaus Copernicus）体系把托勒密（Claudius Ptolemaeos）体系中的太阳围绕地球转改成地球围绕太阳旋转一样，他由此把批判哲学的产生和对它之前形而上学方法的否定，称为"哥白尼的革命"。康德用此词说明其批判哲学是认识方法上的一次重大革命，目的在于使形而上学革命化。恩格斯对其在《宇宙发展史概论》一书提出的"星云假说"予以高度评价。他指出："康德关于目前所有的天体都从旋转的星云团产生的学说，是从哥白尼以来天文学取得的最大进步。"他认为，康德用科学的方法在形而上学的思维观念上找到了缺口。虽然康德在自然科学中提出了某些唯物论和辩证法思想，但总体来说，在"前批判时期"，他在哲学上仍然是莱布尼茨-沃尔夫"形而上学"的信徒。

2. 语篇精粹

语篇精粹 A

I would think that the examples of mathematics and natural science, which have become what they now are by a revolution accomplished all at once, are sufficiently remarkable to (suggest that we should) reflect on the essential component in that revolution, viz., the transformation of the way of thinking that became so advantageous for them; and as far as is permitted by the fact that they, as rational cognitions, are analogous to metaphysics, we should (there) imitate them with regard to that transformation, at least by way of an experiment. Thus far it has been assumed that all our cognition must conform to objects. On that presupposition. however, all our attempts to establish something about them a priori, by means of concepts through which our cognition would be expanded, have come to nothing. Let us, therefore, try to find out by experiment whether we shall not make better progress in the problems of metaphysics if we assume that objects must conform to our cognition. —This assumption already agrees better with the demanded possibility of an a priori cognition of objects—i. e., a cognition that is to ascertain something about them before they are given to us. The situation here is the same as was that of Copernicus when he first thought of explaining the motions of celestial bodies. Having found it difficult to make progress there when he assumed that the entire host of stars revolved around the spectator, he tried to find

out by experiment whether he might not be more successful if he had
the spectator revolve and the stars remain at rest. [1]

译文参考 A

数学和科学，通过一蹴而就的革命而成为现在的样子，我认为这两个例子足以突出地反映出那场革命的最重要部分，那就是，思维方式的转变对它们大大有利。而且事实上，数学与科学，作为理性认知，类似于形而上学。就这一事实而言，我们就应该在思维方式的转变上模仿它们，最起码可以通过实验进行模仿。人们一直认为人类的一切认知都必须与事物相符。然而若以此为前提，尽管我们认知的扩展需要概念，但我们绝无可能借助概念先验地构建有关事物的知识。因此，让我们尝试一下能否用实验的方式在形而上的问题上取得一些有益的进展，比如说假设事物必须与我们的认知相符。——这一假设与产生关于事物的先验认知的可能性更加吻合——也就是说，这种认知使我们在接触事物之前就可以先确定一些关于它们的知识。此种情景与哥白尼最初想到解释天体运行时的情景一样。当他发现如果假定星丛围绕观察者运转，研究根本无法取得进展时，便尝试实验的方法，即假定星丛不动，而观察者围绕星丛运转，看能否取得成功。

语篇精粹 B

Now, we can try a similar experiment in metaphysics with regard
to our intuition of objects. If our intuition had to conform to the
character of its objects, then I do not see how we could know anything

---

[1] Immanuel Kant, *Critique of Pure Reason*, Unified Edition, translated by Werner S. Pluhar, introduced by Patricia Kitcher, Indianapolis/Cambridge: Hackett Publishing Company Inc., 1996, p. 21.

a priori about that character. But I can quite readily conceive of this possibility if the object (as object of the senses) conforms to the character of our power of intuition. However, if these intuitions are to become cognitions, I cannot remain with them but must refer them, as presentations, to something or other as their object, and must determine this object by means of them. (Since for this determination I require concepts, I must make one of two assumptions.) I can assume that the concepts by means of which I bring about this determination likewise conform to the object; and in that case I am again in the same perplexity as to how I can know anything a priori about that object. Or else I assume that the objects, or—what amounts to the same—the experience in which alone they (as objects that are given to us) can be cognized conform to those concepts. On this latter assumption, I immediately see an easier way out. For experience is itself a way of cognizing for which I need understanding. But understanding has its rule, a rule that I must presuppose within me even before objects are given to me, and hence must presuppose a priori; and that rule is expressed in a priori concepts. Hence all objects of experience must necessarily conform to these concepts and agree with them. Afterwards, however, we must also consider objects insofar as they can merely be thought, though thought necessarily but cannot at all be given in experience (at least not in the way in which reason thinks them). Our attempts to think these objects (for they must surely be thinkable) will afterwards provide us with a splendid touchstone of what we are adopting as the changed method in our way of thinking, viz. , that all we cognize a priori about things is what we ourselves put into them. [①]

译文参考 B

现在，在形而上学中，当涉及对事物的直观时，我们也能够以类似的方式试验一下。如果我们的直观必须与事物的特点相符，我不明白我们怎样形成关于那种特点的先验认识。但如果是事物（作为感知的对象）与我们直观的特点相符，我倒完全可以想象这种可能性。不过若把这些直观变为认识，则不能仅停留在直观阶段，而必须把它们作为表象，与某个作为对象的事物相关联，并通过那些表象来确定这个对象。（因为要确定对象，需要概念，我必须在两个假设中选择其一）我可以假设用以确定事物的概念须与事物相符，那样的话我便又陷入相同的困惑，即怎样形成关于事物的先验认识。或者我也可以假设事物，或者经验（两者是一样的，唯有在经验中，呈现于我们的事物才可被认识）与这些概念相符。从后一种假设中，我立即看到了更简易的出路。因为经验本身就是一种认知方式，为获得经验我需要理解。但理解也有规则，我必须预先假设，甚至在事物呈现给我之前，此规则已便先天地存在于我头脑之中了，并且规则是以先验概念表述的。这样，一切经验对象都必然符合这些概念并同它们相一致。不过之后，对于只能在思想中把握的对象，我们必须细思之。思考是必需的，但绝不能交予经验把握（最起码不能像理性所设想的那样）。我们尝试去思考这些对象

---

① Immanuel Kant, *Critique of Pure Reason*, Unified Edition, translated by Werner S. Pluhar, introduced by Patricia Kitcher, Indianapolis/Cambridge: Hackett Publishing Company Inc. , 1996, pp. 21-22.

（它们必须是可以想象的），而此种尝试就为我们提供了一块极好的试金石，可以用来检验我们思考方式的转变，那就是，我们对事物的一切先验认识都是我们自己投入其中的。

语篇精粹 C

Critique does not stand in contrast to the dogmatic procedure that reason follows in its pure cognitions; for that procedure is science (and science must always be dogmatic, i. e. , it must always do strict proofs from secure a priori principles). Rather, critique stands in contrast to dogmatism. Dogmatism is the pretension that we can make progress by means of no more than a pure cognition from concepts (i. e. , philosophical cognition) in accordance with principles—such concepts and principles as reason has been using for a long time—without inquiring into the manner and the right by which reason has arrived at them. Hence dogmatism is the dogmatic procedure followed by reason without prior critique of its own ability. The contrast, therefore, is not one that is meant to support a garrulous shallowness with claims to the name of popularity; let alone one to support skepticism, which makes short work of all metaphysics. Rather, critique is the preliminary operation necessary for promoting a metaphysics that is well-founded and (thus) a science. Such a metaphysics must necessarily be carried out dogmatically, and systematically according to the strictest demand, and hence carried out in a way that complies with school standards (rather than in a popular way). For this demand cannot be remitted, because metaphysics promises to carry out its task entirely a priori, and therefore to the complete satisfaction of speculative reason. Hence in carrying out some day the plan prescribed by the critique, i. e. , in (composing) the future system of metaphysics, we shall have to follow the strict method of the illustrious Wolff the greatest among all the dogmatic philosophers. He was first to provide the example (through which he became the originator of the—not yet extinct—spirit of thoroughness in Germany) as to how one is to take the secure path of a science: viz. , by establishing principles in a law-governed way, determining concepts distinctly, trying for strictness in proofs, and a-voiding bold leaps in inferences. He was, by the same token, superbly suited to transfer into that secure state such a science as metaphysics is—provided it had occurred to him to prepare the ground in advance by a critique of the organ, viz. , pure reason itself. His failure to do so must be imputed not so much to him as rather to the dogmatic way of thinking (characteristic) of his age; and for this failure neither the philosophers of his own period, nor those of all the previous ones, have any (grounds) to reproach one another. Those who reject Wolff 's method and yet simultaneously also the procedure of the critique of pure reason can have in mind nothing but (the aim of) shaking off the fetters of science altogether, thus converting work into play, certainty into opinion, and philosophy into philodoxy. [1]

---

[1] Immanuel Kant, *Critique of Pure Reason*, Unified Edition, translated by Werner S. Pluhar, introduced by Patricia Kitcher, Indianapolis/Cambridge: Hackett Publishing Company Inc. , 1996, pp. 34-35.

译文参考 C

批判并不站在独断式程序（理性以纯粹认知紧随其后）的对立面；因为那个程序是科学（而科学则总是独断的，也就是说，它总是从可靠的先验原则出发，进行严格的证明）。相反，批判与独断论对立。独断论声称，我们只通过概念（哲学概念）的纯粹认知就可取得进步，只要这种认知符合原则，而无须追问其方式和理性认知的正当性，事实上，对于这些概念和原则人们已经使用很长时间了。因此，独断论就是理性尚未预先批判其自身能力便采纳的独断式程序。这种对比，不是为支持以通俗之名而发出的肤浅的絮聒，更不是为推翻整个形而上学的怀疑论说话。相反，批判对于促进一种新的、作为科学的形而上学来说，是一种必要的举措。这种形而上学必得按照严格的要求，以独断和系统的方式开展，必得遵从学院的标准而不是通俗的标准。这个要求不得降低，因为形而上学承诺完全先验地进行研究，因而也完全满足思辨理性。要实现批判预先规定的计划，或者说，为构建形而上学的未来体系，我们就要遵从沃尔夫（Wolff）这个最伟大的独断论哲学家所设定的严格方法。是他首先做出了榜样（他因此成了至今尚未熄灭的德意志彻底精神的倡导者），告诉我们如何以可靠的方式研究科学，即合乎规律地确立原则、清晰地定义概念、论证严谨、避免草率推论等。同时，他也因此更适合把形而上学这样的科学带到可靠状态——前提是他预先通过纯粹理性批判为此打好基础。但他并没有做到这一点，这不能完全归咎于他本人，而更多的是由于他那个时代独断的思维方式；对于他的失败，无论是他那个时代的哲学家，还是之前时代的哲学家，都没有理由互相指责。那些抵制沃尔夫的学问方式又拒绝纯粹理性批判程序的人，其意图不是别的，只能是摆脱科学的约束，把工作变成儿戏，把确定性变成意见，把哲学变成偏见。

（二）自在之物（Things in themselves）

1. 术语解读

自在之物是自行存在之物，也可以称其为"物自体"。在古代西方哲学史的研究中已经有所涉及自在之物。德国哲学家莱布尼茨认为，自在之物就是单子。英国哲学家洛克认为，物自体包括精神实体和物质实体，人的认识无法达到。在康德哲学中，自在之物有三种含义：第一种是指人在认识外界事物时，人的感官由于受到外界事物的刺激而产生的杂乱观念，这些观念通过感性形式与知性范畴继而形成现象界。人的认识只能达到现象界，而无法认识自在之物。第二种是指理性所试图达到的理念。这一概念是在《纯粹理性批判》的先验辩证论中提出的。但是人们仍然用知性范畴去认识，因而使理性本身陷于二律背反。第三种是指与本体意义接近的概念。这一概念主要强调自在之物的不可知性，认为人的认识无法超越这个界限而把握自在之物。恩格斯认为，辩证唯物主义承认自在之物的存在，但否认自在之物与现象之间有不可逾越的界限，人可以通过实践实现对自在之物的认识。

2. 语篇精粹

语篇精粹 A

Already from the earliest days of philosophy, apart from the sensible beings or appearances (phenomena), thatconsitute the sensible world, investigators of pure reason have thought of special intelligible beings (noumena), which were supposed to form an intelligible world; and they have granted reality to intelligible beings alone, because they took appearance and illusion to be one and the same thing (which may well excused in an as yet uncultivated age).

In fact, if we view the objects of the senses as mere appearances, as is fitting, then we thereby admit at the very same time that a thing in itself underlies them, although we are not acquainted with this thing as it may be constituted in itself, but only with its appearances, i. e., with the way in which our senses are affected by this unknown something. Therefore the understanding, just by the fact that it accepts appearances, also admits to the existence of things in themselves, and to that extent we can say that the representation of such beings as underlie the appearances, hence of mere intelligible beings, is not merely permitted but also inevitable.

Our critical deduction in no way excludes things of such kind (noumena), but rather restricts the principles of aesthetic in such a way that they are not supposed to extend to all things, whereby everything would be transformed into mere appearance, but are to be valid only for objects of possible experience. Hence intelligible beings are thereby allowed only with the enforcement of this rule, which brooks no exception whatsoever: that we do not know and cannot know anything determinate about these intelligible beings at all, because our pure concepts of the understanding as well as our pure intuitions refer to nothing but objects of possible experience, hence to mere beings of sense, and as soon as one departs from the latter, not the least significance remains for those concepts. ①

译文参考 A

从哲学的远古时代起，纯粹理性的探讨者就已经在构成感性世界的感性存在者或表象（现象）之外，设想出可以构成理性世界的理性存在者（本体），而且由于他们把现象和假象等同起来（在未开化的时代，这是可以原谅的），他们就把实在只交给理性存在者。

实际上，如果我们把知觉对象仅仅视为表象，这也是恰当的，我们就是承认这些表象以某个自在之物为基础，尽管我们还不知道这个自在之物是什么，只知道它的表象，也就是只知道这个未知事物作用于我们感官的方式。因此，理智既然承认了表象，它也就承认了自在之物的存在，在某种程度上我们可以说，对作为表象之基础的自在之物的表现，进而对单纯理性存在者的表现，不但是可能的，而且是必然的。

我们的批判推理绝不排除此类事物（本体），只是限制审美的原则，使之不至于延伸至所有事物中去，那样的话，一切东西都将变为表象，而只对可能经验到的对象有效。因此，承认理性存在者的必要条件是遵守此项规则，容不得例外，即关于这些理性存在者，我们不知道也不可能知道任何确定的信息，因为我们纯粹的理智概念和纯粹的直觉一样，只涉及可能经验到的事物，

---

① Immanuel Kant, *Prolegomena to Any Future Metaphysics*, Revised Edition, translated and edited by Gary Hatfield, Cambridge: Cambridge University Press, 2004, pp. 66-67.

也就是说，只涉及感性存在者，一旦超出这个范围，这些概念就不再有任何意义了。

语篇精粹 B

There is in fact something insidious in our pure concepts of the understanding, as regards enticement toward a transcendent use, —a use which transcends all possible experience. Not only are our concepts of substance, of power, of action, of reality, and others, quite independent of experience, containing nothing of sense appearance, and so apparently applicable to things in themselves (noumena), but, what strengthens this conjecture, they contain a necessity of determination in themselves, which experience never attains. The concept of cause implies a rule, according to which one state follows another necessarily; but experience can only show us, that one state of things often, or at most, commonly, follows another, and therefore affords neither strict universality, nor necessity.

Consequently, the concepts of the understanding appear to have much more significance and content than they would if their entire vocation were exhausted by mere use in experience, and so the understanding unheededly builds onto the house of experience a much roomier wing, which it crowds with mere beings of thought, without once noticing that it has taken its otherwise legitimate concepts far beyond the boundaries of their use. [1]

---

[1] Immanuel Kant, *Prolegomena to Any Future Metaphysics*, Revised Edition, translated and edited by Gary Hatfield, Cambridge: Cambridge University Press, 2004, p. 67.

译文参考 B

事实上，在我们理智的纯粹概念中，有某种迷惑人的东西，它引诱我们去尝试超验的使用——这种使用超越一切可能的经验。不但我们有关物质、权力、行动、现实或其他事物的概念独立于经验，不具有任何感知的表象，因而只适于自在之物（本体），而且它们自身包含了经验无法获得的决断之必要性，这进一步强化了这种猜测。因果性概念包含一种规则，按照这一规则，一种情况必然跟随另一种情况。但经验只能向我们展示：一种情况通常，或者大多数时候，往往跟随另一种情况，因此它既不能给予严格意义上的普遍性，也不能给予必然性。

结果是，如果理智的概念不是仅仅耗费在经验的使用中，那它们便有了非常重要的意义和内容；而且这样，理智不知不觉地在经验的大厦之上建起了一个更宽阔的副厦（里面仅由思维的存在者填充），却从未注意到它其实已经在使用某些正当的概念，且远远超出了它们的使用范围。

语篇精粹 C

Two important, and even indispensable, though very dry, investigations had therefore become indispensable in the Critique of Pure Reason, viz., the two chapters "Vom Schematismus der reinen Verstandsbegriffe," and "Vom Grunde der Unterscheidung aller Verstandesbegriffe uberhaupt in Phenomena und Noumena." In the former it is shown, that the senses furnish not the pure concepts of the understanding in concrete, but only the schedule for their use, and that the object conformable to it occurs only in experience (as the product of the understanding from materials of the sensibility). In the latter it is shown, that, although our pure concepts of the understanding and our principles are independent of experience, and despite of the apparently greater sphere of their use, still nothing whatever can be thought by them beyond the field of experience, because they can do nothing but merely determine the logical form of the judgment relatively to given intuitions. But as there is no intuition at all beyond the field of the sensibility, these pure concepts, as they cannot possibly be exhibited in concrete, are void of all meaning; consequently all these noumena, together with their complex, the intelligible world, are nothing but representation of a problem, of which the object in itself is possible, but the solution, from the nature of our understanding, totally impossible. For our understanding is not a faculty of intuition, but of the connection of given intuitions in experience. Experience must therefore contain all the objects for our concepts; but beyond it no concepts have any significance, as there is no intuition that might offer them a foundation. ①

译文参考 C

在纯粹理性批判中，必须做两个重要的、必不可少的探讨，尽管它们有些枯燥无味。这两个探讨即是"论纯粹知性概念的图型法"和"一切纯粹知性原理的体系"两章中探讨的内容。第一个试图表明，感观并不具体提供纯粹的理智概念，而只提供图式

---

① Immanuel Kant, *Prolegomena to Any Future Metaphysics*, Revised Edition, translated and edited by Gary Hatfield, Cambridge: Cambridge University Press, 2004, pp. 67-68.

以使用这些概念，而符合这些图式的对象只见于经验中（作为理智由感性质料生产出的产品）。第二个表明，尽管我们关于理智的纯粹概念和我们的原则独立于经验，尽管其使用范围明显大得多，然而却不能靠它们在经验的领域之外思维任何事物，因为它们仅仅规定与直观相关的判断的逻辑形式。既然根本没有超越感性的直观存在，那么这些纯粹概念，由于不能通过具体方式表现出来，便没有任何意义。因此，所有这些本体，连同它们的总和，即智性的世界，只不过是一个问题的表现形式而已。问题的对象本身是可能的，但其解决办法，从理智的本质来讲，是完全不可能的。理智不是直觉的官能，而是直观在经验中的联系体。因而经验必定包含我们概念的一切对象，而一旦超越经验，任何概念都毫无意义，因为没有任何直观可以为它们提供基础。

（三）自然界（Nature）

1. 术语解读

柏拉图把自然看作由永恒的理念世界所建立的变化的王国。亚里士多德的观点是认为自然不是人工的创造物，不是永恒不变的，包含质料与潜能，具有内在的运动原则，具有形式与本质。中世纪哲学家对自然事物与理性事物的了解基本来源于亚里士多德。自然事物指自然界的事物，理性事物则指心灵中的东西，由此形成托马斯·阿奎那所强调的自然物与超自然物。

康德认为，自然指的是现象世界，由因果的必然性构成，自然不属于自在之物。他指出，自然界仅仅是我们心中的现象的总和，但他认为人的生命以超感觉的本体界为基础。而自然界在黑格尔看来则是绝对理念的外化、绝对精神的外壳。绝对精神是第一性的。法国唯物主义者与德国费尔巴哈都把自然看作客观的物质的自然界，前者大多把自然与社会看作相互联系的体系，后者则把自然界与人作为其体系的主要研究对象。马克思主义认为，自然包括自然界与社会，即宇宙中的一切存在物。马克思用"人化自然"的概念表示出人与自然的关系，而且这种认识会不断发展。

2. 语篇精粹

语篇精粹 A

This question, which is the highest point that transcendental philosophy can ever reach, and up to which, as its boundary and completion, it must be taken, actually contains two questions.

First: How is nature possible in general in the material sense, namely, according to intuition, as the sum total of appearances; how are space, time, and that which fills them both, the object of sensation, possible in general? The answer is: by means of the constitution of our sensibility, in accordance with which our sensibility is affected in its characteristic way by objects that are in themselves unknown to it and that are wholly distinct from said appearances. This answer is, in the book itself, given in the Transcendental Aesthetic, but here in these Prolegomena through the solution of the first main question.

Second: How is nature possible in the formal sense, as the sum total of the rules to which all appearance must be subject if they are to be thought as connected in one experience? The answer cannot come out otherwise than: it is possible only by means of the constitution of our understanding, in accordance with which all these representations of sensibility are necessarily referred to one consciousness, and through which, first, the characteristic manner of our thinking, namely by means of rules, is possible, and then, by means of these rules, experience is possible—which is to be wholly distinguished from insight into objects in themselves. This answer is, in the book itself, given in the Transcendental Logic, but here in the Prolegomena, in the course of the solving the second main question. ①

译文参考 A

这一问题是先验哲学所能到达的最高峰，先验哲学也必须以此为界限和终点，这个问题实际上包含两个问题。

第一，自然界在质料的意义上如何成为可能？也就是说，依据直观，自然界如何作为现象的总和成为可能？空间、时间，以及填充时间与空间的知觉对象，如何在普遍意义上成为可能？回答是：通过我们感受力的特质，据此，我们的感受力以其独特的方式受到未知对象的影响，这些未知事物也完全不同于已知现象。这个答案已见于《纯粹理性批判》一书中的"先验感性论"里，而在《导论》里是作为第一个主要问题的解决方法提出来的。

第二，自然界在形式意义上如何成为可能？若认为现象总是与一种经验相连，那么自然界如何作为一切现象所必须遵循的规

① Immanuel Kant, *Prolegomena to Any Future Metaphysics*, Revised Edition, translated and edited by Gary Hatfield, Cambridge: Cambridge University Press, 2004, pp. 69-70.

律的总和而成为可能？回答只能是：只有通过我们理智的特质才有可能，据此，一切感受力的表现都必然地指涉某种意识，也是首先通过理智，我们思维的特有方式，即借助规则思维，才成为可能。并且借助这些规则，经验也就成为可能——完全与对自在之物的洞见区分开来。这个答案已见于《纯粹理性批判》一书中的"先验逻辑"里而在《导论》里是作为第二个主要问题的解决方法提出来的。

语篇精粹 B

But how this characteristic property of our sensibility itself may be possible, or that of our understanding and of the necessary apperception that underlies it and all thinking, cannot be further solved and answered, because we always have need of them in turn for all answers and for all thinking of objects.

There are many laws of nature that we can know only through experience, but lawfulness in the connection of appearances, i. e., nature in general, we cannot come to know through any experience, because experience itself has need of such laws, which lie a priori at the basis of its possibility.

The possibility of experience in general is thus at the same time the universal law of nature, and the principles of the former are themselves the laws of the latter. For we are not acquainted with nature except as the sum total of appearances, i. e., of the representations in us, and so we cannot get the laws of their connection from anywhere else except the principles of their connection in us, i. e., from the conditions of necessary unification in one consciousness, which unification constitutes the possibility of experience. ①

译文参考 B

但是我们的感受力自身的特性，或者我们理智以及理智和思维背后的统觉的特性如何成为可能，这个问题无法得到进一步解决和回答，因为我们总是需要知道上述特性才能做出解答，才能对对象进行思考。

有很多自然法则我们仅凭经验就能知晓，但将现象联结起来的合规律性，即一般意义上的自然，我们却不能通过经验掌握，因为经验本身需要这些法则，这些法则先验地存在，是经验之可能性的基础。

一般经验的可能性同时也是自然界的普遍法则，而经验的原则，也就是自然界的法则。因为我们只有把自然界当作现象的总和，也就是当作在我们心中的表象的总和，才能认识自然界。因此对于它们联结的法则，我们只能从心中的表象联结的原则中，也就是从构成一个意识的必然的结合条件中得到，而这种必然的结合就构成经验的可能性。

语篇精粹 C

Even the main proposition that has been elaborated throughout this entire part, that universal laws of nature can be cognized a priori, already leads by itself to the proposition: that the highest legislation for nature must lie in our self, i. e., in our understanding, and that we

---

① Immanuel Kant, *Prolegomena to Any Future Metaphysics*, Revised Edition, translated and edited by Gary Hatfield, Cambridge: Cambridge University Press, 2004, p. 70.

must not seek the universal laws of nature from nature by means of experience, but, conversely, must seek nature, as regards its universal conformity to law, solely in the conditions of the possibility of experience that lie in our sensibility and understanding; for how would it otherwise be possible to become acquainted with these laws a priori, since they are surely not rules of analytical cognition, but are genuine synthetic amplifications of cognition?

Such agreement, and indeed necessary agreement, between the principles of possible experience and the laws of the possibility of nature, can come about from only two causes: either these laws are taken from nature by means of experience, or, conversely, nature is derived from the laws of the possibility of experience in general and is fully identical with the mere universal lawfulness of experience. The first one contradicts itself, for the universal laws of nature can and must be cognized a priori (i. e. , independently of all experience), and set at the foundation of all empirical use of the understanding; so only the second remains.

We must, however, distinguish empirical laws of nature, which always presuppose particular perceptions, from the pure or universal laws of nature, which, without having particular perceptions underlying them, contain merely the conditions for the necessary unification of such perceptions in one experience; with respect to the latter laws, nature and possible experience are one and the same, and since in possible experience the lawfulness rests on the necessary connection of appearances in one experience (without which we would not be able to cognize any object of the sensible world at all), and so on the original laws of the understanding, then, even though it sounds strange at first, it is nonetheless certain, if I say with respect to universal laws of nature: the understanding does not draw its (a priori) laws from nature, but prescribes them to it. ①

译文参考 C

本部分所论述的主要命题——即自然界的普遍法则可以被人们先验地认识——会自动引出另一个命题：即自然界的最高立法必定是在我们心中，即在我们的理智中，而且我们绝不能依赖经验在自然界中探索自然界的普遍法则；正相反，我们必须在经验的可能性条件（依赖于我们的感性与智力而存在）下，依照自然界的普遍合乎法则性来探索自然界；若不是因为自然界的法则不是关于分析性知识的规则，而是对知识的真正综合阐释，我们又怎么可能先验地了解这些法则呢？

这种经验的原则与自然界的可能性法则之间必然的一致性，只能从下列两个原因之一得出来：要么自然界的可能性法则由经验从自然界中得来，要么相反，自然界源自一般经验的可能性法则，因而与经验的普遍合法性完全一致。第一个原因自相矛盾，因为自然界的普遍法则能够而且必定先天地被认识（也就是说，它独立于一切经验），并且作为理智在一切经验的使用上的根据，因而只有第二个原因成立。

---

① Immanuel Kant, *Prolegomena to Any Future Metaphysics*, Revised Edition, translated and edited by Gary Hatfield, Cambridge: Cambridge University Press, 2004, pp. 71-72.

不过我们必须区分以经验为依据的自然界法则和纯粹的或普遍的自然界法则，前者总是以特定知觉为前提，后者则不以特定的知觉为基础，而只包含着将知觉统一在某种经验中的条件；就后一种自然界法则而言，自然界和可能的经验是同一。既然在可能的经验中，合法性取决于将各种现象联结某种经验中（不依赖经验，我们将不能认识可感觉世界的任何对象），因此在理智的原始法则方面，尽管乍听起来有些奇怪，但无论如何那是确定的。我可以这样描述自然界的普遍法则：理智不是从自然界得出（先验的）法则，而是规定关于自然界的法则。

（四）纯粹理性（Pure Reason）

1. 术语解读

纯粹理性是康德的用语。他在《纯粹理性批判》中提出这一概念，他认为纯粹理性就是独立于经验的理性。"纯粹理性"这一概念分为广义和狭义两种：广义的概念包括纯粹理论理性与纯粹实践理性，而狭义的概念是指纯粹理论理性。康德认为，纯粹理性是把感性的形式——知性范畴加在经验材料之上，继而形成知识。人的理性在经验范围内永远不能发现灵魂、宇宙、上帝等无条件的本体，因而陷于二律背反。康德也常把理性与知性看成同义词，这里的理性不包括感性形式，专指知性形式。康德以纯粹理性作为上帝存在的道德依据，并批评旧形而上学的理性神学关于上帝存在的本体论证明、宇宙论证明和目的论证明。

2. 语篇精粹

语篇精粹 A

A want or requirement of pure reason in its speculative use leads only to a hypothesis; that of pure practical reason to a postulate; for in the former case I ascend from the result as high as I please in the series of causes, not in order to give objective reality to the result (e. g. , the causal connection of things and changes in the world), but in order thoroughly to satisfy my inquiring reason in respect of it. Thus I see before me order and design in nature, and need not resort to speculation to assure myself of their reality, but to explain them I have to presuppose a Deity as their cause; and then since the inference from an effect to a definite cause is always uncertain and doubtful, especially to a cause so precise and so perfectly defined as we have to conceive in God, hence the highest degree of certainty to which this presupposition can be brought is that it is the most rational opinion for us men. On the other hand, a requirement of pure practical reason is based on a duty, that of making something (thesummum bonum) the object of my will so as to promote it with all my powers; in which case I must suppose its possibility and, consequently, also the conditions necessary thereto, namely, God, freedom, and immortality; since I cannot prove these by my speculative reason, although neither can I refute them. This duty is founded on something that is indeed quite independent of these suppo-sitions and is of itself apodictically certain, namely, the moral law;

and so far it needs no further support by theoretical views as to the inner constitution of things, the secret final aim of the order of the world, or a presiding ruler thereof, in order to bind me in the most perfect manner to act in unconditional conformity to the law. ①

译文参考 A

在思辨中运用纯粹理性的需要只会导致一种假设，运用纯粹实践理性的需要也会导致一种假设。在前面的情况中，只要我愿意，就能从结果中推导出一系列的原因，不是为了客观描述结果（比如世界上事物与变化的因果关系），而只是为了满足与之相关的质询理性。这样，我就能看到自然界的秩序和布局，而无须借助思辨使我确信它们现实的存在；但如果要对它们作出解释，我就必得假定某种神性作为它们的原因。不过由于从一种结果推断出某种明确的原因总是充满不确定性和令人生疑的，特别是那种我们只能在上帝身上构想的精确完美的原因，因此这种假设所能达到的最高的确定性乃是人类最理性的观念。另一方面，对于纯粹实践理性的需要是以义务为基础的，即要使某物（真正好的东西）成为我意志的对象从而全力促进它。此种情况下，我必须假定它是可能的，以及它成立的必要条件，比如上帝、自由和不朽，因为我不能通过思辨理性证明这些东西，但我也不能驳倒它们。此研究基于某些实际上完全独立于这些假设，而本身又确凿无疑的东西，即道德法则。截至当前，它无须更多理论观点的支持，

---

① Immanuel Kant, *Kant's Critique of Practical Reason and Other Works on the Theory of Ethics*, translated by Thomas Kingsmill Abbott, B. D., Fellow and Tutor of Trinity College, Dublin, 4th revised ed, London: Kongmans, Green and Co. 1889, p. 162.

比如关于事物内在构造的理论，关于这个世界秩序的隐匿的终极目的的理论，也无须某个主导性的尺度以使我无条件地依照道德法则完美行事。

语篇精粹 B

David Hume, of whom we may say that he commenced the assault on the claims of pure reason, which made a thorough investigation of it necessary, argued thus: The notion of cause is a notion that involves the necessity of the connexion of the existence of different things (and that, in so far as they are different), so that, given A, I know that something quite distinct there from, namely B, must necessarily also exist. Now necessity can be attributed to a connection, only in so far as it is known a priori, for experience would only enable us to know of such a connection that it exists, not that it necessarily exists. Now, it is impossible, says he, to know a priori and as necessary the connection between one thing and another (or between one attribute and another quite distinct) when they have not been given in experience. Therefore the notion of a cause is fictitious and delusive and, to speak in the mildest way, is an illusion, only excusable inasmuch as the custom (a subjective necessity) of perceiving certain things, or their attributes as often associated in existence along with or in succession to one another, is insensibly taken for an objective necessity of supposing such a connection in the objects themselves; and thus the notion of a cause has been acquired surreptitiously and not legitimately; nay, it can never be so acquired or authenticated, since it demands a connection in itself vain, chimerical, and untenable in presence of reason, and to which no object can ever correspond. In this way was empiricism first introduced as the sole source of principles, as far as all knowledge of the existence of things is concerned (mathematics therefore remaining excepted); and with empiricism the most thorough scepticism, even with regard to the whole science of nature (as philosophy) .①

译文参考 B

我们可以说是大卫·休谟首先发起了对纯粹理性说的攻击，这使得对纯粹理性进行一次全面的考察十分必要。休谟认为：原因的概念涉及不同事物之间的必然联系，比如说，如果 A 存在，我就知道肯定有与它大不同的东西，比如说 B 存在。必要性可能源于一种联系，前提是联系可以先验地被认识，因为经验只能使我们认识到这种联系存在，而不是这种联系必然存在。他说，在事物未曾交由经验时，我们不可能先验地知道事物之间（或不同特性之间）必然的联系。因此，原因的概念是虚构的和迷惑人的，或者温和一点说，是假象；唯有此种辩解或许可以理解，即人们出于客观需要，假设事物本身存在联系，并不知不觉地以一种习惯的（主观上视为必然的）方式感知事物或与之相伴或相联系的事物的特性。以此看来，原因的概念是通过不正当的、不合理的方式获得的；不，它根本不能如此获得或证实，因为它首先需要本身毫无意义的联系，那联系在理性面前是虚妄和站不住脚

---

① Immanuel Kant, *Kant's Critique of Practical Reason and Other Works on the Theory of Ethics*, translated by Thomas Kingsmill Abbott, B. D., Fellow and Tutor of Trinity College, Dublin, 4th revised ed, London: Kongmans, Green and Co, 1889, p. 106.

的，没有任何事物能与之相符。通过这种方式，休谟首次引入经验主义，将其作为一切原则和关于事物存在之知识的唯一来源（数学因此被排除在外）；和经验主义一起引入的还有最彻头彻尾的怀疑主义，甚至怀疑（作为哲学的）整个自然科学。

语篇精粹 C

But how is it with the application of this category of causality (and all the others; for without them there can be no knowledge of anything existing) to things which are not objects of possible experience, but lie beyond its bounds? For I was able to deduce the objective reality of these concepts only with regard to objects of possible experience. But even this very fact, that I have saved them, only in case I have proved that objects may by means of them be thought, though not determined a priori; this it is that gives them a place in the pure understanding, by which they are referred to objects in general (sensible or not sensible). If anything is still wanting, it is that which is the condition of the application of these categories, and especially that of causality, to objects, namely, intuition; for where this is not given, the application with a view to theoretic knowledge of the object, as a noumenon, is impossible and, therefore, if anyone ventures on it, is (as in the *Critique of Pure Reason*) absolutely forbidden. Still, the objective reality of the concept (of causality) remains, and it can be used even of noumena, but without our being able in the least to define the concept theoretically so as to produce knowledge. For that this concept, even in reference to an object, contains nothing impossible, was shown by this, that, even while applied to objects of sense, its seat was certainly fixed in the pure understanding; and although, when referred to things in themselves (which cannot be objects of experience), it is not capable of being determined so as to represent a definite object for the purpose of theoretic knowledge; yet for any other purpose (for instance, a practical) it might be capable of being determined so as to have such application. This could not be the case if, as Hume maintained, this concept of causality contained something absolutely impossible to be thought. ①

译文参考 C

但若把这种因果范畴（以及所有其他范畴，因为没有这些范畴，不可能获得关于现存事物的任何知识）应用到那些并非经验的对象，而是超越经验而存在的事物上会怎样呢？因为我只能借助经验的对象才能演绎这些概念的客观实在性。但只是在此情况下，即我证明可以借助它们来思维一些客体，即使不能先天规定客体，我才拯救了这些概念的客观实在性。而这就给这些概念在纯粹知性中提供了一个位置，借助纯粹知性，它们可以指涉一般意义上的事物（可感知的或不可感知的）。如果还缺什么的话，那就是将这些范畴，特别是因果范畴，应用到对象上的条件，即直观。没有直观，着眼于对象（作为本体）的理论知识的应用就不可能，即使有人敢这样做，也是绝对禁止的（如《纯粹理性批

---

① Immanuel Kant, *Kant's Critique of Practical Reason and Other Works on the Theory of Ethics*, translated by Thomas Kingsmill Abbott, B. D., Fellow and Tutor of Trinity College, Dublin, 4th revised ed, London: Kongmans, Green and Co, 1889, p. 108.

判》中那样）。不过（因果）概念的客观实在性仍在，甚至也能够被运用于本体，但我们却一点也不能从理论上定义概念从而产生知识。这表明，这个概念，即使是应用于对象，也不包含任何不可能的东西，即使应用于感官对象，也注定囿于纯粹知性范围内；并且当它用于指涉事物自身（无法成为经验的对象），以获得理论知识为目的时，它并不能确定地表现确定的客体；但如果用于其他目的（比如实用性目的），它可能会做此应用。而如果像休谟认为的那样，这种因果概念包含着某些无法被思维的东西，那上述情况就不可能发生了。

（五）目的国（**Kingdom of ends**）

1. 术语解读

目的国是康德的用语，指的是理性者在共同的普遍道德律令基础上形成的理想社会。康德认为，每个理性者规定自己道德行为的道德律令是普遍的道德律令，社会中的理性者虽有个别的差异与私自的目的，但可通过这种共通的律令形成一个理想社会，即目的国。他憧憬着一个理想的国度："每个人应该将他自己和别人总不只当作工具，始终认为也是目的——这是一切有理性者都服从的规律。这样有共同的客观规律的关系就产生一个由一切有理性者组成的系统。这个系统可以叫作目的国，因为这些规律的用意就在于将一切有理性者彼此间连成目的与工具的关系。当然，这个目的国只是一个理想。"① 如果世界上只有无生命的物体或有

① ［德］康德：《道德形而上学探本》，唐钺重译，商务印书馆，1957年，第48页。

生命但无理性的物体，则这个世界是无价值的；如果有了有理性者，但他们只追求物质的幸福，不考虑道德的价值，没有目的，则这个世界只有相对价值；如果有了有理性者，且他们成为有文化有道德的人，这个世界才有绝对价值，在由这样的理性者组成的社会中，自由与必然得到调和。

2. 语篇精粹

语篇精粹 A

This principle, that humanity and generally every rational nature is an end in itself (which is the supreme limiting condition of every man's freedom of action), is not borrowed from experience, firstly, because it is universal, applying as it does to all rational beings whatever, and experience is not capable of determining anything about them; secondly, because it does not present humanity as an end to men (subjectively), that is as an object which men do of themselves actually adopt as an end; but as an objective end, which must as a law constitute the supreme limiting condition of all our subjective ends, let them be what we will; it must therefore spring from pure reason. In fact the objective principle of all practical legislation lies (according to the first principle) in the rule and its form of universality which makes it capable of being a law (say, e. g. , a law of nature); but the subjective principle is in the end; now by the second principle the subject of all ends is each rational being, inasmuch as it is an end in itself. Hence follows the third practical principle of the will, which is the ultimate condition of its harmony with universal practical reason, viz.: the idea of the will of every rational being as a universally legislative will. ①

译文参考 A

人以及每个理性存在者自身就是目的（这是人之自由行动的最高限定条件）这一原则，并不是源于经验。首先，因为它具有普遍性，可应用于一切理性存在者，而经验却不能对理性存在者作任何规定；其次，因为它不将人性主观地表现为人之目的，或者说表现为人自身实际当作目的的对象；而是把人性表现为客观的目的，这一客观目的必须作为一项法则设定一切主观目的的最高限定条件，因此它必定源于纯粹理性。实际上，根据第一条原则，一切实践规律的客观原则取决于规则以及使规则成为规律（比如说自然规律）的普遍形式；但其主观原则存在于目的之中；根据第二个原则，因为一切理性存在者自身即是目的，所以每个理性存在者都是目的之主体。这样，意志的第三个实践原则便是：意志与普遍的实践理性相协调的终极条件，即"每个理性存在者的意志都是颁定普遍律的意志"这一观念。

语篇精粹 B

The conception of the will of every rational being as one which must consider itself as giving in all the maxims of its will universal laws, so as to judge itself and its actions from this point of view—this conception leads to another which depends on it and is very fruitful, namely that of a kingdom of ends.

---

① Immanuel Kant, *Groundwork for the Metaphysics of Morals*, Yale University Press. 2002, pp. 48-49.

By a kingdom I understand the union of different rational beings in a system by common laws. Now since it is by laws that ends are determined as regards their universal validity, hence, if we abstract from the personal differences of rational beings and likewise from all the content of their private ends, we shall be able to conceive all ends combined in a systematic whole (including both rational beings as ends in themselves, and also the special ends which each may propose to himself), that is to say, we can conceive a kingdom of ends, which on the preceding principles is possible.

For all rational beings come under the law that each of them must treat itself and all others never merely as means, but in every case at the same time as ends in themselves. Hence results a systematic union of rational being by common objective laws, i.e., a kingdom which may be called a kingdom of ends, since what these laws have in view is just the relation of these beings to one another as ends and means. It is certainly only an ideal. ①

译文参考 B

每个理性存在者的意志本身，就为意志的所有准则颁定了普遍律，用以评判自身及其行动——这个概念又引出另一个硕果累累的附属概念，即"目的国"的概念。

我所谓的国，是指不同的理性存在者按照共同规律形成一个系统。目的是否具有普遍的合法性是由规律决定的，因此如果我们对理性存在者的个人差异以及他们的私人目的的所有内

---

① Immanuel Kant, *Groundwork for the Metaphysics of Morals*, Yale University Press, 2002, p. 51.

容进行抽象概括，我们就能够把所有目的构想为一个系统化的整体（既包含作为本身即目的的理性存在者，又包含各个特有目的），也就是说，我们可以构想一个目的国，按照上述原则这是可能的。

每个人都不得将自己和他人仅仅当作手段，而是必得同时当作目的，所有理性存在者都遵从这一法则。这样理性存在者便依照共同的客观规律组成一个系统，可以称之为"目的国"，因为这些规律所考量的，乃是这些存在者彼此间作为目的和手段而存在的关系。当然，这个目的国只是一个理想。

语篇精粹 C

A rational being must always regard himself as giving laws either as member or as sovereign in a kingdom of ends which is rendered possible by the freedom of will. He cannot, however, maintain the latter position merely by the maxims of his will, but only in case he is a completely independent being without wants and with unrestricted power adequate to his will.

Morality consists then in the reference of all action to the legislation which alone can render a kingdom of ends possible. This legislation must be capable of existing in every rational being and of emanating from his will, so that the principle of this will is never to act on any maxim which could not without contradiction be also a universal law and, accordingly, always so to act that the will could at the same time regard itself as giving in its maxims universal laws. If now the maxims of rational beings are not by their own nature coincident with this objective principle, then the necessity of acting on it is called practicalnecessitation, i. e. , duty. Duty does not apply to the sovereign in the kingdom of ends, but it does to every member of it and to all in the same degree.

The practical necessity of acting on this principle, i. e. , duty, does not rest at all on feelings, impulses, or inclinations, but solely on the relation of rational beings to one another, a relation in which the will of a rational being must always be regarded as legislative, since otherwise it could not be conceived as an end in itself. Reason then refers every maxim of the will, regarding it as legislating universally, to every other will and also to every action towards oneself; and this not on account of any other practical motive or any future advantage, but from the idea of the dignity of a rational being, obeying no law but that which he himself also gives. ①

译文参考 C

在一个目的国中，每一个理性存在者必须总是以一个成员或君主的身份颁定法则，由于人有自由意志，这是可能的。但是他的君主地位不能仅仅靠意志的准则来维持，只有当他是一个完全独立的存在者，毫无需要，并拥有满足其意志的无限力量时，才能维持这个地位。

因此，道德就在于把一切行动与使目的国成为可能的法则相对照。这一法则必须是每一个理性存在者所固有的，并且一定发自他的意志，这个意志的原则就是：永远不要依照任何不能作为

---

① Immanuel Kant, *Groundwork for the Metaphysics of Morals*, Yale University Press, 2002, pp. 51-52.

普遍法的准则去行事，而应总是依照普遍法的准则行事，以使意志能够在其准则范围内同时颁定普遍法。如果理性存在者的行为准则在本质上不能与客观原则一致，那么要遵照这个原则行动的必要就叫作实践上的强制，也就是义务。在目的国中，义务不适用于君主，但适用于每个成员。

依照这个原则去行动这个实践上的必要，即义务，丝毫不依赖于情感、冲动或爱好，而只依赖于理性存在者彼此间的关系。在这个关系中，理性存在者的意志必然能颁定律法，否则便不能认定意志自身即是目的。理性把意志看作颁定普遍律法者，它把意志的每条准则，与其他意志和指向自身的行动进行参照，这种参照不是由于任何其他实践动机或未来利益，而是由于理性存在者出于尊严，只遵从他自身颁定的律法。

（六）至善（Summum bonum）

1. 术语解读

至善亦译为"最崇高的善"。古希腊毕达哥拉斯学派哲学家和赫拉克利特只是一般抽象地提出善的概念，从苏格拉底开始致力于探求"善的真本性"，认为人心理智地把握善的真本性，才能激励实践中的公正行为。柏拉图对善的真本性进行了进一步的阐述，并认为善是理念的顶点，从而把至善看作其哲学体系的核心，是包括理念世界在内的万物终极本原，把善和美看作一回事，快乐是达到善的手段。而古希腊伊壁鸠鲁及其学派则改造了苏格拉底、柏拉图、亚里士多德的至善论，认为快乐才是至善，快乐是幸福生活的开始和目的，幸福生活是最高的善。康德认为，道德的善还不是完全的善，只有道德行为和幸福的结合才是至善，但它不可能在经验世界中实现；只有信仰灵魂不朽的上帝，才能超出感觉世界，达到至善。这是其道德生活所追求的最高目标。然而一旦把谋求幸福的欲望作为道德行为的出发点，则会使至善这个概念出现二律背反。于是他把这二者协调达到至善的目标推到了彼岸世界。人的意志同道德规律完全契合，只有通过上帝这一超自然的最高存在者才有可能实现。

2. 语篇精粹

语篇精粹 A

The conception of thesummum itself contains an ambiguity which might occasion needless disputes if we did not attend to it. The summum may mean either the supreme （supremum） or the perfect （consummatum）. The former is that condition which is itself unconditioned, i. e. , is not subordinate to any other （originarium）; the second is that whole which is not a part of a greater whole of the same kind （perfectissimum）. It has been shown in the Analytic that virtue （as worthiness to be happy） is the supreme condition of all that can appear to us desirable, and consequently of all our pursuit of happiness, and is therefore the supreme good. But it does not follow that it is the whole and perfect good as the object of the desires of rational finite beings; for this requires happiness also, and that not merely in the partial eyes of the person who makes himself an end, but even in the judgement of an impartial reason, which regards persons in general as ends in themselves. For to need happiness, to deserve it, and yet at the same time not to participate in it, cannot be consistent with the perfect volition of a rational being possessed at the same time of all power, if, for the sake of experiment, we conceive such a being. Now inasmuch as virtue and happiness together constitute the possession of the summum bonum in a person, and the distribution of happiness in exact proportion to morality (which is the worth of the person, and his worthiness to be happy) constitutes the summum bonum of a possible world; hence this summum bonum expresses the whole, the perfect good, in which, however, virtue as the condition is always the supreme good, since it has no condition above it; whereas happiness, while it is pleasant to the possessor of it, is not of itself absolutely and in all respects good, but always presupposes morally right behaviour as its condition. [1]

译文参考 A

极致这个概念本身包含一种歧义，若果不加重视，就可能引起不必要的争执。极致可能意味着至上，也可能意味着完美。至上是这样一种状态，本身无条件限制，亦不从属于任何其他条件；完美是这样一个整体，它不是某个同类型的更大整体的一个部分。分析论中已经证明，德行（作为配得上幸福的资格）是所有令我们向往的，同时也是我们追求幸福的至上状态，因而是最高的善。但这并不意味着它是全部和完美的善，是有限的理性存在者一切

① Immanuel Kant, *The Critique of Practical Reason*, translated by Thomas Kingsmill Abbott, London: Kongmans, Green and Co. 1889, p. 143.

欲求的目标，因为追求幸福也是其目标，不但将自己视为目的的偏颇之人这样认为，甚至把世上一般个人视为目的的无偏见的理性判断也这样认为。需要幸福，也配得上幸福，却又不分享幸福，这种做法与一个拥有一切能力的理性存在者（如果出于实验的目的，我们设想有这样的存在者的话）的完美意志不相符。因为德行和幸福共同构成一个人对至善的拥有，而且幸福与道德（道德即人的价值，是他追求幸福的价值）按适当比例分配，便构成了一个可能世界的至善，因此这个至善意味着完整、圆满的善。其中，作为条件的德行总是至上的善，因为再没有比它更高的条件；而幸福，虽然能够令拥有者愉悦，但却并不单独就是绝对善的，也并不是从一切方面考虑都是善的，而它总是以符合道德的行为作为前提条件。

语篇精粹 B

The ancient Greek schools were, properly speaking, only two, and in determining the conception of thesummum bonum these followed in fact one and the same method, in as much as they did not allow virtue and happiness to be regarded as two distinct elements of the summum bonum, and consequently sought the unity of the principle by the rule of identity; but they differed as to which of the two was to be taken as the fundamental notion. The Epicurean said: "To be conscious that one's maxims lead to happiness is virtue"; the Stoic said: "To be conscious of one's virtue is happiness." With the former, Prudence was equivalent to morality; with the latter, who chose a higher designation for virtue, morality alone was true wisdom.

While we must admire the men who in such early times tried all i-maginable ways of extending the domain of philosophy, we must at the same time lament that their acuteness was unfortunately misapplied in trying to trace out identity between two extremely heterogeneous notions, those of happiness and virtue. But it agrees with the dialectical spirit of their times (and subtle minds are even now some-times misled in the same way) to get rid of irreconcilable differences in principle by seeking to change them into a mere contest about words, and thus apparently working out the identity of the notion under different names, and this usually occurs in cases where the combination of heterogeneous principles lies so deep or so high, or would require so complete a transformation of the doctrines assumed in the rest of the philosophical system, that men are afraid to penetrate deeply into the real difference and prefer treating it as a difference in questions of form. [①]

译文参考 B

恰当地说，古希腊学派只有两个，而在规定至善这个概念方面，这两个学派实际上遵从一种方式。因为他们并不允许把德行和幸福视为至善的两个不同要素，结果，他们便按照同一的法则寻求原则的统一；但他们对于德行和幸福何为最基本的概念看法不同。伊壁鸠鲁学派说："意识到自己的行为准则能导致幸福就是德行。"斯多葛学派说："意识到自己的德行就是幸福。"对于前

---

① Immanuel Kant, *The Critique of Practical Reason*, translated by Thomas Kingsmill Abbott, London: Kongmans, Green and Co, 1889, p.144.

者，审慎相当于道德；而后者为德行起了一个更高雅的名称，对他们来说，道德就是真正的智慧。

我们敬仰那些先人在如此早的时期便用各种可能的方式扩展哲学的领域，但我们同时又不得不惋惜他们敏锐的思想却偏偏被误用，即他们试图在幸福和德行这两个性质根本不同的概念之间寻出某种同一性。不过这是与他们那个时代的辩证精神相吻合的，（即使现在，精敏的头脑也可能受此误导）去试图抹除某个原则中不可调和的差异。而其做法只是把那些差异转化为词句之争，以不同的名称设想出概念的同一性，而这通常发生在这样的场合，即当根本不同的原则结合得太高深，或者需要将其他哲学体系中假定的原则加以彻底改变，以至于人们不敢深入探究其中的真正差异，而只喜欢将其作为表达形式上的不一致对待之时。

语篇精粹 C

While both schools sought to trace out the identity of the practical principles of virtue and happiness, they were not agreed as to the way in which they tried to force this identity, but were separated infinitely from one another, the one placing its principle on the side of sense, the other on that of reason; the one in the consciousness of sensible wants, the other in the independence of practical reason on all sensible grounds of determination. According to the Epicurean, the notion of virtue was already involved in the maxim: "To promote one's own happiness"; according to the Stoics, on the other hand, the feeling of happiness was already contained in the consciousness of virtue. Now whatever is contained in another notion is identical with part of the containing notion, but not with the whole, and moreover two wholes may be specifically distinct, although they consist of the same parts; namely if the parts are united into a whole in totally different ways. The Stoic maintained that the virtue was the wholesummum bonum, and happiness only the consciousness of possessing it, as making part of the state of the subject. The Epicurean maintained that happiness was the whole summum bonum, and virtue only the form of the maxim for its pursuit; viz. , the rational use of the means for attaining it.

Now it is clear from the Analytic that the maxims of virtue and those of private happiness are quite heterogeneous as to their supreme practical principle, and, although they belong to onesummum bonum which together they make possible, yet they are so far from coinciding that they restrict and check one another very much in the same subject. Thus the question: "How is the summum bonum practically possible?" still remains an unsolved problem, notwithstanding all the attempts at coalition that have hitherto been made. The Analytic has, however, shown what it is that makes the problem difficult to solve; namely, that happiness and morality are two specifically distinct elements of the summum bonum and, therefore, their combination cannot be analytically cognised (as if the man that seeks his own happiness should find by mere analysis of his conception that in so acting he is virtuous, or as if the man that follows virtue should in the consciousness of such conduct find that he is already happy ipso facto）, but must be a synthesis of concepts. Now since this combination is recognised as a priori, and therefore as practically necessary, and consequently not as derived from experience, so that the possibility of the summum bonum does not rest on any empirical principle, it follows that the deduction（legitimation）of this concept must be transcendental. It is a priori（morally）necessary to produce the summum bonum by freedom of will: therefore the condition of its possibility must rest solely on a priori principles of cognition. ①

译文参考 C

两个学派都挖空心思地寻求德行和幸福这两个实践原则的同一性，但他们努力寻求的方式并不一致，而是存在极大分歧：一派把自己的原则建立在感性方面，另一派则建立在理性方面；前者把自己的原则置于感性需要的意识中，后者则在决断的感性基础上把其原则置于实践理性的独立性中。根据伊壁鸠鲁学派，德行的概念已经包含在"增进自己的幸福"这一准则中；反之，根据斯多葛学派，幸福的情感已经包含在德行的意识中了。包含在另一观念中的东西都与本概念的一部分而不是整体相同，而且，尽管两个整体包含相同的部分，但如果部分以不同的方式结合成整体，两个整体也可能截然不同。斯多葛学派主张德行就是整个至善，幸福只是对拥有美德的意识，是主体状态的一部分。伊壁鸠鲁学派主张幸福就是整个至善，而德行只是谋求幸福之准则的形式，即对获得幸福之手段的理性运用。

---

① Immanuel Kant, *The Critique of Practical Reason*, translated by Thomas Kingsmill Abbott, London: Kongmans, Green and Co, 1889, p. 144.

现在，从分析论中可以清楚地看出，德行的准则与个人幸福的准则在至上的实践理性原则方面十分不同，尽管它们同属至善，至善也只有在两者同时存在时才有可能，但它们远非一致。相反，它们在同一主体身上却相互限制与掣肘。因此，尽管已经尽了一切努力来使二者结合，但"至善在实践上如何可能"这个问题仍未解决。分析论已经表明什么令问题难以解决，那就是，幸福和德行是至善的两个根本不同的要素。因此，它们的结合必须靠概念的综合，而不能靠分析的方法认识（就像是说一个追求幸福的人只需通过概念分析就能感觉到他是有道德的，或者一个遵照道德行事的人只需意识到其行为就能感觉到他是幸福的）。现在，既然这种结合被认为是先验的，因此从实践的角度讲也是必然的，那不是源于经验，所以至善并不依赖于任何经验的原则，对此概念的推演（合法化）也必定是先验的。从道德角度讲，只有通过自由意志才可以产生至善，因此至善的可能条件必定仅依靠认知的先验原则。

（七）二律背反（Antinomy）

1. 术语解读

"二律背反"是康德的用语。是指两个前提都可以是正确的，在对同一主题进行论证后，得出的结论却是矛盾的。康德在《纯粹理性批判》《实践理性批判》《判断力批判》中分别提出理性宇宙论二律背反、实践理性二律背反和判断力的二律背反。

关于"世界"问题，康德力图表明，凡是理性宇宙论用"知性"范畴对"世界"所作的看起来似乎十分有力的论证和规定，都遭到来自机械唯物论的看起来也同样十分有力的反驳。而这两种截然对立的观点都可以自圆其说。康德认为，人的理性一旦运用知性范畴去认识世界，便会陷入无法解决的矛盾之中。这种二律背反的情况说明人认识能力的局限性。二律背反理论提出的矛盾问题对黑格尔的辩证法思想产生巨大的影响。

2. 语篇精粹

语篇精粹 A

If every collection of dogmatical doctrines is called Thetic, I may denote by Antithetic, not indeed dogmatical assertions of the opposite, but the conflict between different kinds of apparently dogmatical knowledge (thesis cum antithesi), to none of which we can ascribe a superior claim to our assent. This antithetic, therefore, has nothing to do with one-sided assertions, but considers general knowledge of reason with reference to the conflict only that goes on in it, and its causes. The transcendental antithetic is in fact an investigation of the antinomy of pure reason, its causes and its results. If we apply our reason, not only to objects of experience, in order to make use of the principles of the understanding, but venture to extend it beyond the limit of experience, there arise rationalising or sophistical propositions, which can neither hope for confirmation nor need fear refutation from experience. Every one of them is not only in itself free from contradiction, but can point to conditions of its necessity in the nature of reason itself, only that, unfortunately, its opposite can produce equally valid and necessary grounds for its support.

The questions which naturally arise in such a Dialectic of pure reason are the following. 1. In what propositions is pure reason inevitably subject to an antinomy? 2. On what causes does this antinomy depend? 3. Whether, and in what way, reason may, in spite of this contradiction, find a way to certainty?[①]

译文参考 A

如果我们把各种独断学说的任何一个整体称作正论的话，那么我不是将背反论理解为反面的独断主张，而是理解为明显不同的两类独断知识（正论连同背反论）的冲突，我们不能把最高的赞同归因于任何一个。这种背反论，并不研究任何片面的主张，而只是根据这些片面主张的相互冲突及其原因来考察理性的普遍知识。先验的背反论实际上是研究纯粹理性的二律背反，研究其原因和结果。如果我们不但把理性用于经验的对象，以运用理智的原则，而且还冒险将理性应用于超出经验的范围，这样就会产生诡辩的命题，这些命题既不希冀得到经验的证实，也无须害怕受到经验的反驳。它们中的任何一个就自身而言不仅仅是没有矛盾的，而且能够在理性的本性中指出其必然性的条件，只是不幸的是，它的反命题也产生出同样有效并且必要的根据。

在纯粹理性的这种辩证论中，自然会产生下列问题：1. 在哪些命题上纯粹理性不可避免地陷入二律背反？2. 这种二律背反基

---

① Immanuel Kant, *Critique of Pure Reason*, translated by F. Max Mueller (2nd revised ed. [M]), NewYork: Macmillan, 1922, p. 223.

于何种原因？3. 尽管有这种矛盾之处，理性能否找到（以及怎样找到）通往确定性之途？

语篇精粹 B

First Conflict of the Transcendental Ideas.

Thesis The world has a beginning in time, and is limited also with regard to space.

Proof For if we assumed that the world had no beginning in time, then an eternity must have elapsed up to every given point of time, and therefore an infinite series of successive states of things must have passed in the world. The infinity of a series, however, consists in this, that it never can be completed by means of a successive synthesis. Hence an infinite past series of worlds is impossible, and the beginning of the world a necessary condition of its existence. This was what had to be proved first.

With regard to the second, let us assume again the opposite. In that case the world would be given as an infinite whole of co-existing things. Now we cannot conceive in any way the extension of a quantum, which is not given within certain limits to every intuition, except through the synthesis of its parts, nor the totality of such a quantum in any way, except through a completed synthesis, or by the repeated addition of unity to itself. In order therefore to conceive the world, which fills all space, as a whole, the successive synthesis of the parts of an infinite world would have to be looked upon as completed; that is, an infinite time would have to be looked upon as elapsed, during the enumeration of all co-existing things. This is impossible. Hence an infinite aggregate of real things cannot be regarded as a given whole, nor, therefore, as given at the same time. Hence it follows that the world is not infinite, as regards extension in space, but enclosed in limits. This was the second that had to be proved. ①

译文参考 B

先验概念的第一个冲突：

正题：世界在时间上有一个开端，在空间上也有界限。

证明：如果我们假定世界在时间上没有开端，那么到每一个给定的时间点为止必有一个永恒流过了，因而世界上必有无限的一序列前后相继的事物状态流逝而过了。这个序列的无限性在于，它永远无法通过前后相继的综合来完成。所以一个无限流逝的世界序列是不可能的，而世界的开端是其存在的一个必要条件。这是首先需要证明的。

对于第二点，让我们再次假定相反的情况。即假定世界是一个共在事物组成的无限整体。现在，除了综合各部分，我们不能以任何方式设想超过一个量度，它并没有在特定的限度内交予直观，另外，除了完整的综合或者单位自身反复相加，我们也不能设想这个量度的整体性。因此，为了把充填全部空间的世界构想为一个整体，就必须把一个无限世界各部分的相继综合看作完成了的；也就是说，在列举所有共在的事物时，无限的时间是流逝的。而这是不可能的。因此，真实上事物的无限集合不能被视为

① Immanuel Kant, *Critique of Pure Reason*, translated by F. Max Mueller (2nd revised ed. [M]), NewYork: Macmillan, 1922, p.225.

一个给定的整体，因而也不能同时被看作给定的。因为那样的话，一个世界就其空间中的广延而言不是无限的，而是包含于其边界中的。这是需要证明的第二点。

语篇精粹 C

Antithesis The world has no beginning and no limits in space, but is infinite, in respect both to time and space.

Proof For let us assume that it has a beginning. Then, as beginning is an existence which is preceded by a time in which the thing is not, it would follow that antecedently there was a time in which the world was not, that is, an empty time. In an empty time, however, it is impossible that anything should take its beginning, because of such a time no part possesses any condition as to existence rather than non-existence, which condition could distinguish that part from any other (whether produced by itself or through another cause). Hence, though many a series of things may take its beginning in the world, the world itself can have no beginning, and in reference to time past is infinite.

With regard to the second, let us assume again the opposite, namely, that the world is finite and limited in space. In that case the world would exist in an empty space without limits. We should therefore have not only a relation of things in space, but also of things to space. As however the world is an absolute whole, outside of which no object of intuition, and therefore no correlate of the world can be found, the relation of the world to empty space would be a relation to no object. Such a relation, and with it the limitation of the world by empty space, is nothing, and therefore the world is not limited with regard to space, that is, it is infinite in extension. ①

译文参考 C

反题：世界没有开端，在空间上也没有界限，世界在空间和时间上都是无限的。

证明：首先，让我们假定世界有开端。那样的话，由于开端是一种存在，在那之前，必然先行有一个无物存在于其中的时间；相应的，也必然有一个不曾有世界存在于其中的时间，即空的时间。在空的时间中，不可能有任何事物产生，因为空的时间的任何一部分都不具备存有的任何状态，它只是非存在的状态，这一状态与其他存有状态区分开来（不管是自己产生还是经由别的原因产生）。因而尽管在世界中可能有一系列事物生发出来，但世界本身却绝不可能有什么开端，在时间方面，过去是无限的。

至于第二点，让我们同样假设相反的情况，即世界在空间上是有限的和有边界的。于是世界就处于一个没有边界的空的空间之中。那样，我们就不仅会发现诸事物在空间中的联系，也会发现诸事物与空间的联系。既然世界是一个绝对的整体，世界之外绝没有直观的对象，因此我们找不到与世界存在关联之物，这样，世界与空的空间之间的关系就成了无物之间的关系。这种关系，以及空的空间对世界作出限定，是根本不可能的，所以世界在空间上根本没有界限，也即是说，它在广延上是无限的。

---

① Immanuel Kant, *Critique of Pure Reason*, translated by F. Max Mueller (2nd revised ed. [M]), NewYork: Macmillan, 1922, pp. 225-226.

第五章　黑格尔：理性主义的集大成者

What experience and history teach is this—that nations and governments have never learned anything from history, or acted upon any lessons they might have drawn from it.

——Georg Wilhelm Friedrich Hegel

经验和历史给我们的教训是，各个国家和政府从未从历史中学到什么，或者从不按本该汲取到的历史教训行事。

——乔治·威廉·弗里德里希·黑格尔

乔治·威廉·弗里德里希·黑格尔

一、人生历程

(一) 成长背景——社会动荡

1770 年，乔治·威廉·弗里德里希·黑格尔（Georg Wilhelm Friedrich Hegel）出生在德国南部斯图加特城（Stuttgart）的一个官宦家庭。他的父亲是税务局书记官。少年时代的黑格尔表现平庸，循规蹈矩，但后来却焕发出过人的哲学才思。

在黑格尔的成长过程中，德国和欧洲大陆正处于社会动荡时期。1789 年，也就是黑格尔进入图宾根大学（the University of Tubingen）的第二年，法国大革命（The French Revolution）爆发，虽然革命最终在欧洲封建势力的围剿下失败，但在德国境内却激起了资产阶级反封建的情绪。正如恩格斯所说："突然，法国革命像霹雳一样击中了这个叫做德国的混乱世界……整个资产阶级和贵族中的优秀人物都为法国国民会议和法国人民齐声欢呼。"① 德国资产阶级，尤其是进步青年由于受到了法国大革命的影响，反封建情绪日益高涨，黑格尔受到了法国著名的思想家卢梭的革命思想影响，与同窗好友谢林等人一起积极参加各种政治活动，欢呼法国大革命。

---

① 《马克思恩格斯全集》（第 2 卷），人民出版社，1956 年，第 635 页。

（二）居住耶拿——辩证智慧的诞生地

黑格尔在大学期间，与荷尔德林、谢林成为好朋友，同时，他被斯宾诺莎、康德、卢梭等人的著作和法国大革命深深吸引。大学毕业后，黑格尔当了整整 8 年的家庭教师。在此期间，他继续关注法国革命的进展，并钻研了康德和费希特的哲学。1801年，30 岁的黑格尔迁居耶拿，以编外讲师的资格走上耶拿大学（the University of Jena）的讲坛，主要从事哲学教学和研究，并发表了他的第一篇哲学论文《费希特和谢林哲学体系的差异》（*Difference between the Philosophical Systems of Fichte and Schelling*）。而此时，他的大学好友谢林已经在哲学界崭露头角，并形成了自己独特的哲学体系，成为新思潮的领袖，于是黑尔格成为谢林哲学的追随者。不久，因与谢林在哲学上发生原则性的分歧，他逐渐形成自己独立的哲学见解。6 年的讲课既没有给黑格尔带来财富，也没有给他带来名声。普法战争后，耶拿大学停课，生活的贫困并没有终止黑格尔对于哲学的热爱，他于 1805 年开始写作《精神现象学》（*Phenomenology of Mind*），1807 年出版。这部著作的出版，标志着黑格尔已经成为独树一帜的哲学家。要想理解黑格尔哲学，就要先理解《精神现象学》，人们把《精神现象学》称为"打开黑格尔哲学奥秘的钥匙"。

（三）智慧启发——拜访歌德

在耶拿期间，黑格尔结识了当时德国著名的诗人歌德（Goethe），在以后的学术研究中，黑格尔不仅经常与歌德进行书信往来，而且多次拜访歌德。1825 年，黑格尔在给歌德的信中写道：
"在我纵观自己精神发展的整个进程的时候，无处不看到您的踪
迹……我的内在精神从您那里获得了恢复力量，获得了抵制抽象
的营养品，并把您的形象看作是照耀自己道路的灯塔。"① 黑格尔
身受歌德思想的影响，而且在他的著作中，不时会出现歌德富有
辩证哲理的诗句。

（四） 大器晚成——达到创作高峰

1811 年 9 月，黑格尔与玛丽·冯·图赫尔结婚，婚后夫妻感
情一直很好。此时他担任了纽伦堡文科中学的校长，《逻辑学》
（*Science of Logic*）也在此期间问世。《逻辑学》是黑格尔哲学中
具有重要意义的部分，集中体现了黑格尔的辩证法思想。1816
年，黑格尔凭借《精神现象学》和《逻辑学》两部著作的名气被
海德堡大学聘为哲学教授，任教期间，黑格尔根据他讲课提纲编
辑成的《哲学全书》（*Encyclopedia of the Philosophical Science in
Outline*）于 1817 年、1827 年、1830 年先后三次出版，每次重版
他都进行了重要修改。《哲学全书》第一次系统表述了黑格尔的
哲学体系，同时也使他声名大振，这部著作由三部分组成："逻
辑学"（也称"小逻辑"）、"自然哲学""精神哲学"。1818 年，普
鲁士国王亲自任命他为柏林大学（the University of Berlin）教授。
1821 年，《法哲学原理》（*Philosophy of Right*）问世，这是黑格尔
论证资产阶级君主立宪制的合理性和实现的必然性的著作，也是
所有著作中最保守的一部。

---

① ［德］黑格尔：《黑格尔通信百封》，苗力田译，上海人民出版社，1985 年，第 130 页。

随之，《历史哲学》（*Philosophy of History*）、《美学》（*Aesthetics*）、《宗教哲学》（*Philosophy of Religion*）相继问世。1829 年，黑格尔当选柏林大学校长，1831 年因霍乱在柏林逝世，享年 61 岁。他的哲学思想在最后这段时间中得到了最广泛的传播，不仅占据了德国大学讲坛的统治地位，成为普鲁士国家的"官方哲学"，而且远播国外。

（五）爱国情怀——忧思国难

黑格尔大学时期正值法国大革命，他为之感到欢欣鼓舞，并与大学同窗好友谢林、荷尔德林一起种植了"自由树"以表庆贺。但当亲眼看到德国在对法战争中不断失败的情景，作为德国资产阶级思想家，黑格尔的心情十分复杂。一方面，他把法国大革命比喻成"一次壮丽的日出"，因为他意识到法国大革命标志着一个新时期的到来，同时他敬仰拿破仑，认为拿破仑能摧毁欧洲的旧秩序，为德国的发展开辟新的道路。所以 1806 年 10 月 30 日，当拿破仑占领耶拿的时候，黑格尔不顾个人得失，不抱民族偏见，在给一位朋友的信中写道："看到这样一个个体，他掌握着世界，主宰着世界，却在眼前集中于一点，踞于马上，令人有一种奇异的感觉。"[①] 另一方面，作为德国人，黑格尔担忧自己祖国的命运。军事上的失败、劳动群众的反抗以及资产阶级的不满，迫使普鲁士政府不得不进行某些社会改良，虽然并不彻底，但还是有利于资本主义的发展。1814 年，拿破仑退位，黑格尔将之称为"天下最悲惨的事情"，随后，封建复辟浪潮席卷欧洲。在这

---

① ［德］黑格尔：《黑格尔通信百封》，苗力田译，上海人民出版社，1985 年，第 204 页。

种形势下，黑格尔试图通过革命实现资产阶级理想的热情荡然无存，而把希望完全寄托在自上而下的改良主义道路上。

二、精神思辨的魅力

黑格尔进一步发挥了德国古典唯心主义（Idealism）哲学的人本主义（Humanism）精神，把人看作纯粹的精神性实体，即所谓的"自我意识"（Self-consciousness），并把"自我意识"客观化为宇宙万物的实体，他称之为"绝对理念"（Absolute Idea），这个"绝对理念"不仅是能动地创造万物的主体，而且是一个能够自己实现自己的万能的上帝。这样一来，黑格尔对于上帝的思考就站在了一个全新的角度，即以"绝对理念"为出发点去解释宗教。

（一）在"绝对理念"基础上的思维和存在的辩证统一

对于思维和存在的关系的论述，从亚里士多德开始，哲学家们就用实体这一范畴来概括客观存在和本质。到了黑格尔，他结合了传统上的实体概念和用以表示主观意识的主体概念，得出"实体就是主体"的论断，从而为思维与存在辩证统一的"绝对理念"论奠定了基础。黑格尔整个哲学体系的核心、出发点和归宿就是以"绝对理念"为基础的思维和存在的辩证统一，其方法是辩证法（Dialectic）。辩证法的原意是对话的方法，中世纪的哲学家们将其理解为形式逻辑的证明方法，费希特认为，辩证法与自我意识的活动和内容联系在一起，这种仅把辩证法局限在自我意识范围内的观点受到了黑格尔的批判。黑格尔认为，主观辩证法只是客观辩证法的反映，只有通过肯定主体与实体的辩证统一，进而才能达到论证主观与客观的统一。

黑格尔认为，法国大革命体现并且实现了自己的哲学目标，在论述法国大革命中，他曾这样论述"绝对理念"：自从太阳站在天空，星辰围绕着它，大家从来没有看见，人类把自己放在他的头脑上，放在他的"思想"上面，而且依照思想，建筑现实。①那么在黑格尔看来，"绝对理念"从根本上说就是"上帝"，但他所讲的"上帝"与基督教不同，基督教所讲的上帝在黑格尔看来只是绝对理念发展链条上的一个环节而已。

康德在《实践理性批判》中，通过预设上帝的存在来论证道德如何可能，遭到了黑格尔的嘲笑："这正如儿童任意制成一个稻草人，并且彼此相约他们要装作对这个稻草人表示恐惧。"②黑格尔认为，人类理性本身就是上帝，它主宰了人类历史的发展，这就是"绝对理念"。黑格尔极其崇拜"绝对理念"，虽然他只是给"绝对理念"贴上了"上帝"的标签，表明他不愿意同基督教完全决裂，但是不能就此完全否定黑格尔对封建神学的批判。黑格尔哲学不仅是近代德国资产阶级批判封建神学的一大进步，而且为后来青年黑格尔派反神学斗争和费尔巴哈的无神论提供了发挥的空间。

黑尔格认为，思维和存在具有同一性。所谓的"思维"不仅

---

① ［德］黑格尔：《历史哲学》，王造时译，商务印书馆，1963 年，第 495 页。

② ［德］黑格尔：《哲学史讲演录》（第四卷），贺麟、王太庆译，商务印书馆，1978 年，第 293 页。

是指人们头脑中的思想，而且指存在于人们头脑之外的"绝对理念"。在黑格尔看来，人们头脑中的思想是"绝对理念"发展的最高产物；所谓的"存在"不是指自然界与人类社会生活中的各种具体事物，而是"绝对理念"的外壳。那么也就是说"绝对理念"内蕴于事物之中，是万物的内在根据和核心。

"绝对理念"之所以存在是因为自然界和社会生活中各种具体的事物总是不断变化、生灭无常的，而蕴含于每一个个体中的"类"才是持久不变的，但是"类作为类是不能被知觉的……所以普遍是人所不见不闻，而只是对精神而存在的"①。那么我们要揭示真理时，就需要借助于"思想"，这个思想不仅是人脑具有的，而且也是客观事物的本质。这样一来，"当我们把思维认为是一切自然和精神事物的真实共性时，思维便统摄这一切而成为这一切的基础了"②。黑格尔所强调的思维和存在的同一性不是指二者"绝对同一"，而是说这种同一是矛盾发展和相互转化的过程。这种矛盾是指：存在以思维为本质，只有符合思维的事物才具有实在性。那么按照黑格尔的说法，如果一幅画符合了"艺术品"的概念，我们就会说这幅画是艺术品，但是这并不是说这幅画完全符合"艺术品"的概念，因为这幅画不可能是完美无缺的。由此，黑格尔认为，任何具体事物的存在都只是暂时的，都会随着自身内部的矛盾运动、变化、发展、消亡，最终会被另一个更符合于概念的具体事物所代替。在这个过程中，具体事物逐步同它的概念相符合，思维与存在逐渐走向同一，"绝对理念"也

---

① 〔德〕黑格尔：《小逻辑》，贺麟译，商务印书馆，1980年，第79页。
② 同上，第84页。

最终实现了自身。

康德认为，"至善"是最完满的善，但它只是一种"应当"，在现实世界中无法实现。针对康德的这种"应当"哲学，黑格尔以绝对理念论为基础，从唯心主义辩证法的观点出发进行了批判。在黑格尔看来："凡在人们头脑中是合理的，都注定要成为现实，不管它和现存的、表面的现实多么矛盾。"①与康德哲学相比，黑格尔哲学是一个巨大的进步，但是由于黑格尔始终在"绝对理念"里论证思维可以转化为存在，所以他的思维与存在同一的学说注定是一种软弱无力的唯心主义哲学。

黑格尔有个著名的哲学命题，即"凡是合乎理性的东西都是现实的，凡是现实的东西都是合乎理性的"②（What is real is rational—what is rational is real）③，体现了思维与存在同一学说的两面性。在黑格尔的这个命题中，"凡是现实的东西都是合乎理性的"表面上看起来似乎是在为现存的社会制度进行辩护，所以普鲁士政府非常认可，而资产阶级自由派攻击黑格尔哲学"是长在阿谀奉承的粪堆上"的"哲学毒瘤"。但是我们不能把黑格尔说的现实理解为现存，也不能把他所说的现实的东西是合理的，理解成现存的一切事物都是合理的。按照黑格尔的说法，在现存的有限事物中，只有合乎理性的部分才是现实的。那么由此可以看出，黑格尔也并没有完全在为普鲁士政府辩护，而只是说在一定的限度内它是合理的。

---

① 《马克思恩格斯选集》（第四卷），人民出版社，2012年，第222页。
② ［德］黑格尔：《法哲学原理》，范扬、张企泰译，商务印书馆，1961年，第11页。
③ Forrest E. Baird, *Philosophic Classics*, the World Book Press, 2012, p. 908.

对于黑格尔的这一作为整体的哲学命题，人们往往只看重"凡是现实的东西都是合乎理性的"，忽略了"凡是合乎理性的东西都是现实的"，而黑格尔更看重后半句。据海涅说，有一次他质疑老师黑格尔"凡是现实的都是合理的"这句话时，黑格尔笑了笑说："也可以这么说，凡是合理的必然都是现实的"。刚一说完，黑格尔就感到惶恐不安，急忙环顾了一下四周，确认只有海涅和他的一个朋友在场时，才平静了下来。黑格尔紧张的原因在于，他一语道破了这个命题中隐藏的革命性，即这个命题不仅体现了现存的一切不合理的事物必定走向灭亡，同时也表现出黑格尔对理想和未来的坚强乐观的信念。

在思维与存在的关系中，黑格尔认为，思维是存在的本质，一个事物只有符合思维才具有实在性，思维要在存在中不断实现自己。思维和存在的同一是一个矛盾发展、不断转化的过程，这也是黑格尔从主观和客观两方面论证事物绝不能离开思维而独立存在。从黑格尔论述思维和存在关系中可以看出，他坚持思维第一性、存在第二性，思维决定存在。

（二）一切科学的灵魂——逻辑学

在论证思维和存在同一性的过程中，黑格尔构造了一个"绝对理念"自己认识自己、自己实现自己的哲学体系。"逻辑学"是黑格尔哲学体系的第一部分，《逻辑学》也是黑格尔最重要的哲学著作。黑格尔的《逻辑学》有两种：一种是1812—1816年出版的《逻辑学》上下卷；另一种是1817年出版的《哲学全书》中的第一部分，即黑格尔专门为教学需要写的《小逻辑》，它在结构上作了一些调整，内容更加精练。打开黑格尔的逻辑学，就会发现它与自亚里士多德以来的传统形式逻辑有很大的不同，黑格尔的"逻辑学"是一个哲学范畴的推演体系。通过纯概念的自我推演，黑格尔阐释了绝对精神是如何运动的。

逻辑学作为黑格尔整个哲学的大纲，也是黑格尔辩证法思想的集中体现。在哲学范畴的推演过程中，黑格尔把逻辑范畴叫作"纯概念"（Pure Concept），所谓"纯概念"就是人们最熟知的、最纯粹的思维形式，没有沾染任何感性的、物质的成分。但是人们总是把这些纯粹的思维形式同感性材料混杂在一起，导致了对自己熟知的东西往往最无知。逻辑学就是抛开这些感性材料，对逻辑范畴进行纯粹的思考。

黑格尔进一步发挥了康德的"二律背反""三一式"的思想，把各种范畴结合在一起，构成了一个不断向前推演的有机统一体系。

在继承和发展了康德的"三一式"和费希特的"正、反、合"的思想的基础上，黑格尔对范畴进行推演，构成了大大小小的辩证法环节，它们环环相扣，层层上升，形成了正反合的大大小小的圆圈，黑格尔称之为"否定之否定"规律。在黑格尔看来，肯定与否定两者既对立又统一，肯定中包含着否定，否定中包含着肯定，但是否定绝不只是对肯定的东西的单纯否定，它是一种质变，是一种"扬弃（Sublate）"。"扬弃"既有舍弃又有保留之意，经历了正、反、合三个阶段。"正"是单纯的肯定，"反"是单纯的否定，这两个阶段相互对立，"合"是对"反"的否定，是肯定与否定的统一，内容更丰富、更具体。

黑格尔从"否定之否定"的思想出发，进一步分析了逻辑思维的三种形式："知性（Cognitive）""否定的理性""肯定的理性"。黑格尔认为，逻辑思维起始于知性阶段，但由于知性对事物的思考只是被动的反思，所以人的认识不能总是停留在知性阶段，必然要发展到"否定的理性"阶段。虽然康德的"二律背反"就是"否定的理性"的理论表现，但是康德没有真正理解矛盾的积极意义，所以从"二律背反"作出了不可知论的结论。因此认识不能只停留在"否定的理性"阶段，而应进一步提高到"肯定的理性"阶段上，这样才能达到"具体的同一"，只有把握住了"具体的同一"，才能全面把握一个具体的事物。

1. 存在论

"存在论"（Ontology）是黑格尔逻辑学的第一部分，描述了纯粹理念在自在的阶段的发展状况，主要系统阐发了质量互变规律。

在存在论中，第一个"正、反、合"三段式是"存在、无、变易"。黑格尔把"存在"（德语：Sein）作为整个体系的起点和开端，这是因为，他认为开端应该是最抽象的范畴，它不应该有任何的前提和内容，这样才能配得上充当"绝对"的开端。从这个意义上讲，"纯存在"就是这个最抽象的范畴，它撇开了事物的一切特性，是没有任何规定性的存在。既然"纯存在"没有任何的规定，那么从内容上说它就是"无"（Nichts），对于这样的存在，我们什么都不能说，只能说"存在着一个无"。那么存在范畴由于其本身无内容，就直接否定自身而过渡到自己的对立面了，即黑格尔从"存在"推出了"无"。这个"纯无"是依托着

"纯存在"得以存在的，否则就没有无，也不可能谈论它。所以"无"本身已经包含"存在"的概念，但它又不是一个现成的"无"，而是一种否定的活动。所以既然存在否定自身为"无"，那么"无"也要否定自身走向"存在"，这就形成了第三个范畴，即"变易"（Werden）。在"变易"中，"存在"与"无"相互区别，又相互依存，并全部被扬弃于其中的统一，这样一来，变易就有了自己的具体内容，把存在和无都变成了自身概念内部的两个环节，走向了"定在"。"定在"是获得了规定性的存在，就是质，这样物与他物就能区别开来。之后，黑格尔又从质的范畴中建立起了量的范畴，量对于事物的存在只是一种外在关系，其变化通常是缓慢的、渐进式的，量的变化不会影响事物的质。但这并不是说这种变化是无止境的，它只能在一定的"度"的范围内发生变化，一旦超出了"度"，事物就会发生质变。在黑格尔看来，我们只有把握了"度"，才能够在量和质的统一中认识质量互变规律，从而达到对事物本质的认识。

2. 本质论

"本质论"（Substantialism）是黑格尔"逻辑学"的第二部分，在"本质论"中，范畴的推演是通过"反思"的方式进行的。如果说存在论停留于事物表面外观，属于"知性"思维层次的话，本质论则深入到了事物的本质，属于"否定的理性"阶段。探讨的范畴主要有：同一与差别、本质与现象、形式与内容、原因与结果、可能性与现实性、必然性与偶然性、自由与必然等，它们都是成对的，不可能单独存在，彼此互为理解的前提。在本质论中，直接就显示出各对范畴的必然关系，而不必像存在论的范畴之间的关系那样，需要解释才显现出来。

黑格尔认为，对于"同一与差别"这对范畴来说，本质是在变化的众多事物中保持同一不变的东西，一开始就表现为自身同一。但这种同一是"抽象的同一"，它作为本质的一个规定性，实际上是无规定性，因而也就包含了自己的否定的方面，即"差别"，所以同一本身就是差别。但是要显现"本质"的意义就必须进入"对立面"，对立的东西才是表现本质的东西，而对立就是从差别向同一的复归。真正复归到同一的还是"矛盾"，认识的任务在于把握事物的内在矛盾，只有事物的内在矛盾才是事物自己运动的源泉。

黑格尔讨论的第二对范畴是"本质"（Essence）和"现象"（Phenomenon），他从"本质"推演出"现象"，认为"本质"必然表现为"现象"。康德认为，本质与现象是绝对对立的，人们只能认识现象，认识不了自在之物，即事物的本质，而黑格尔认为，现象和本质不仅是对立的，而且是同一的。本质存在于现象之中，现象是本质的表现，人们可以通过认识现象把握事物的本质。

黑格尔讨论的第三对范畴是"必然"（Inevitable）与"偶然"（Contingency）。必然性与偶然性是既有区别又有联系的，必然性蕴含于偶然性中，通过偶然性表现自己；偶然性同时蕴含于必然性中，受必然性的支配，科学的任务就是要透过偶然性去认识必然性。

黑格尔讨论的第四对范畴是"可能性"（Possibility）与"现

实性"（Reality），现实性首先只是可能性，可能性是现实性的潜在状态，现实性是可能性的展开。在黑格尔看来，可能性分为"抽象的可能性"和"实在的可能性"。"抽象的"可能性是不具有必然性的可能性，实际上就是不可能，只有"实在的可能性"才具有必然性，也就是说当一件事情的一切条件完全具备了，这件事情就能够进入现实了。

黑格尔讨论的第五对范畴是"自由"（Freedom）与"必然"（Necessity）的关系。康德认为自由与必然是"二律背反"，在现象世界，一切都是必然的，无自由可言，而在"自在之物"的世界，在道德生活中，应该假定人的意志是绝对自由的。黑格尔认为，自由一定是以必然性为基础的，是对必然性的把握，在必然性被认识之前，人们的意志受必然性的盲目支配，没有自由，而当人们认识到了必然性，自由就实现了。

3. 概念论

黑格尔"逻辑学"的第三部分是"概念论"。在黑格尔看来，"概念"的发展经历了三个阶段：在"概念"发展的第一阶段，就是所谓的"主观性"阶段，黑格尔对概念、判断、推理等思维形式作了辩证的分析；在"概念"发展的第二个阶段，即所谓的"客观性"阶段，黑格尔主要论述了主观的概念是如何异化为客体，提出了"自然哲学"；当"概念"发展到第三阶段，即所谓的"绝对理念"阶段，就达到了概念的主观性和客观性的统一。

很多人都认为黑格尔的著作很抽象，但实际上黑格尔是最反对抽象的人，他喜欢具体，而且他说："哲学是最敌视抽象的，它引导我们回复到具体。"① 黑格尔所说的"具体"和"抽象"是针对思想上的全面性和片面性而言的。在黑格尔看来，思想上的片面性是指总把一个事物的某一方面认作事物的全体。他举了这样一个例子：要具体认识一个凶手，那就不仅要研究这个凶手的罪行，而且要研究这个凶手的生活经历、家庭和社会环境等。如果只看到他是个凶手这个抽象概念，那就是抽象思维，就会导致不能正确认识和处理一个凶手。

黑格尔的"逻辑学"以"绝对理念"告终，完成了纯粹理念的自我漫游。"逻辑学"中的每一个范畴都是"绝对理念"的一个规定、一个环节，只有通过范畴才能把握住"绝对理念"，但是我们必须把一个范畴与其他范畴有机联系在一起进行考察，才能表达真理。黑格尔认为，范畴从抽象上升到具体，不仅是人类认识发展的过程，也是事物的发展过程。在这个过程中，绝对理念实现了自身。

总体来看，黑格尔的逻辑学从"存在论"开始，经过"本质论"，在"概念论"中达到宇宙存在的真正本质，范畴也经过自我推演最终回到了"绝对理念"，整个过程展现为一个"从抽象到具体"的过程。接下来黑格尔考察了"绝对理念"在自然界中的发展，这就是"自然哲学"的任务。

"纯存在"是黑格尔"逻辑学"的第一个范畴，所谓的"纯存在"，按照黑格尔的看法，就是撇开事物的一切特性，仅仅说它"存在"，或者说仅仅指出"某物是……"，至于是什么，则无

---

① ［德］黑格尔：《哲学史讲演录》（第1卷），贺麟、王太庆译，商务印书馆，1981年，第29页。

可奉告。这样的存在是没有任何规定性的，也可以说它是非存在，就是"无"。拿人的认识来说，如果人们对某一事物的认识仅仅停留在"纯存在"这样的水平上，那么就等于说对它毫无认识。由此，黑格尔就从"存在"推出了"非存在"。

（三）绝对理念的异化——自然哲学

黑格尔哲学体系的第二部分是"自然哲学"（the Philosophy of Nature），自然哲学是有关黑格尔的"异化"（Alienation）学说，基本命题是：自然界是自我异化的精神。在黑格尔看来，自然界是绝对理念必然要经历的领域，只有经过自然界的发展过程，绝对理念才有外在的丰富多彩的形态，也才能最终成为真正的自由精神。在黑格尔看来，"异化"不仅是要背离自身，变为异己的东西，而且必然要在与自身不同的领域发展。它包含三层含义：自然是理念的派生物、自然为隐藏于其中的理念所主宰、自然是不符合于理念本性的异己的力量。

理念在逻辑阶段是抽象的、不实在的，为了实现自己，理念必须扬弃自身的抽象性而异化为自己的对立面——自然界。在理念如何创造出自然界这个问题上，黑格尔并没有给出合理的解释，只是用了"异化""外化"等晦涩的言词搪塞。自然是理念在发展过程中为自己设定的一个对立面，在此阶段，理念还是自在的，与其自在自为的本性不相符合，要想回归自身，必须摆脱、克服自然的束缚而复归于自己。在黑格尔看来，对自然哲学的研究，不仅仅是要看到理念的异化，而且要看到理念复归自身，从自然引出精神，这样就从"自然哲学"过渡到了"精神哲学"。

黑格尔在"自然哲学"中把自然界分为三个领域，也体现了理念发展的三个阶段，即"力学""物理学""有机物理学"。其中力学是理念在自然界发展的最初阶段，主要探讨空间、时间、运动、物质以及天体运动等问题。黑格尔在批评牛顿绝对时空观的基础上，提出时间和空间是客观的，是与事物统一的，这种统一性恰恰表现出它的有限性，而无限性的理念则是凌驾于时空之上的超时空的东西。黑格尔从时间和空间进一步推演出运动的范畴，在他看来，时间和空间统一于运动，并且在运动中才能得到现实性。此外，运动与物质不可分，没有无物质的运动，如果有运动，那一定是物质的运动，同样也没有不运动的物质。

黑格尔在"物理学"中，主要考察了光、热、声、电、磁等物理现象以及化学变化，为了把客观的物理现象纳入他的理念异化的原则，黑格尔臆造了许多可笑的谬论，但是不可否认的是，这些谬论也包含了很多深刻的具有启发性的辩证法思想。

在"有机物理学"阶段，有生命的个体出现，黑格尔认为真正的有机生命开始于植物，植物作为主体能够自己形成自己，创造新的个体，但是没有自我感觉，缺乏"主观性原则"；动物是理念异化的最高阶段，因为动物作为一个有机整体，由灵魂主宰，趋于生命的完善。

总之，自然界的三个领域是各自独立的，它们之间并没有时间上的自然发展的联系，只是自然界在空间上展开的多样性。但从本质上说，三个领域组成的自然又是一个有着内在联系的体系，构成这种内在统一性的便是蕴含在自然界中的理念。

在黑格尔的自然哲学中，他提出了绝对理念的异化学说。所谓"异化"就是"对象化""外在化"或"外化"，这是绝对理念回归自身的一个环节。绝对理念为了实现自身就必须扬弃自身的抽象性而异化为自己的对立面——自然界，这里鲜明地体现了黑格尔理念优先于自然界的唯心主义立场，这种优先于是逻辑上的优先。理念异化为自然界，同时又蕴含在自然之中，主宰着自然界事物的发展。对于理念来说，自然界还只是一个和自己的本性不相符的异己的势力，因此，理念不会停留于自然界，它要回归自身，必须扬弃自然界。黑格尔研究自然哲学的目的就是不仅要看到理念的异化，而且要看到理念从异化导向复归。总之，异化是绝对理念自我否定和自我发展的逻辑路径。

（四）绝对精神的自身复归——精神哲学

黑格尔哲学体系的最后一部分是"精神哲学"（the Philosophy of Spirit），这部分是黑格尔本人最关注的，主要讨论的是"人"的问题。黑格尔把人看作一个能够"思考自己"的精神实体。"精神哲学"的任务就是要通过人，使"绝对理念"回归自身，实现思维和存在的同一。"精神哲学"分为三个阶段："主观精神""客观精神"和"绝对精神"。

1. 主观精神

黑格尔认为，主观精神（Subjective Spirit）是人的意识中认识自身的活动，从"感性确定性"起步。在意识中，最直接的意识就是感性确定性，这也是每个人都知道的确定性，它能够直接把主体和客体区分开来。感性确定性看起来似乎是最丰富的，但黑格尔说它其实是最抽象的，因为它包含的可以抓得住的意思最少，也很难确定，所以我们通常用它来表达当前个别对象的知识，比如我能够亲身感受到"这一棵树""现在是白天"等。但是当我们这样表达时，这种个别的知识可能已经发生变化了，那么通过这种感性确定性我们无法确定任何东西，因为它本身就是空洞、抽象的。所以感性要想达到确定性就必须上升到"知觉"的层次，因为知觉已经有了一些概念。但是在知觉中，物和我的关系仍然是感性关系，那么为了达到对物自身的把握，意识就要进一步上升到"知性"阶段，把世界看作一个规律的世界，寻求事物的内在规律。但是规律不是静态的，而是动态的，所以为了能够把握感性现象中相互冲突、相互矛盾的现象，"知性"又必须上升到"理性"。总之，黑格尔在"主观精神"中描述了个人意识从"意识"到"自我意识"，再到"理性"的成长过程。

2. 客观精神

按照黑格尔的推理，"主观精神"只是个人意识发展的过程，它必定要发展为"客观精神"（Objective Spirit），"客观精神"主宰着人类社会历史的发展，体现在"法哲学"中。黑格尔认为"客观精神"就是"法"（Right）。"法"就是"自由意志（Free Will）的定在"①，是自由的实现。在《法哲学原理》中，黑格尔把"法"的发展分为三个层次：抽象法、道德和伦理。在这里，把道德与伦理加以区分是黑格尔哲学的一个特色。

① ［德］黑格尔：《法哲学原理》，范扬、张企泰译，商务印书馆，1961年，第36页。

在抽象法中，黑格尔认为，既然法的理念是自由，那么法哲学就是要探讨自由意志的，法就是自由意志相互之间的关系体系，自由意志首先体现在所有权上。所有权与个人的人格有内在联系，当一个人侵犯了人家的所有权，并不只是导致人家的财产损失，而且侵犯了人家的人格，因为作为主观性的人格必定要表现在外，那么首先就表现在人对财产的占有上。只有这时，人格的自由意志才能与他人的自由意志发生关系，形成合理的法权。所以法是自由的直接定在，任何人如果超越了法，他的自由将不复存在。所有权有三个环节：占有、使用和转让，到了转让就形成了"契约"（Contract）。在黑格尔看来，不仅可以转让物品，而且可以转让个人的身体、技能、活动能力等。当契约双方的不同意志得到统一，双方同意，契约就生效了，但是契约只是偶然发生的，因此只是"共同意志"，而不是"普遍意志"，所以契约只适用于财产关系，必定要进一步推演出"不法和犯罪"。"不法和犯罪"是法的一种现实性的表现，正是有了不法和犯罪，才能体现出法的威力。而要体现出法的威力，就必须对"不法和犯罪"进行惩罚，这就产生了"刑罚"。"刑罚"扬弃了"不法和犯罪"，使"法"得以回归，并由此过渡到了"道德"（Morality）。

在黑格尔看来，"道德"也是"法"，是一种主观意志的法，表现为单个人的主观意志追求普遍物，这样自由意志就在单个人的意志中获得了定在。但在个人内心中绝对真实的良心所确认为善的东西是否就是客观的善？这个问题实际上在人的心中无法解决。也就是说，道德只是一种在内心中"应当"的东西，只有进入伦理生活中才能成为现实。

伦理不是单纯的个人内心的道德，而是按照人们的道德意识确立的保障人的权利的外部行为规范，因此伦理是自由的外部权利和内心道德的统一体。伦理一方面对个人是外在的规章制度，但同时又是合理的，是每个人自由意志的体现，它能够使个人摆脱主观冲动而获取自由。黑格尔把"伦理"分为家庭（Family）、市民社会（Civil Society）和国家（the State）三个环节，它们都具有道德的内涵和法的外在形式。家庭产生于自然关系（男女两性），即男女双方自愿放弃个人意志组成了固定的家庭模式，使双方的人格同一化，家庭主要靠"爱"来维系；家庭由于作为其定在的子女成为独立的人，发生代际交替和财产转移（继承）而解体，当家庭解体，人的自由意志的回归，家庭之爱丧失，人作为独立的个人与他人交往，"市民社会"产生。在市民社会中，人虽然丧失了家庭之爱，但增加了一种所谓诚信和天职的社会道德，这种社会道德表现在外就是人必须作为一个独立的个体与他人打交道，于是形成了普遍的社会制度，制定了法律，个人的财产和人格有了法律的保护，那么就意味着犯罪的行为就不只是侵犯了单个人的利益，而且对整个社会也产生了危险性，必须要受到法律的制裁。于是市民社会中出现了保障个人及其财产安全的司法、警察、同业公会组织等，它们一旦形成，就成为国家的调控手段。

黑格尔认为，人不能脱离社会生活，必须成为国家的成员。他说"神自身在地上的行进，这就是国家"①，这样就把国家神圣

---

① ［德］黑格尔：《法哲学原理》，范扬、张企泰译，商务印书馆，1961年，第259页。

化了，意味着个人只有在国家中才能获得真正的自由，但是不能把国家看作保证个人自由的工具，国家是个人的最高义务和目的，需要个人为之奉献和牺牲。黑格尔说："个人目的与普遍目的这双方面的同一则构成国家的稳定性。人们常说，国家的目的在于谋公民的幸福。这当然是真确的。如果一切对他们说来不妙，他们的主观目的得不到满足，又如果他们看不到国家本身是这种满足的中介，那末国家就会站不住脚的。"① 由此可见，个人可以追求自己的利益，但是不能因此侵犯国家的利益。此外，国家也会关心个人福利的实现。

在"国家制度"问题上，黑格尔既不赞成社会契约论，也不赞成孟德斯鸠的立法、行政、司法三权分立说，而主张君主立宪制。他说："国家成长为君主立宪制乃是现代的成就。"② 恩格斯对此进行了评价："黑格尔宣布了德国资产阶级取得政权的时刻即将到来。"③ 在考察"国际法"的问题时，黑格尔提出，每个国家都是独立自主的个体，当国与国之间发生关系时就必须建立"国际法"。每个国家都有义务遵循国际条约，但是国际条约的执行没有最高的裁判官，这样就会导致国与国之间关系摇摆不定，容易出现一个国家的福利受到侵害而又与对方达不成协议的国际争端，这样"国际法"必然要过渡到"世界历史"（World History）这个世界法庭。

从本质上看，世界历史是"自由意识的发展"，而且在每个

---

① ［德］黑格尔：《法哲学原理》，范扬、张企泰译，商务印书馆，1961 年，第 266 页。
② 同上，第 287 页。
③ 《马克思恩格斯全集》（第 8 卷），人民出版社，1995 年，第 16 页。

时代，它只选择一个民族来实现自己的目的，也就是说世界历史的核心依次从自由意识的水平较低的国家转移到水平较高的国家。因此，黑格尔说："世界历史因此是一种合理的过程。"①

黑格尔极端蔑视人民群众，而大力鼓吹英雄史观。他认为英雄人物的意志与"世界精神"关联，所以他们的行动能够带来巨大的历史事变。但是他又认为，历史上的英雄人物也只不过是"世界精神"为了实现自身目的而利用的工具而已，当英雄人物完成了"世界精神"赋予的历史使命后，便会被抛出历史舞台。

3. 绝对精神

"绝对精神"（Absolute Spirit）是黑格尔精神哲学的最后阶段。在这个阶段，黑格尔以"绝对理念"为对象，研究了艺术（Art）、宗教（Religion）、哲学（Philosophy）这三种意识形态，在对其进行论述的过程中，渗透着辩证法的观点。黑格尔指出，艺术以感性的方式把握绝对精神，宗教以表象的方式把握绝对精神，哲学以概念的方式把握绝对精神，通过这三种不同的把握绝对精神的方式，思维与存在、主观与客观实现了绝对统一，绝对精神实现了自身。

在《美学》中，黑格尔认为美学本质上是有关艺术创造的哲学，艺术则是绝对精神向自身复归的第一阶段，即感性阶段。于是他把美和艺术定义为"美就是理念的感性显现"②。以此作为出发

---

① ［德］黑格尔：《历史哲学》，王造时译，上海书店出版社，2001年，第8页。
② ［德］黑格尔：《美学》（第1卷），朱光潜译，商务印书馆，1996年，第142页。

点，黑格尔从理论上论证了艺术的形式和内容、感性和理性的矛盾统一，而且这种矛盾统一是在长期的艺术发展过程中逐步实现的。宗教是比艺术更高的层次，因为宗教不再以感性的形式，而以表象的形式去把握"绝对理念"，但无论是艺术的感性形象，还是宗教的表象形式都低于哲学概念式的表达方式，因为绝对理念本身是超越感性的、普遍的，而艺术和宗教都不能表现"绝对理念"的最完善形象，只有哲学通过思维、概念的形式才能真正把握"绝对理念"，最终实现绝对真理和绝对自由，使绝对理念实现自身。

《法哲学原理》是关于黑格尔的国家学说。在谈到国家问题时，黑格尔指出，每一个国家内部有宪法，对外有国际法。国际法的建立是由于国与国之间会发生各种各样的关系，但是由于国与国之间存在利益冲突，战争就不可避免，于是国际法最终就成了维护本国利益的工具，没有道德可言。在黑格尔看来，国与国之间的不公只有在世界历史这个大法庭中才能得到公正的裁判，而这个世界法庭的最高裁判官就是世界精神。黑格尔认为，世界历史是一个合乎理性的、合乎世界精神发展的过程，处于其中的国家、民族、个人只不过是世界精神实现自己的工具而已，黑格尔尤其强调君主和历史上的英雄人物在历史发展中的能动作用，但是在历史人物的主观动机后面还有历史本身的合理动力，在以"理性的狡计"的方式支配着人们的行动。

（五）黑格尔名言及译文

（1）The objects of philosophy, it is true, are upon the whole the same as those of religion. In both the object is Truth, in that supreme sense in which God and God only is the Truth. ①

哲学的对象与宗教的对象诚然大体上相同。两者皆以真理为对象——就真理的最高意义而言，上帝即是真理，而且唯有上帝才是真理。②

（2）Philosophy puts thoughts, categories, or in more precise language, adequate notions, in the place of the generalised images we ordinarily call ideas. ③

哲学是以思想、范畴，或更确切地说，是以概念去代替表象。④

（3）In the Dialectical stage these finite characterisations or formulae supersede themselves, and pass into their opposites. ⑤

在辩证的阶段，这些有限的规定扬弃它们自身，并且过渡到它们的反面。⑥

（4）Negation is no longer an abstract nothing, but, as a determinate being and somewhat, is only a form of such being it is as Otherness. ⑦

---

① Georg Hegel: Encyclopaedia of the Philosophical Sciences Part One, http: //www. marxists. org/reference/archive/hegel/works/sl/introduction. pdf. p. 1.

② ［德］黑格尔：《小逻辑》，贺麟译，商务印书馆，1980 年，第 37 页。

③ Georg Hegel: Encyclopaedia of the Philosophical Sciences Part One, http: //www. marxists. org/reference/archive/hegel/works/sl/introduction. pdf. p. 3.

④ ［德］黑格尔：《小逻辑》，贺麟译，商务印书馆，1980 年，第 40 页。

⑤ Georg Hegel: Encyclopaedia of the Philosophical Sciences Part One, http: //www. marxists. org/reference/archive/hegel/works/sl/introduction. pdf. p. 67.

⑥ ［德］黑格尔：《小逻辑》，贺麟译，商务印书馆，1980 年，第 176 页。

⑦ Georg Wilhelm Friedrich Hegel: Encyclopedia of the philosophical Sciences in Basic Outline part Ⅰ: Science of Logic, translated and edited by Klaus Brinkmann and Daniel O. Dahlstrom, 2010, Cambridge University Press, p. 146.

否定性（不再是一种抽象的虚无），而是定在的一种形式，一种异在。①

（5）The foundation of all determinateness is negation. ②

一切规定性的基础都是否定③

（6）This Infinity is the wrong or negative infinity……In other words, this infinite only expresses the ought-to-be elimination of the finite. ④

这种无限是坏的或否定的无限……换句话说，这种无限只不过表示有限事物应该扬弃罢了。⑤

（7）Cunning may be said to lie in the intermediative action. ⑥

理性的技巧，一般讲来，表现在一种利用工具的活动里。⑦

（8）We have now returned to the notion of the Idea with which we began. ⑧

---

①③ ［德］黑格尔：《小逻辑》，贺麟译，商务印书馆，1980 年，第 203 页。

② Georg Wilhelm Friedrich Hegel：Encyclopedia of the philosophical Sciences in Basic Outline part Ⅰ：Science of Logic, translated and edited by Klaus Brinkmann and Daniel O. Dahlstrom, 2010, Cambridge University Press，p. 147.

④ Georg Wilhelm Friedrich Hegel：Encyclopedia of the philosophical Sciences in Basic Outline part Ⅰ：Science of Logic, translated and edited by Klaus Brinkmann and Daniel O. Dahlstrom, 2010, Cambridge University Press，p. 149.

⑤ ［德］黑格尔：《小逻辑》，贺麟译，商务印书馆，1980 年，第 206 页。

⑥ Georg Wilhelm Friedrich Hegel：Encyclopedia of the philosophical Sciences in Basic Outline part Ⅰ：Science of Logic, translated and edited by Klaus Brinkmann and Daniel O. Dahlstrom, 2010, Cambridge University Press，p. 281.

⑦ ［德］黑格尔：《小逻辑》，贺麟译，商务印书馆，1980 年，第 394 页。

⑧ Georg Wilhelm Friedrich Hegel：Encyclopedia of the philosophical Sciences in Basic Outline part Ⅰ：Science of Logic, translated and edited by Klaus Brinkmann and Daniel O. Dahlstrom, 2010, Cambridge University Press，p. 303.

我们从理念开始，现在我们又返回到理念的概念了。①

（9）This mere Bing, as it is mere abstraction, is therefore the absolutely negative：which, in a similarly immediate aspect, is just NOTHING.②

这种纯有是纯粹的抽象，因此是绝对的否定。这种否定，直接地说来，也就是无。③

（10）Everything depends on grasping and expressing the ultimate truth not as Substance but as subject as well.④

一切问题的关键在于：不仅把真实的东西或真理理解和表述为实体，而且同样理解和表述为主体。⑤

（11）The truth is the whole.⑥

真理是全体。⑦

（12）Reason is purposive activity.⑧

理性乃是有目的的行动。⑨

---

① ［德］黑格尔：《小逻辑》，贺麟译，商务印书馆，1961 年，第 451 页。

② Georg Wilhelm Friedrich Hegel：Encyclopedia of the philosophical Sciences in Basic Outline part Ⅰ：Science of Logic, translated and edited by Klaus Brinkmann and Daniel O. Dahlstrom, 2010, Cambridge University Press, p. 139.

③ ［德］黑格尔：《小逻辑》，贺麟译，商务印书馆，1961 年，第 202 页。

④ Hegel, *Phenomenology of Spirit*, translated by A. V. Miller, edited by J. Hoffmeister, New York：Oxford University Press, 1977, p. 7.

⑤ ［德］黑格尔：《精神现象学》(上卷)，贺麟、王玖兴译，商务印书馆，1979 年，第 10 页。

⑥ Hegel, *Phenomenology of Spirit*, translated by A. V. Miller, edited by J. Hoffmeister, New York：Oxford University Press, 1977, p. 8.

⑦ ［德］黑格尔：《精神现象学》(上卷)，贺麟、王玖兴译，商务印书馆，1979 年，第 12 页。

⑧ Hegel, *Phenomenology of Spirit*, translated by A. V. Miller, edited by J. Hoffmeister, New York：Oxford University Press, 1977, p. 9.

⑨ ［德］黑格尔：《精神现象学》，贺麟、王玖兴译，商务印书馆，1979 年，第 13 页。

（13） Where as true philosophy leads to God. The same applies to philosophy and the state。①

真正的哲学导向于神。关于国家亦同。②

（14） The owl of Minerva begins its flight only with the onset of dusk。③

（哲学出现的最后），密涅瓦的猫头鹰要等到黄昏到来，才会起飞。④

三、主要影响

黑格尔是德国古典哲学的终结者，他的客观唯心主义哲学达到了德国古典唯心主义的顶峰。黑格尔哲学在西方哲学史上起着承前启后的作用，不仅是对西方传统哲学的总结，而且对以后的哲学发展产生了重大深远的影响。

（一）构筑了庞大的德国古典唯心主义哲学体系

在黑格尔的哲学体系中，"绝对理念"从逻辑学出发，经过了自然哲学达到精神哲学，并最终回归到自身，实现了思维与存在的同一，从而完成了黑格尔的唯心主义哲学体系。可以说，黑

---

① Hegel：*Elements of the philosophy of right*，Allen Wood ed. Cambridge Unirersity Press，1991，p. 22.

② ［德］黑格尔：《法哲学原理》，范扬、张启泰译，商务印书馆，1961 年，第 13 页。

③ Hegel：*Elements of the philosophy of right*，Allen Wood ed. Cambridge Unirersity Press，1991，p. 23.

④ ［德］黑格尔：《法哲学原理》，范扬、张启泰译，商务印书馆，1961 年，第 14 页。

格尔唯心主义是辩证的，而他的辩证法又是唯心主义的。黑格尔正是通过他所创立的唯心主义辩证法构筑了一个无所不包、空前庞大的客观唯心主义哲学体系。这个体系继承和发展了由康德、费希特和谢林一步步酝酿成熟的唯心辩证法思想，并将其贯彻到自然、社会、历史和人类生活的各个方面，人们也通常把黑格尔哲学看作近代哲学与现代哲学的分水岭，因为在他之后再也没有哲学家去构建这种具有严密逻辑系统的、以抽象概念建构起来的、无所不包的形而上学体系了。

（二）对青年黑格尔派和老年黑格尔派的影响

黑格尔哲学内部存在着唯物主义与唯心主义、辩证法与形而上学、革命性与保守性等诸多对矛盾，自身无法克服，这些矛盾促使黑格尔哲学体系逐渐分裂为青年黑格尔派与老年黑格尔派。

青年黑格尔派也被称为"黑格尔左派"，是从黑格尔学派中分裂出来的一个激进的哲学派别，包括大卫·施特劳斯、鲍威尔兄弟、施蒂纳、卢格等人。他们继承了黑格尔的辩证法和历史的思维方法，但不是停留在抽象的思辨领域，而是反对和批判传统的宗教和现存的国家。他们用历史发展的眼光看待一切。他们的宗教观具有无神论的倾向，要求把宗教世俗化，这种宗教观也成为自由主义神学的一个重要思想来源。总之，青年黑格尔派继承和发展了黑格尔哲学中的合理的革命的因素，并将其作为新黑格尔主义的旗帜和标志。

老年黑格尔派也被称为"右翼黑格尔派"，是从黑格尔学派中分裂出来的一个保守的哲学派别，他们把黑格尔政治哲学中保守的甚至反动的思想，作为捍卫封建等级和旧的宗教神学的思想工具，为普鲁士专制政府辩护，不久就被当时的哲学思潮抛到了后面。

（三）马克思主义哲学的理论来源

黑格尔是西方哲学史上最伟大的辩证法大师，他的辩证法思想是欧洲两千多年来辩证法思想发展的总汇，也是德国古典唯心主义哲学的最积极成果，为马克思主义唯物辩证法的创立提供了直接的理论前提。虽然黑格尔的辩证法是唯心主义的、不彻底的，但是不可否认，马克思主义哲学的直接理论来源就是黑格尔哲学，甚至可以说，没有黑格尔哲学就没有马克思主义理论体系。在黑格尔哲学被德国理论界抛在一边时，马克思却公然宣称自己是黑格尔的学生。马克思和恩格斯站在无产阶级的立场上，对黑格尔的辩证法进行了根本的改造，在汲取黑格尔辩证法的"合理内核"的同时，剔除了其唯心主义的糟粕，把辩证法与唯物主义进行有机结合，形成了自己的唯物辩证法思想。此外，马克思、恩格斯肯定了黑格尔关于历史和逻辑的统一思想，"他是第一个想证明历史有一种发展、有一种内在联系的人"①。在唯物主义创立的基础上，马克思、恩格斯建立了历史与逻辑一致的原则。所以可以毫不夸张地说，不理解黑格尔哲学，就很难准确理解和把握马克思主义哲学。

---

① 《马克思恩格斯选集》（第二卷），人民出版社，2012 年，第 12 页。

四、启示

黑格尔哲学是一个包罗万象的矛盾复杂的哲学体系，涵盖了哲学、宗教、艺术、道德、政治法律等领域。恩格斯指出，黑格尔的体系"在各个领域中都起到了划时代的作用"①。因此，理解和把握黑格尔哲学，不仅有利于我们对现代理论进行扎实、深入的研究，而且有利于建设整个中国特色社会主义先进文化，提高人们的思维水平。

（一）对哲学的启示——以辩证发展的观点看问题

黑格尔的伟大功绩在于，他的辩证法在哲学史上第一次把自然的、历史的和精神的世界描写为处在不断运动、变化和发展的过程，并试图揭示其内在联系，但可惜的是，黑格尔的辩证法是建立在唯心主义基础之上的。当代哲学把黑格尔的辩证法从抽象思辨体系中解放出来，使其回归现实生活，为人类提供了一种重要的理解当代生活和社会的思维方式。辩证法启示我们：在寻求人生真谛、实现人生价值的过程中，不要好高骛远，更不能妄自菲薄，应该自觉地把现实生存境遇同价值追求结合起来，立足现实，不贪图功利，踏踏实实，一步一个脚印去实现人生理想。此外，也要本着立足当下又放眼未来，尊重历史又勇于超越的态度，这样的生命才是自由的、自主的，人生境界才是豁达的、真实的。

---

① 《马克思恩格斯选集》（第四卷），人民出版社，2012年，第225页。

（二）对社会的启示——市民社会与国家协调发展

我国在全面建设小康社会的过程中，随着个人财富不断增多，法律制度逐渐健全，人们在政治活动中也获得了越来越多的民主权利，国家的作用也在不断发生变化。但是不可否认的是，我们的社会还存在诸多问题，如分配不公、贫富分化差距拉大，过分追求私利导致道德缺失等，这些都成为阻碍社会进步的不安定因素，在解决这些问题的过程中，我们可以借鉴黑格尔关于市民社会与国家关系的理论。我国的社会主义市民社会正在崛起，我们首先要承认市民社会的相对独立性，在此前提下，国家不断完善各项政治法律制度和收入分配制度，并且运用各种手段与力量引导社会舆论，不断提高人们的思想境界，从而实现国家与社会的良性沟通，只有这样，我们的社会才能实现健康、可持续发展。

（三）对道德的启示——克服道德虚无主义

黑格尔的伦理理念涵盖了所有权、道德、法律、政治制度等各个方面的内容，理解和把握黑格尔的伦理观，可以为我国克服当前社会中的道德虚无主义提供有效的指导。

改革开放之后，我国社会经济快速发展，西方多元道德观念的涌入，使功利主义和实用主义的思想广为流传，道德虚无主义大肆盛行。导致的结果是：现有的社会道德价值规范受到严重的怀疑和破坏，个人内心的道德感逐渐丧失，社会上出现了善恶、荣辱、是非颠倒的现象，严重影响了社会的良序发展。因此，克服道德虚无主义刻不容缓：一方面，要重视道德文化建设，为社会构建统一的普遍性的道德规范，提高公民的道德素质；另一方面，加快推进我国经济、法律、政治制度改革的步伐，不断扩宽民众参政议政的渠道，切实做到心系群众，在全社会构筑一个善的伦理共同体。

（四）对历史的启示——克服现代性之蔽

黑格尔站在世界历史的高度对现代性问题进行了批判与反思。在《法哲学原理》中，黑格尔第一次将作为政治领域的国家与作为经济领域的市民社会分开，并提出了以市民社会和国家理论为核心的现代性理论，而一切现代性问题与矛盾的核心也是市民社会，因此必须解决现代社会主观的权利和自由如何同客观的社会秩序相和谐的问题。以此作为出发点，黑格尔敏锐地捕捉到了现代可能出现的问题，并以伦理的国家对市民社会的运行进行限制的理论，为我们解决现代性问题提供了一种方法参考。

（五）结束语

歌德曾说过："理论是灰色的，生命之树长青。"历史的车轮滚滚向前，现代哲学在黑格尔哲学的基础上不断推进，并呈现出丰富多彩的样式：费尔巴哈和马克思主义哲学、新黑格尔主义和存在主义、新康德主义思潮、意志主义和生命哲学，等等。所有这些也是黑格尔未曾预料到的。但黑格尔的伟大之处在于，他第一次为人类提供了一种系统的、充满生命力的思维方法——辩证法，辩证法为高扬人的自由和解放、激发人的创造热情提供了有力的思想武器。

五、术语解读与语篇精粹

（一）绝对理念（Absolute Idea）

1. 术语解读

绝对理念，也译作"绝对观念"，黑格尔的用语，是逻辑学概念论第三阶段理念的三个部分（生命、认识、绝对理念）的第三部分。黑格尔把绝对理念看作"绝对精神"这个整体概念发展过程中的最后一个概念。它概括了一切逻辑概念。主体和客体的统一是绝对理念的本质。"理念自身"作为主体，是"概念的纯形式"。而作为客体，它以思想自身为对象。绝对理念具有普遍性，但这种普遍性并不单纯是抽象形式与特殊内容相对立，而是一切规定和所设定的内容都要回到这个绝对理念之中。绝对理念可以比作老人，他们所讲的宗教真理包含着全部生活的意义。①在绝对理念中，对立和矛盾都形成了统一，一切发展也都相应停止，绝对精神至此"外化"为自然界。他认为，认识以前的整个逻辑体系各个环节的方法有分析法和综合法，但是这两种方法都是有限的认识方法，哲学的方法应当既是分析的又是综合的，即辩证的方法。

---

① 参见 ［德］黑格尔：《小逻辑》，贺麟译，商务印书馆，1961 年，第 446 页。

2. 语篇精粹

语篇精粹 A

The Idea, as unity of the Subjective and Objective Idea, is the notion of the Idea—a notion whose object (Gegenstand) is the Idea as such, and for which the objective (Object) is Idea—an Object which embraces all characteristics in its unity. This unity is consequently the absolute and all truth, the Idea which thinks itself—and here at least as a thinking or Logical Idea.

The Absolute Idea is, in the first place, the unity of the theoretical and practical idea, and thus at the same time the unity of the idea of life with the idea of cognition. In cognition we had the idea in a biased, one-sided shape. The process of cognition has issued in the overthrow of this bias and the restoration of that unity, which as unity, and in its immediacy, is in the first instance the Idea of Life. The defect of life lies in its being only the idea implicit or natural: whereas cognition is in an equally one-sided way the merely conscious idea, or the idea for itself. The unity and truth of these two is the Absolute Idea, which is both in itself and for itself. Hitherto we have had the idea in development through its various grades as our object, but now the idea comes to be its own object. This is the noisis noiseos which Aristotle long ago termed the supreme form of the idea. ①

---

① Encyclopaedia of the Philosophical Sciences Part One, http://www.blackmask.com.

译文参考 A

理念，作为主观理念和客观理念的统一，就是关于理念的概念——这个概念以理念本身为对象，对概念来说，目的就是理念——这个对象汇集一切特性为一体。因而这个统一乃是绝对和全部的真理，是思考着自身的理念——至少在这里是作为思考着的或逻辑的理念。

绝对理念首先是理论的和实践的理念的统一，因而同时是生命的理念和认识的理念的统一。在认识中，我们获得的理念是有偏见的和片面的。认识的过程在于克服这种偏见，恢复其统一，这种统一在它的直观里，最初就是生命的理念。生命的缺陷在于它只是自在的理念：而认识，同样是片面的，它只是自觉的理念，或自为的理念。生命和认识的统一及其真理就是绝对理念，既是自在的又是自为的。迄今为止，我们所知的理念，在其发展的各个阶段都是作为我们的对象，而现在，理念以它本身为对象了。这就是"纯思"（noisis noiseos），亚里士多德很早以前就称之为最高形式的理念了。

语篇精粹 B

Seeing that there is in it no transition, or presupposition, and in general no specific character other than what is fluid and transparent, the Absolute Idea is for itself the pure form of the notion, which contemplates its contents as its own self. It is its own content, in so far as it ideally distinguishes itself from itself, and the one of the two things distinguished is a self-identity in which however is contained the totality of the form as the system of terms describing its content. This content is the system of Logic. All that is at this stage left as form for the idea is the Method of this content—the specific consciousness of the value and currency of the 'moments' in its development.

To speak of the absolute idea may suggest the conception that we are at length reaching the right thing and the sum of the whole matter. It is certainly possible to indulge in a vast amount of senseless declamation about the idea absolute. But its true content is only the whole system of which we have been hitherto studying the development. It may also be said in this strain that the absolute idea is the universal, but the universal not merely as an abstract form to which the particular content is a stranger, but as the absolute form, into which all the categories, the whole fullness of the content it has given being to, have retired. [①]

译文参考 B

由于绝对理念自身没有过渡，没有前提，除了流动性和透明性，一般也没有其他具体的规定性，因而对自身而言，它是概念的纯粹形式，认为内容即是自身。因为正是其内容，把自己和自己区别开来，这样区别开来的两个中的一个，就是自我同一性，但这种自我同一性中包含着形式的全体，作为规定其内容的概念体系。这个内容就是逻辑体系。这一阶段中，所有作为理念的形式而留存的，只有对内容的方法了——即对其发展中各个"瞬间"的价值和流通性的特定意识。

一说到绝对理念，我们总会以为，我们总算达到确定无误的全

---

① Encyclopaedia of the Philosophical Sciences Part One, http://www.blackmask.com.

部真理了。当然对于绝对理念我们可能信口说出很多慷慨激昂却毫无意义的空话。但理念的真正内容，只是我们此前一直研究的全部体系。按照这种说法，我们可以说绝对理念就是普遍，但普遍不单纯是与特定内容格格不入的抽象形式，而是绝对的形式，一切的范畴和它所规定的全部充实的内容都要复归到这种绝对形式中。

语篇精粹 C

The absolute idea may in this respect be compared to the old man who utters the same creed as the child, but for whom it is pregnant with the significance of a lifetime. Even if the child understands the truths of religion, he cannot but imagine them to be something outside of which lies the whole of life and the whole of the world. The same may be said to be the case with human life as a whole and the occurrences with which it is fraught. All work is directed only to the aim or end; and when it is attained, people are surprised to find nothing else but just the very thing which they had wished for. The interest lies in the whole movement. When a man traces up the steps of his life, the end may appear to him very restricted: but in it the wholedecursus vitae is comprehended. So, too, the content of the absolute idea is the whole breadth of ground which has passed under our view up to this point. Last of all comes the discovery that the whole evolution is what constitutes the content and the interest. It is indeed the prerogative of the philosopher to see that everything, which, taken apart, is narrow and restricted, receives its value by its connection with the whole, and by forming an organic element of the idea. Thus it is that we have had the content already, and what we have now is the knowledge that the content is the living development of the idea. This simple retrospect is contained in the form of the idea. Each of the stages hitherto reviewed is an image of the absolute, but at first in a limited way, and thus it is forced onwards to the whole, the evolution of which is what we termed Method. [①]

译文参考 C

在这方面，绝对理念可比作老人，虽然他讲出的宗教信条小孩子也讲，但对老人来说，这信条包含着他一生的意义。即使小孩子也懂得宗教的道理，但他只能把它们想象为某种独立于全部生活和整个世界之外的东西。可以说，人的一生与构成他的生活内容的个别事迹之间的关系同样如此。一切工作都只指向目的，而一旦目的实现，人们就会惊奇地发现，除了他们渴望的那个东西外，再无其他。生命的意义在于整个运动。当一个人追溯他自己的生活经历时，他会觉得他的目的好像是狭小的，可是他一生的迂回曲折（decursus vitae）已经包含在目的里了。同样，绝对理念的内容就是我们迄今所经历的生活的全部。最后，人们发现，构成理念的内容和意义的，乃是整个发展过程。真正哲学的见识即在于见到：任何事物，孤立来看，都是狭隘的和有局限的，它只有与整体联系起来，成为理念的一个有机部分，才具有价值。由此可见，我们已经有了内容，而现在我们需要的是：要明白内容是理念的活生生的发展。而这种单纯的回顾也就包括在理念的形式之内。我们此前考察过的每一个阶段，都是对绝对的一种写

---

① Encyclopaedia of the Philosophical Sciences Part One, http://www.blackmask.com.

照，但最初是在有限的方式下进行的。还需进一步将其向前推进，以求达到全体，这种进展的过程我们就称之为"方法"。

（二）纯反思规定（Mere reflection）

1. 术语解读

纯反思规定是黑格尔在逻辑学本质论第一阶段本质自身中论述的。与实存事物形成一个正、反、合的否定之否定过程，是用纯粹的规定性来说明事物本质的辩证过程。纯反思规定表示"本质映现于自身内，或者说本质表现为纯粹的反思，因此本质只是自身联系，不过不是直接的，而是反思的自身联系，亦即自身同一"①。黑格尔认为，本质与存在不同，存在是直接的，但是是一种被扬弃的存在。本质是通过其相反方面认识一个对象，一方面是直接的存在，另一方面是作为间接性而设立的东西，两者是统一的，因而反映与反映的东西是统一体。他认为，事物中永久的东西就是本质，本质也不能与现象相分离，本质就表现为现象，而现象一定有其本质，因此本质不能进行抽象的知性的理解，而要在现象与本质的统一中分析。纯反思规定是从纯粹理性规定的发展去论证辩证法的基本原理的。

2. 语篇精粹

语篇精粹 A

The Essence lights up in itself or is mere reflection：and therefore

---

① ［德］黑格尔：《小逻辑》，贺麟译，商务印书馆，1961 年，第 261 页。

is only self-relation, not as immediate but as reflected. And that reflex relation is This identity becomes an Identity, in form only, or of the understanding, if it be held hard and fast, quite aloof from difference. Or, rather, abstraction is the imposition of this Identity of form, the transformation of something inherently concrete into this form of elementary simplicity. And this may be done in two ways. Either we may neglect a part of the multiple features which are found in the concrete thing (by what is called analysis) and select only one of them; or, neglecting their variety, we may concentrate the multiple character into one.

If we associate Identity with the Absolute, making the Absolute the subject of a proposition, we get: The Absolute is what is identical with itself. However, true this proposition may be, it is doubtful whether it be meant in its truth: and therefore it is at least imperfect in the expression. For it is left undecided, whether it means the abstract Identity of understanding—abstract, that is, because contrasted with the other characteristics of Essence—or the Identity which is inherently concrete. In the latter case, as will be seen, true identity is first discoverable in the Ground, and, with a higher truth, in the Notion. Even the word Absolute is often used to mean more than 'abstract' (原文似乎有误, 应该为 "used to mean no more than 'abstract'" ——引者注). Absolute space and absolute time, for example, is another way of saying abstract space and abstract time. [1]

---

[1] Encyclopaedia of the Philosophical Sciences Part One, http://www.blackmask.com.

译文参考 A

本质映现于自身或者只表现为反思，因此本质只是自身关系，不过不是直接的，而是反思的自身关系。若严格遵守，排斥差别，这种自反关系就成为同一，且只在形式上成为同一，或者成为理智的同一。或者抽象就是产生这种形式上的同一，就是把本质上具体的东西转化为初级简朴的形式。有两种方式可以实现这种情形：我们或者可以通过所谓的分析，忽略具体事物身上的一部分多样特征，而只选择其中的一个；我们或者可以忽略事物的多样性特征，将其综合为一个。

如果我们把同一和绝对联系起来，将绝对作为一个命题的主词，我们就得到："绝对就是与自身同一之物"这一命题。然而即使这个命题可能为真，但是否意味着它即是所包含的真理，却是有疑问的，因而这一命题至少在表达方式上是不完美的。因为我们无法确定它到底意味着抽象的知性同一（抽象是相较于本质的其他特征而言的），还是本质上具体的同一。若是后一种情况，我们将会看到，真正的同一最初可以在根据中找到，而更高一级的真理在概念中找到。甚至"绝对"一词也通常指"抽象"的意思。比如，绝对空间和绝对时间，即是抽象空间和抽象时间的另一种表达方式。

语篇精粹 B

Essence is mere Identity and reflection in itself only as it is self-relating negativity, and in that way self-repulsion. It contains therefore essentially the characteristic of Difference.

Other-being is here no longer qualitative, taking the shape of the character or limit. It is now in essence, in self-relating essence, and therefore the negation is at the same time a relation—is, in short, Distinction, Relativity, Mediation.

To ask 'How Identity comes to Difference' assumes that Identity as mere abstract Identity is something of itself, and Difference also something else equally independent. This supposition renders an answer to the question impossible. If Identity is viewed as diverse from Difference, all that we have in this way is but Difference; and hence we cannot demonstrate the advance to difference, because the person who asks for the How of the progress thereby implies that for him the starting-point is non-existent. The question then when put to the test has obviously no meaning, and its proposer may be met with the question what he means by Identity; whereupon we should soon see that he attaches no idea to it at all, and that Identity is for him an empty name. As we have seen, besides, Identity is undoubtedly a negative—not however an abstract empty Nought, but the negation of Being and its characteristics. Being so, Identity is at the same time self-relation, and, what is more, negative self-relation; in other words, it draws a distinction between it and itself. [①]

译文参考 B

本质只是"同一"和对自身的反映，它是自身对自身的否定性，这样的话它是对自我的反驳。因此，本质实质上包含了"差异"的特征。

---

① Encyclopaedia of the Philosophical Sciences Part One, http://www.blackmask.com.

这里，"他在"不再是质性的，不再呈现规定和或限定的形式。它存在于本质之中，存在于自我联系的本质中，因而否定同时是一种关系——简而言之，否定是"差别""相对性"和"中介"。

如果有人问："同一如何发展为差别呢?"在这一问题里他预先假定了抽象"同一"乃是某种自在之物，而差异也是同样独立存在的他物。这一假设使得人们不可能对上面的问题作出回答。如果认为"同一"不同于"差别"，我们所有的将只是"差别"；因而我们不能证明由"同一"到"差别"的进展，因为对于那个提出如何进展的问题的人而言，进展的出发点根本不存在。细加思考，这个问题显然毫无意义，提出此问题的人可能还得回答另一个问题，即他所设想的"同一"到底意味着什么。结果是，他对此毫无想法，而"同一"对他而言只是一个空名罢了。此外，正如我们所见，"同一"无疑是一种否定——但绝不是抽象的空无，而是对存在及其规定性的否定。这样的话，"同一"同时是自身与自身的关系，而且是否定的自身关系，换句话说，它建立了自己与自己的区别。

语篇精粹 C

Difference is first of all（1）immediate difference, i. e. Diversity or Variety. In Diversity the different things are each individually what they are, and unaffected by the relation in which they stand to each other. This relation is therefore external to them. In consequence of the various things being thus indifferent to the difference between them, it falls outside them into a third thing, the agent of Comparison. This external difference, as an identity of the objects related, is Likeness; as a non-identity of them, is Unlikeness.

The gap which understanding allows to divide these characteristics is so great that although comparison has one and the same substratum for likeness and unlikeness, which are explained to be different aspects and points of view in it, still likeness by itself is the first of the elements alone, viz. , identity, and unlikeness by itself is difference.

Diversity has, like Identity, been transformed into a maxim: ' Everything is various or different' : or ' There are no two things completely like each other' . Here Everything is put under a predicate, which is the reverse of the identity attributed to it in the first maxim: and therefore under a law contradicting the first. However, there is an explanation. As the diversity is supposed due only to external circumstances, anything taken is expected and understood always to be identical with itself, so that the second law need not interfere with the first. But, in that case, variety does not belong to the something or everything in question: it constitutes no intrinsic characteristic of the subject: and the second maxim on this showing does not admit of being stated at all. If, on the other hand, the something itself is, as the maxim says, diverse, it must be in virtue of its own proper character: but in this case the specific difference, and not variety as such, is what is intended. And this is the meaning of the maxim of Leibnitz. ①

---

① Encyclopaedia of the Philosophical Sciences Part One, http: //www. blackmask. com.

译文参考 C

差别首先是直接的差别，即"多样性"或"差异性"。所谓"多样性"，即不同的事物各自保持原样，与彼此产生关系而又互不受影响，因而这关系对于双方都是外在的。由于不同事物之间的差别对它们没有影响，于是差别就落在它们之外而成为一个第三者，即一个"比较项"。这种外在的差别，就其作为相关事物的同一而言，是"相似"；就其作为相关事物的不同而言，是"相异"。

知性所允许的用以区分这些特征的差距是如此之大，以至于即使相似和相异（两者体现事物的不同方面和关注视角）的比较有唯一的共同基础，但相似仍然是其中的第一要素，相似本身即同一，而相异本身就是差别。

类似于同一，"多样性"也已成规律："凡物莫不相异"或"天下没有两个完全一样的东西存在"。这里"凡物"被置于一个谓词之下，这个词与"同一律"中规定同一的谓词正相反：因此，这里"凡物"遵循着与"同一律"相矛盾的规律。不过有种解释：由于"多样性"仅因外部的比较得来，人们期望和认为所考察的任何事物都与其自身同一，因此"相异律"与"同一律"并不一定彼此矛盾。但那样的话，多样性则不属于所探讨的任何事物，它不构成主体的内在特征，进而可以说相异律是根本无法表述的。另一方面，假如依照"相异律"，某物本身即是相异，则它必须符合其自身的固有特征。若如此，我们所意味的乃是具体的差别，而不是广泛的差异。这也是莱布尼茨相异律的意义。

（三）扬弃（Aufheben）

1. 术语解读

德国古典哲学中，"扬弃"首先用于康德体系，但是使用较多的还是费希特。在黑格尔哲学体系里，很明确地把扬弃作为同时具有肯定与否定双重含义的概念加以使用，并用来建构自己的全部哲学体系。黑格尔认为，在事物发展过程中的每一阶段相对于前一阶段来说，都是一种否定，一种扬弃。扬弃不是完全抛弃，而是在否定中体现肯定，从而使事物在发展过程中对旧事物既肯定又否定。黑格尔在其著作《精神现象学》一书中，对个体意识的阐述体现出扬弃的过程是新事物对旧事物的发扬和继承，既抛弃又保存，既否定又肯定。从自我意识到绝对知识，每个环节的连续发展都是扬弃的过程。在黑格尔的《小逻辑》中，黑格尔借助扬弃的概念，说明"德国语言富有思辨的精神，它超出了单纯理智的非此即彼的抽象方式"①。马克思继承了黑格尔这一辩证的思想，并将其运用到唯物主义的表述中，使其得到了更加明确的规定，成为事物发展的必然规律，以至达到一个更高的发展阶段。

2. 语篇精粹

语篇精粹 A

Being-for-self, as reference to itself, is immediacy, and as reference of the negative to itself, is a self-subsistent, the One. This

---

① ［德］黑格尔：《小逻辑》，贺麟译，商务印书馆，1961 年，第 224 页。

unit, being without distinction in itself, thus excludes the other from itself. To be for self—to be one—is completed Quality, and as such, contains abstract Being and Being modified a non-substantial elements. As simple Being, the One is simple self-reference; as Being modified it is determinate: but the determinateness is not in this case a finite determinateness—a somewhat in distinction from an other—but infinite, because it contains distinction absorbed and annulled in itself.

The readiest instance of Being-for-self is found in the 'I'. We know ourselves as existents, distinguished in the first place from other existents, and with certain relations thereto. But we also come to know this expansion of existence (in these relations) reduced, as it were, to a point in the simple form of being-for-self. When we say 'I', we express this reference-to-self which is infinite, and at the same time negative. Man, it may be said, is distinguished from the animal world, and in that way from our nature altogether, by knowing himself as 'I': which amounts to saying that natural things never attain free Being-for-self, but as limited to Being-there-and-then, are always and only Being for another. Again, Being-for-self may be described as ideality, just as Being-there-and-then was described as reality. It is said that besides reality there is also an ideality. Thus the two categories are made equal and parallel. [①]

译文参考 A

自为存在，作为自身联系，就是直接性，作为否定自身的联

[①] Encyclopaedia of the Philosophical Sciences Part One, http://www.blackmask.com.

系，就是自我现存，是"一"。这个"一"就是自身不再有差异，将他者排除在外。为自身存在——成为一——是完成了的品质，就此而言，它包含了抽象的存在以及限定的非实存元素的存在。自为存在作为单纯的存在，只是单纯的自身联系；作为限定的存在，它是有规定性的：但这种规定性不是有限的规定性——某种与他物区分开来的规定性，而是无限的规定性，因为它包含了自身所扬弃的差别。

自为存在的一个最贴切的例子就是"我"。我们知道，作为有限的存在，我们首先区别于其他有限的存在，也会与它们有联系。但我们又知道，这种存在的广度（在这些联系中）似乎逐渐缩小到自为存在的单纯形式。说到"我"时，我们是在表达无限的，同时也是否定的自我联系。我们可以说，人之所以异于禽兽，并进而异于一般自然，是由于人认识到自己是"我"，这等于说，自然界的事物从未达到自由的"自为存在"状态，而是被局限于"自在"阶段，永远只为别物而存在。再则，"自为存在"一般可认为是一种理想性，而"自在"此前被表述为实在性。实在性和理想性常被看成一对同等存在、彼此对立的概念。

语篇精粹 B

Properly speaking, ideality is not somewhat outside of and beside reality: the notion of ideality just lies in its being the truth of reality. That is to say, when reality is explicitly put as what it implicitly is, it is at once seen to be ideality. Hence ideality has not received its proper estimation, when you allow that reality is not all in all, but that an ideality must berecognised outside of it. Such an ideality, external to or it may even be beyond reality, would be no better than an empty name. Ideality only has a meaning when it is the ideality of something: but this something is not a mere indefinite this or that, but existence characterised as reality, which, if retained in isolation, possesses no truth. The distinction between Nature and Mind is not improperly conceived, when the former is traced back to reality, and the latter so fixed and complete as to subsist even without Mind: in Mind it first, as it were, attains its goal and its truth. And similarly, Mind on its part is not merely a world beyond Nature and nothing more: it is really, and with full proof, seen to be mind, only when it involves Nature as absorbed in itself. Apropos of this, we should note the double meaning of the German word aufheben (to put by or set aside). We mean by it (1) to clear away, or annul: thus, we say, a law or regulation is set aside; (2) to keep, or preserve: in which sense we use it when we say: something is well put by. This double usage of language, which gives to the same word a positive and negative meaning, is not an accident, and gives no ground for reproaching language as a cause of confusion. We should rather recognise in it the speculative spirit of our language rising above the me 'either-or' of understanding. ①

译文参考 B

恰当地讲，理想性不是外在于实在性而独立存在的：理想性的本质就在于它是作为实在性的真理，也就是说，当把实在性的隐性特征彰显出来以后，实在性立即表现为理想性。因此，即使

---

① Encyclopaedia of the Philosophical Sciences Part One, http://www.blackmask.com.

人们认识到实在性并不是全部，实在性之外还有理想性，也并未给理想性足够的重视。外在于实在性甚至超越实在性的理想性，实际上就是一个空名。理想性只有在它是某物的理想时才有意义：但这个某物不是一个不确定的此物或彼物，而是以实在性为特征的存在，这种存在，若孤立起来，并不具有真理。一般人区别自然与精神，认为实在性为自然的基本规定，理想性是精神的基本规定，这种看法，并无大错。但须知，自然并不是一个固定的自身完成之物，可以离开精神而独立存在，反之，唯有在精神里自然才达到它的目的和真理。同样，精神这一方面也并不仅是一超出自然的抽象之物，反之，精神唯有扬弃并包括自然于其内，方可成为真正的精神，方可证实其为精神。说到这里，我们顺便须注意德文中 aufheben（扬弃）一字的双层含义（保存或取消）：首先，扬弃一词有时含有取消或舍弃之意，依此意义，譬如我们说，一条法律或一项制度被取消（扬弃）了。其次，扬弃由含有保持或保存之意。在这意义下，我们常说，某种东西被保存起来（扬弃）了。这个字的两种用法，使得这字具有积极和消极的双重意义，实不可视为偶然之事，也不能因此便斥责语言产生出混乱。在这里我们必须承认德语那极富思辨的精神，它超越了理智的"非此即彼"的抽象方式。

语篇精粹 C

The relation of the negative to itself is a negative relation, and so a distinguishing of the One from itself, the repulsion of the One; that is, it makes Many Ones. So far as regards the immediacy of the self-existents, these Many are: and the repulsion of every One of them becomes to that extent their repulsion against each other as existing u-nits—in other words, their reciprocal exclusion.

Whenever we speak of the One, the Many usually come into our mind at the same time. Whence, then, we are forced to ask, Where do the Many come? This question is unanswerable by the consciousness which pictures the Many as a primary datum, and treats the One as only one among the Many. But the philosophic notion teaches, contra-riwise, that the One forms the presupposition of the Many: and in the thought of the One is implied that it explicitly make itself Many. The One, as already remarked, just is self-exclusion and explicit putting itself as the Many. Each of the Many however is itself a One, and in virtue of its so behaving, this all rounded repulsion is by one stroke converted into its opposite—Attraction.①

译文参考 C

否定的东西与它自身的联系是一种否定的联系，也是"一"与自身相区别，是对"一"的排斥；也就是说，建立许多"一"。按自为存在的直接性来看，那些"多"是：同时它们中的每一个都彼此排斥，以致于它们的互斥影响了每一个为存在着的单元——简言之，它们互相排斥。

每当我们提到"一"，"多"就会同时进入脑海。我们不免要问"多从何而来?"这个问题无法由意识来回答，因为意识把"多"描绘为原始数据，而把"一"看作"多"的一员。但哲学的概念正好相反，认为"一"是构成"多"的前提：在"一"的想

---

① Encyclopaedia of the Philosophical Sciences Part One, http: //www. blackmask. com.

法中，就蕴含着使自己成为"多"的意涵。如上表明，这"一"是自我排斥，使自身成为"多"。而每个"多"其实自身也是"一"，依此类推，这种全面的排斥一下子就能转换到对立面——吸引。

（四）抽象和具体（Concrete and Implicit）

1. 术语解读

抽象这一概念正如我们通常所说的，它是在认识过程中，从整体中把事物的属性抽取出来；具体是指感性对象。黑格尔认为，抽象具有特殊的含义，他虽然承认抽象，但不承认感性对象是具体的，他认为具体是理性的具体。"理念自身本质上是具体的，是不同的规定之统一。"① 这里黑格尔阐述了具体和抽象的本质，以及所体现出的辩证关系。但是黑格尔认为，概念是第一性的，认为概念具体性的表现是事物的具体性。黑格尔明确地把片面称为抽象思维，把对立面的统一作为具体性的根本特征。他认为世界上不存在抽象的东西，哲学的目标是要把握具体的概念，"真理、理念不是由普遍所构成，而是包含在一种普遍里，这种普遍自身就是特殊"②，而要达到这个目标，认识必须经历一个过程，这也是由抽象辩证发展为具体的过程。马克思从唯物主义的视角出发，他认为人对客观事物的认识是通过实践活动，由感性的具体上升为理性的抽象，进而进行思维的深加工，使各种抽象达到具体的再生产，由理性的抽象上升到理性的具体，从而把握事物

①② ［德］黑格尔：《哲学史讲演录》（第一卷），贺麟、王太庆译，商务印书馆，1959年，第29页。

的本质。

2. 语篇精粹

语篇精粹 A

As to development, it may be asked, what does develop and what forms the absolute content? Development is considered in the light of a formal process in action and as destitute of content. But the act has no other end but activity, and through this activity the general character of the content is already fixed. For being-in-self and being-for-self are the moments present in action; but the act is the retention of these diverse elements within itself. The act thus is really one, and it is just this unity of differences which is the concrete. Not only is the act concrete, but also the implicit, which stands to action in the relation of subject which begins, and finally the product is just as concrete as the action or as the subject which begins. Development in process likewise forms the content, the Idea itself; for this we must have the one element and then the other: both combined will form a unity as third, because the one in the other is at home with, and not without, itself. Thus the Idea is in its content concrete within itself, and this in two ways: first it is concrete potentially, and then it is its interest that what is in itself should be there for it.

It is a common prejudice that the science of Philosophy deals only with abstractions and empty generalities, and that sense-perception, our empirical self-consciousness, natural instinct, and the feelings of everyday life, lie, on the contrary, in the region of the concrete and the self-determined. As a matter of fact, Philosophy is in the region of thought, and has therefore to deal with universals; its content is abstract, but only as to form and element. In itself the Idea is really concrete, for it is the union of the different determinations. [①]

译文参考 A

对于发展，人们可能这样问：什么东西发展着？什么东西构成它的绝对内容？人们一般认为，发展只是一种形式的活动进程，没有内容。但这一进程的唯一目的就是行动，通过行动，内容的一般特征得以确定。"自在"和"自为"就是活动进程的两个环节；而进程就把这些不同环节包含在内。所以进程就是"一"，是差异的统一，是具体的。不但进程本身是具体的，其内在的东西，即与主体一起活动的东西，也是具体的。最后，进程的产物，也像进程本身或进程主体一样，是具体的。发展过程即构成内容、理念自身。为此，我们必须拥有其一，以及其他，两者结合，统一为其三，因为"其一"在"其他"之中，也在自身之中，并不外在于自身。因此，理念自身在内容上是具体的，表现为两方面：首先，它具有潜在的具体性，其次，内在东西的在场符合它的利益。

一个常见的偏见是：哲学只研究抽象的东西和空洞的共性，而我们的感性知觉、基于经验的自我意识、自然本能，以及日常生活的感受，均是具体的和自决的。实际上，哲学属于思想的领

① Hegel, *Lectures on the History of Philosophy*, Vol. I. translated by E. S. Haldane, London: Kegan Paul, Trench, Trubner & CO., Ltd, 1892, pp. 23-24.

域，因而其研究对象是共性的东西，它的内容是抽象的，但仅就形式和要素来说才如此。而理念自身是具体的，是不同的规定之统一。

语篇精粹 B

It is the business of Philosophy, as opposed to understanding, to show that the Truth or the Idea does not consist in empty generalities, but in a universal; and that is within itself the particular and the determined. If the Truth is abstract it must be untrue. Healthy human reason goes out towards what is concrete; the reflection of the understanding comes first as abstract and untrue, correct in theory only, and amongst other things unpractical. Philosophy is what is most antagonistic to abstraction, and it leads back to the concrete.

If we unite the Notion of the concrete with that of development we have the motion of the concrete. Since the implicit is already concrete within itself, and we only set forth what is implicitly there, the new form which now looks different and which was formerly shut up in the original unity, is merely distinguished. The concrete must become for itself or explicit; as implicit or potential it is only differentiated within itself, not as yet explicitly set forth, but still in a state of unity. The concrete is thus simple, and yet at the same time differentiated. This, its inward contradiction, which is indeed the impelling force in development, brings distinction into being. But thus, too, its right to be taken back and reinstated extends beyond the difference; for its truth is only to be found in unity. Life, both that which is in Nature and that which is of the Idea, of Mind within itself, is thus manifested. Were the Idea abstract, it would simply be the highest conceivable existence, and that would be all that could be said of it; but such a God is the product of the understanding of modern times. What is true is rather found in motion, in a process, however, in which there is rest; difference, while it lasts, is but a temporary condition, through which comes unity, full and concrete. [①]

译文参考 B

与理智的任务相反，哲学的任务是为了展示真理或理念不存在于各个空洞的一般原则中，而是存在于一种普遍中，这种普遍自身就是特殊，是有决定性的。如果真理是抽象的，它必不真实。健康的人类理性趋向于具体的东西；理智的反思是抽象和不真实的，它只在理论上正确，而不具实践性。哲学最反对抽象，哲学引导我们回归具体。

如果我们把具体和发展这两个概念联系在一起，我们便得到具体事物的运动。因为内在的东西本身就是具体的，而我们也只阐释内在的东西，那看起来不同的、之前包含在统一性之中的新形式只是特殊。具体的必定变为自为的或明确的，作为内在或潜在性的存在，它自身是分化的，但尚未得到阐明，仍处于统一状态。具体的因而是简单的，同时是有差异的。这是它内在的矛盾，也是发展的推动力，催生着差异。但同时，它有回归和复原的权利，这又超越了区别；因为它的真理只存在于统一中。生命即是

---

① Hegel, *Lectures on the History of Philosophy*, Vol. I. translated by E. S. Haldane, London: Kegan Paul, Trench, Trubner & CO., Ltd, 1892, pp. 24-25.

如此，无论是自然界的生命，还是包含在理念或心灵中的生命。理念不是抽象的、不可言说的最高存在；这样的上帝只是近代抽象理智的产物。理念是运动、过程，但也有静止；它是有区别的，但区别是暂时的，最终会消失，实现充分而具体的统一。

语篇精粹 C

We may now proceed to give examples of sensuous things, which will help us further to explain this Notion of the concrete. Although the flower has many qualities, such as smell, taste, form, colour, &c. , yet it is one. None of these qualities could be absent in the particular leaf or flower: each individual part of the leaf shares alike all the qualities of the leaf entire. Gold, similarly contains in every particle all its qualities unseparated and entire. It is frequently allowed with sensuous things that such varied elements may be joined together, but, in the spiritual, differentiation is supposed to involve opposition. We do not controvert the fact, or think it contradictory, that the smell and taste of the flower, although otherwise opposed, are yet clearly in one subject; nor do we place the one against the other. But the understanding and understanding thought find everything of a different kind, placed in conjunction, to be incompatible. Matter, for example, is complex and coherent, or space is continuous and uninterrupted. Likewise we may take separate points in space and break up matter dividing it ever further into infinity. It then is said that matter consists of atoms and points, and hence is not continuous. Therefore we have here the two determinations of continuity and of definite points, which understanding regards as mutually exclusive, combined in one. It is said that matter must be clearly either continuous or divisible into points, but in reality it has both these qualities. ①

译文参考 C

现在，我们举一些感性事物为例，以进一步阐释"具体"这一概念。花虽说有很多特性，比如香、味、形状、颜色等，但它是一个整体。一朵花不能少了上述任何特性：花的每一部分都具有整朵花的特性。同样，金子的每个粒子都具有金子的整体特性。通常，在感性事物中，我们可以认为，不同的元素组合在一起是可以的；但在精神领域，通常认为差异包含着对立。尽管花的芳香和味道是相反的，但它们都属于同一对象，我们不把两者彼此对立起来，也并不觉得这是矛盾或违反事实。但理智和理智性的思想却认为不同的事物联结在一起，是不相容的。比如说，物质是复合的，空间是连续不断的。但我们也可以把空间分成无数个点，把物质无限地分解。于是有人说物质是由原子和积点构成的，因而不是连续的。于是我们就有了连续性和点积性两种特性的结合，但理智却认为这两者是互相排斥的。它认为物质要么是连续的，要么是可分成积点的，但实际上它兼有这两种特性。

（五）自我异化（Self Alienation）

1. 术语解读

异化这一术语源于拉丁文，原意是指一物向与己相异的方面

---

① Hegel, *Lectures on the History of Philosophy*, Vol. I. translated by E. S. Haldane, London: Kegan Paul, Trench, Trubner & CO., Ltd, 1892, pp. 25-26.

转化。德国哲学家黑格尔从哲学的角度论述这一理论。他认为，绝对精神的异化创造其自身的对立面，其整个系统的运行过程就是绝对观念异化的过程；狭义的异化是指把逻辑学的绝对观念外化为自然界。自然界是自我异化的精神，在自然界中蕴含着概念的统一性。① 黑格尔用这种哲学的异化观点去说明人类社会生活，劳动、国家、财富、艺术、宗教均是异化的产物。他认为，主人占有奴隶的劳动产品是劳动产品的异化，而奴隶在劳动中提高了生产技能，又从劳动中异化成生产才能的掌握者，而主人则失去其生产能力，异化为劳动的依赖者。他还认为，国家是异化的产物，是自我的牺牲而后才有国家的现实。

费尔巴哈在说明宗教的产生时，运用了异化理论。他认为，上帝的观念是人的本质的异化。施蒂纳认为，宗教和艺术都是人的精神的异化；他又提出唯一者及其财产的理论，认为家庭、人类、自由、理性、人本主义都是唯一者自我异化的产物。马克思在《1844 年经济学哲学手稿》中提出"劳动异化"的概念，他认为异化的本质应该从阶级对立的角度加以分析。

2. 语篇精粹

语篇精粹 A

The ethical Substance kept the antithesis confined within its simply unitary consciousness, and preserved this consciousness in an immediate unity with its essence. Essence has, therefore, the simple determinateness of mere being for consciousness, which is directed im-

---

① ［德］黑格尔：《自然哲学》，梁志学等译，商务印书馆，1980 年，第 21 页。

mediately upon it, and is the essence in the form of custom. Consciousness neither thinks of itself as this particular exclusive self, nor has substance the significance of an existence excluded from it, with which it would have to become united only by alienating itself from itself and at the same time producing the substance itself. But the Spirit whose self is an absolutely discrete unit has its content confronting it as an equally hard unyielding reality, and here the world has the character of being something external, the negative of self-consciousness. This world is, however, a spiritual entity, it is in itself the interfusion of being and individuality; this its existence is the work of self-consciousness, but it is also an alien reality already present and given, a reality which has a being of its own and in which it does not recognize itself. This real world is the external essence and the free content of legal right. But this external world, which the lord of the world of legal right takes to himself, is not merely this elemental being confronting the self as something contingently given; on the contrary, it is his work, but not in a positive, rather in a negative, sense. [1]

译文参考 A

伦理实体把对立面保持在它简单的意识之内，并且使这种意识与自己的本质形成一个直接的统一体。因而对于直接指向本质，并以习惯的形式表现为本质的意识来说，这个本质对于意识具有存在的简单规定性。意识既不把自己看成这种排他性的自我，实

---

① Hegel, *Phenomenology of Spirit*, translated by A. V. Miller, edited by J. Hoffmeister, New York: Oxford University Press, 1977, p. 294.

体也不具有离开意识而独存的意义，意识只能通过自身的异化才能与实体统一，同时生产出实体本身。但精神（它的自我是一种绝对分离的东西）的内容却作为同样坚实的实存与其对立，并且在这里，世界具有了作为某种外在的东西，作为自我意识的否定物的特性。不过这个世界仍是精神的实体，它本身是存在与个体性的融合，它的这种存在既是自我意识的产品，又是一种现存的、对自我意识来说是异己的陌生现实。这种陌生的现实独立存在，意识在其中辨认不出自己。这个世界就是法权的外在本质和自由内容。但是这个法权世界的主人所管辖的外部世界，并不仅是偶然出现在自我面前的原初存在，相反，它是自我的劳作，不过不是肯定的劳作，而是否定的劳作罢了。

语篇精粹 B

It obtains its existence through self-consciousness's own externalization and separation of itself from its essence which, in the ruin and devastation which prevail in the world of legal right, seems to inflict on self-consciousness from without, the violence of the liberated elements. These by themselves are sheer ruin and devastation and the dissolution of themselves. This dissolution, however, this negative nature of theirs, is just the self; it is their subject, their activity, and their process. But this activity and process whereby the substance becomes actual is the alienation of the personality, for the self that has an absolute significance in its immediate existence, i. e. without having alienated itself from itself, is without substance, and is the plaything of those raging elements. Its substance, therefore, is its externalization, and the externalization is the substance, i. e. the spiritual powers orde-ring themselves into a world and thereby preserving themselves.

Substance is in this way Spirit, the self-conscious unity of the self and essence; each has for the other the significance of aliena-tion. Spirit is the consciousness of an objective real world freely existing on is own account; but this consciousness is confronted by the unity of the self and essence, actual consciousness by pure consciousness. On the one side, actual self-consciousness, through its externalization, passes over into the actual world, and the latter back into actual self-consciousness. On the other side, this same actuality—both person and objectivity—is superseded; they are purely universal. This their aliena-tion is pure consciousness or essence. The present actual world has its anti-thesis directly in its beyond, which is both the thinking of it and its thought-form, just as the beyond has in the present world its actu-ality, but an actuality alienated from it. ①

译文参考 B

这个外在现实是由于自我意识自己的外化并与其本质分离而获得其存在的，这种外化的过程，看起来好像是在法权世界那种破坏性的状态中，将不受约束的各种元素的强力自外部强加给自我意识的。这些元素本身是纯粹的破坏和自身的解体。这种解体，它们这种否定的本质，正是自我；这是它们的主题、它们的活动和过程。但这种使实体变为现实的活动或过程，是个人（性格）

① Hegel, *Phenomenology of Spirit*, translated by A. V. Miller, edited by J. Hoffmeister, New York: Oxford University Press, 1977, pp. 294-295.

的异化，因为那直观存在的、亦即没有异化的、自在自为的自我，是没有实体性的，只是那些暴力元素的玩物罢了。因此，自我的实体就是它自身的外在化，而外在化就是实体，即精神力量，它们自我调整组建世界，也因此保存自身。

因此，实体就是精神，自我和本质的自觉的统一体；自我和本质具有互为异化的意义。精神就是意识到客观现实世界独立自由存在，但是自我和本质的那种统一与这种意识相对立，亦即纯粹的意识与现实的意识相对立。一方面，现实的自我意识通过外在化，转化为现实的世界，并且现实世界又转回现实的自我意识；另一方面，这种现实活动——无论是个人的或是客观的——是不断被扬弃的；它们纯粹是普遍的。它们的这种异化就是纯粹意识或本质。当前的现实世界直接以它的彼岸为对立面，即对现实世界的思维和构想出的形式，反之，彼岸世界则在现实世界中实存，不过那是异化后的实存。

语篇精粹 C

Now, just as the ethical world which is separated into divine and human law in their various forms, and its consciousness which is separated into knowing and not-knowing, returns from thatdividedness into its destiny, into the self as the negative power of this antithesis, so these two realms of the self-alienated Spirit will also return into the self; but if the former was the first, merely immediately valid self, the single person, this second realm, which returns out of its externalization into itself, will be the universal self, the consciousness which has grasped its Notion, and these spiritual worlds, all of whose moments insist on a fixed actuality and non–spiritual existence of their own, will dissolve in pure intellectual insight. This insight, as the self that apprehends itself, completes (the stage of) culture; it apprehends nothing but self and everything as self, i. e. it comprehends everything, wipes out the objectivity of things and converts all intrinsic being in to a being for itself. In its hostility to Faith as the alien realm of essence lying in the beyond, it is the Enlightenment. This Enlightenment completes the alienation of Spirit in this realm, too, in which that Spirit takes refuge and where it is conscious of an unruffled peace. It upsets the housekeeping of Spirit in the household of Faith by bringing into that household the tools and utensils of this world, a world which that Spirit cannot deny is its own, because its consciousness likewise belongs to it. In this negative activity pure insight at the same time realizes itself, and produces its own object, the unknowable absolute Being and the principle of utility. Since in this way actuality has lost all substantiality and nothing in it has intrinsic being, not only the realm of Faith, but also the realm of the actual world, is overthrown. This revolution gives birth to absolute freedom, and with this freedom the previously alienated Spirit has completely returned into itself, has abandoned this region of culture and passes on to another region, the region of the moral consciousness. ①

---

① Hegel, *Phenomenology of Spirit*, translated by A. V. Miller, edited by J. Hoffmeister, New York: Oxford University Press, 1977, p. 296.

译文参考 C

于是正如伦理世界以不同形式分化为神圣法则和人的法则，这个伦理世界的意识，在分化为可知与不可知的以后，又从分裂最终返归于自我，成为对立面的否定力量。现在，自我异化的精神的这两个王国，也将返归到自我；但如果前者是第一位的，直接的有效自我，即个别的人，那么第二王国，由于在外化中返归自我，将成为普遍自我，将是把握概念的意识；这两个精神的世界——其所有环节都坚持自己是一个固定的现实和非精神性的存在——则将瓦解于纯粹的识见（Reine Einsicht）之中。这种识见，作为把握自我的自我，完成了教化（的过程）；它只把握自我，并将一切都当作自我来把握，即是说，它靠概念理解一切，剔除事物的客观性，把所有自在存在转化为自为的存在。它敌视信仰，将其视为异己的、彼岸的本质王国，这就是启蒙。这启蒙同时也在这个王国中完成对精神的异化，异化了的精神躲藏在这个王国，可以感受到平静与安宁。启蒙把这个世界的物什带进了信仰的家园，从而扰乱了精神对它的管理，精神无法否认这个世界是它自己的财产，因为精神的意识也同样是属于这个世界的。在这个否定的活动中，纯粹识见同时实现了自己，并生产出它自己的客体，即不可知的绝对存在和实用原则。由于这样一来现实就丧失了一切实体性，其中的一切都不再自在存在，信仰的王国以及现实世界的王国便都崩溃了，而且这个革命带来了绝对自由，借此绝对自由，之前异化了的精神现在就完全返回于其本身了：离开这个教化国度而转入另一国度，即道德意识的国度。

（六）法（Right）

1. 术语解读

早在古希腊苏格拉底、柏拉图、亚里士多德的学说中就讨论过法在各种社会价值等级制度中的地位，以及法与正义、法与权力的相互关系。黑格尔关于法哲学的专著，论述了群体意识、民族精神，涉及权力、道德、法律、伦理、市民社会及国家，使法哲学从一般哲学中独立出来，用以指研究法的基础观念和精神的来源。

《法哲学原理》就是论述自由意志在社会生活中的过程。分为"抽象法""道德""伦理"三个环节。每一个环节都是特殊的法。黑格尔认为自由意志的定在就叫法。所以一般说来，法就是作为理念的自由。[①] 抽象法通过外物以实现其自身，是自由意志的客观化。"法是一般神圣的东西，这单单因为它是绝对概念的定在，自我意识着的自由的定在之故。但是法的形式主义产生于自由的概念在发展上发生的差别。同更形式的、即更抽象的、因而也是更受限制的法对比，有一种更高级的法，它是属于那样一个精神的领域和阶段，即在其中精神已把它的理念所包含的各个详细环节在它自身中予以规定和实现了；这个精神的领域和阶段是更具体，其内部更丰富、而且更是真正普遍的，因而也具有更高级的法。"[②] 黑格尔主义者所解释的"法的理念""法的本体

---

① 参见［德］黑格尔：《法哲学原理》，范扬、张企泰译，商务印书馆，1961年，第36页。
② ［德］黑格尔：《法哲学原理》，范扬、张企泰译，商务印书馆，1961年，第37页。

论"都认为有一种发生在现实的法律范畴和规范之前而比"法的具体现象""本质""价值"更为真实的理念。

2. 语篇精粹

语篇精粹 A

That a reality is the realisation of the free will, this is what is meant by a right. Right, therefore, is, in general, freedom as idea.

In the Kantian doctrine (Introduction to Kant's Theory of Right), now generally accepted, "the highest factor is a limitation of my freedom or caprice, in order that it may be able to subsist alongside of every other individual's caprice in accordance with a universal law". This doctrine contains only a negative phase, that of limitation. And besides, the positive phase, the universal law or so-called law of reason, consisting in the agreement of the caprice of one with that of another, goes beyond the well-known formal identity and the proposition of contradiction. The definition of right, just quoted, contains the view which has especially since Rousseau spread widely. According to this view neither the absolute and rational will, nor the true spirit, but the will and spirit of the particular individual in their peculiar caprice, are the substantive and primary basis. When once this principle is accepted, the rational can announce itself only as limiting this freedom. Hence it is not an inherent rationality, but only a mere external and formal universal. This view is accordingly devoid of speculative thought, and is rejected by the philosophic conception. In the minds of men and in the actual world it has assumed a shape, whose horror is without a parallel, except in the shallowness of the thoughts upon which it was founded. ①

译文参考 A

实在就是自由意志的实现，这就是所谓的法。因此，法一般来说就是理念的自由。

在大家普遍接受的康德的定义中（"康德法学理论导言"），"最重要的因素就是要对我的自由或不定性进行限制，以使它能够在符合普遍规律的前提下与他人的不定性共在"。这个定义只包含一个否定项，即限制；而与之相伴的肯定项，即使自己和他人的不定性相一致的普遍规律或所谓的理性法则，却超越了那著名的形式上的"同一性"和"矛盾律"。以上引用的法的定义，包含了自卢梭以来广泛传播的观点。据此观点，绝对意志和理性意志，以及真正精神，都不是法存在的实质性根基，个别的人的无常意志和精神才是。一旦人们接受这一定义，理性的存在者即可宣布它本身是对自由的限制。因此，法并不是内在的理性，而仅是一种外在的、形式上的普遍。这一观点也因而缺乏纯理论的思辨，遭到哲学概念的拒斥。在人的心灵中和现实世界中，法表现为一种无与伦比的可怕形式，比它更可怕的唯有作为法之基础的浅薄思想。

语篇精粹 B

Right in general is something holy, because it is the embodiment of

---

① Hegel, *Philosophy of Right*, translated by S. W. Dyde, London G. Bell and Sons, Ltd., 1896, p. 29.

the absolute conception and self-conscious freedom. But the formalism of right, and after a while of duty also, is due to distinctions arising out of the development of the conception of freedom. In contrast with the more formal, abstract and limited right, there is that sphere or stage of the spirit, in which spirit has brought to definite actuality the further elements contained in the idea. This stage is the richer and more concrete; it is truly universal and has therefore a higher right.

Every step in the development of the idea of freedom has its peculiar right, because it is the embodiment of a phase of freedom. When morality and ethical life are spoken of in opposition to right, only the first or formal right of the abstract personality is meant. Morality, ethical life, a state-interest, are every one a special right, because each of these is a definite realisation of freedom. They can come into collision only in so far as they occupy the same plane. If the moral standpoint of spirit were not also a right and one of the forms of freedom, it could not collide with the right of personality or any other right. A right contains the conception of freedom which is the highest phase of spirit, and in opposition to it any other kind of thing is lacking in real substance. Yet collision also implies a limit and a subordination of one phase to another. Only the right of the world-spirit is the unlimited absolute. [1]

---

① Hegel, *Philosophy of Right*, translated by S. W. Dyde, London G. Bell and Sons, Ltd., 1896, p. 30.

译文参考 B

法一般是神圣的东西，因为它是绝对概念的化身和自我意识的自由存在。但法（以及后来的义务）的形式主义，缘于自由概念发展中产生的差别。与更形式化的、抽象有限的法形成对照的，是精神的领域或阶段，在其中，精神使观念变为确定的现实。这个精神的领域和阶段更丰富、更具体。它是真正普遍的，因而有更高级的法存在。

自由概念的每一个发展阶段都有其特定的法，因为法是一个自由阶段的体现。当道德和伦理作为法的对立面被提及时，它们只意味着抽象人格的第一律法或形式律法。道德、伦理、国家利益，每一个都是特殊的法，因为每个都是确定的自由的实现。只有它们在同一平面上同时成为法时才会彼此冲突。如果精神的道德立场不同时是一项法，或一种自由的形式，它便不会和人格法或任何其他法冲突。法包含自由的概念，那是精神的最高阶段，与它相对立的任何他物都缺乏实体性。然而冲突也意味着一个阶段受限和从属于另一个阶段。只有关于世界精神的法才是无限的绝对律法。

语篇精粹 C

According to the stages in the development of the idea of the absolutely free will.

A. The will is direct or immediate; its conception is therefore, abstract, i. e. , personality, and its embodied reality is a direct external thing. This is the sphere of abstract or formal right.

B. The will, passing out of external reality, turns back into itself. Its phase is subjective individuality, and it is contrasted with the universal. This universal is on its internal side the good, and on its external side a presented world, and these two sides are occasioned only by means of each other. In this sphere the idea is divided, and exists in separate elements. The right of the subjective will is in a relation of contrast to the right of the world, or the right of the idea. Here, however, the idea exists only implicitly. This is the sphere of morality.

C. The unity and truth of these two abstract elements. The thought idea of the good is realised both in the will turned back into itself, and also in the external world. Thus freedom exists as real substance, which is quite as much actuality and necessity as it is subjective will. The idea here is its absolutely universal existence, viz., ethical life. [①]

译文参考 C

按照绝对自由意志这一理念的发展阶段，

A. 意志是直接的、直观的；关于它的概念是抽象的，即抽象的人格，而它所体现的现实是直接外在的东西，这就是抽象或形式法的领域。

B. 意志从外在现实复归自身。此阶段是主观的单一性，与普遍物形成对照。这一普遍物，其内在的表现是善，而其外在的表现就是外显的世界，这两个方面互为条件。在此领域内，理念是分化的，各要素独立存在。主观意志的法与世界的法或理念的法互为对照。这里，理念只是自在的存在。这就是道德的领域。

---

① Hegel, *Philosophy of Right*, translated by S. W. Dyde, London G. Bell and Sons, Ltd., 1896, p. 33.

C. 两个抽象环节的统一和真理。构想的善的概念，既可以在回转向自身的意志中实现，也可以在外部世界中实现。因此，自由是作为真正的实体存在的，就如同它作为主观意志存在那样真实而必要。理念在这里是它的绝对普遍存在，即伦理。

（七）世界精神（World Spirit）

1. 术语解读

世界精神是黑格尔哲学中的基本概念。它是指宇宙万物的内在本质，虽然和"绝对理念""绝对精神"的含义相同，但在不同发展阶段上又有所不同。黑格尔认为精神主宰着世界和世界历史。世界历史是世界精神的必然体现。他把世界精神看作是人类社会历史发展的终极动因，而社会历史的发展进步则是世界精神的活动。世界精神通过人类历史来展示自身。各个时代的变迁也是一个合乎规律的发展过程。世界历史是自由意识的进展，但是人类自由是一个漫长的发展过程，世界精神最初体现在古代东方民族，但是只有法老，或专制君主一个人是自由的，后来世界精神选择古希腊、罗马等，但自由也只是少数人，最后，世界精神转到日耳曼世界，它是世界历史发展的顶峰。世界精神的理论有唯心主义意义，但它也包含着理性、自由、平等的要求。

2. 语篇精粹

语篇精粹 A

The principle of development also implies that there is an inner determination, an implicitly presupposed ground that is to bring itself into existence. In its essence, this formal determination is Spirit, which uses world history as its theater, its property, and the field of its actualization. Spirit does not toss itself about in the external play of chance occurrences; on the contrary, it is that which determines history absolutely, and it stands firm against the chance occurrences which it dominates and exploits for its own purpose.

Development belongs as well to things in the world of organic nature. Their existence does not show itself to be merely passive, and subject to external changes. Rather, theirs is an existence that proceeds from an immutable inner principle a simple essence, a simple germ at first, which then brings forth differentiations from within, so that it becomes involved with other things. Thus natural organisms live in a continuous process of change which goes over into their opposite, transforming it into the maintenance of the organic principle and its formation. In this way the organic entity produces itself, making itself into what it implicitly is. In its development the organism produces itself in an unmediated way, without opposition or hindrance: nothing can come between the concept and its realization, between the implicitly determinate nature of the seed and the adaptation of its existence thereto. In the same way, Spirit is only what it makes of itself, and it makes itself into what it already is implicitly. [1]

---

[1] Hegel, *Introduction to The Philosophy of History*, translated, with Introduction by Leo Rauch, Indianapolis/ Cambridge: Hackett Publishing Company, 1988, p. 58.

译文参考 A

发展的原则同时意味着事物内部有个决定的力量，一个内在预设的基础，可以自我生成。这个形式上的决定力量本质上就是"精神"，它把世界历史作为自己的舞台、自己的财产，以及自我实现的场域。精神不在偶然事件之间摇摆不定，相反，它是决定历史的力量，不为偶然事件所动，而且还支配和利用它们。

发展也是有机的自然界事物的一种本性。自然界事物的存在并不表明自身是被动的，从属于外部变化的。相反，它们开始于一个不变的内部原则，起初只是一个简单的本质，一粒单纯的种子，然后自内部生发出差别，并与他物发生联系。因此，自然的有机体生活在一个不断变化的连续进程中，它们会走向自己的对立面，并使对立面转变为维护其有机原则和帮助自身成形的力量。有机体就是这样将自己的内在本质转变为自身的。在有机体生成自身的过程中不需要媒介，也不会遇到阻碍。在概念和概念的实现之间，以及种子的内在决定本质及其存在形式的改变之间，没有任何干扰。同样，精神也只是由自身内在的东西发展而来的。

语篇精粹 B

In this perspective, world history presents the stages in the development of the principle whose content is the consciousness of freedom. The more exact determination of these stages, in their general nature, belongs to logic; their concrete nature, however, is for the philosophy of spirit to provide. Here it is enough to say that the first stage is that immersion of Spirit in natural life which we discussed; the second stage is the emergence of Spirit into the consciousness of its freedom. But the Spirit's initial tearing away from nature is incomplete and only partial, because it issues from the immediacy of nature, and is therefore related to it, so that it is still burdened with it as one of its elements. The third stage is the elevation of Spirit out of this still particular form of freedom into its pure universality—into self-consciousness, the feeling of selfhood that is the essence of spirituality. These stages are the fundamental principles of the universal process. But just how each of these stages is itself a process of its own formation and the dialectic of its own transition in its turn, all that must be left to what follows later.

Here we can only point out that Spirit begins from its own infinite possibility, but only from the possibility (which contains its absolute content implicitly). This is the purpose and the goal which it attains only as the end result, and which is only then its actuality. The process of history thus appears, in its existence, to be an advance from the imperfect to the more perfect, but one in which the imperfect stage is not to be grasped abstractly or merely as that which was imperfect, but rather as that which at the same time has its own opposite within itself-i. e., it has what is called "perfect" within it, as a germ or as the source of its drive. ①

译文参考 B
从这角度来看，世界历史展现了以自由意识为内容的原则的

---

① Hegel, *Introduction to The Philosophy of History*, translated, with Introduction by Leo Rauch, Indianapolis/ Cambridge: Hackett Publishing Company, 1988, p. 60.

发展阶段。对这些阶段的更准确的定义，按其一般性质来说，属于逻辑；而按照它们的具体性质，则属于精神哲学。因此我们可以说，第一阶段是"精神"浸入"自然"中去。第二阶段是精神出现在其自由的意识中。但精神与自然最初的割裂并不彻底，是片面的，因为它产生于自然的直观中，与自然相联系着，所以它仍背负着自然，将自然作为自己的一个元素。第三阶段，精神从仍是自由的特殊形式中升华出来，进入纯粹的普遍性——进入自我意识，即对自我的感觉，这是精神性的本质。这三个阶段便是普遍进程的根本原则。但究竟各个阶段如何形成自身，以及处于转变中的变化有着怎样的辩证关系，这些需要留待以后再详述了。

这里我们仅仅指出，精神开始于其自身无限的可能性，但只是包含其内在的绝对内容的可能性。这个目的与结果一同实现，只有在那一刻才具有实在性。因此，历史的进程似乎是从"不完美"向"完美"发展，但在这一进程中，对于不完美的阶段不能抽象地把握，也不能自始至终视为不完美，而应作为自身对立统一的东西把握，也就是说，它自身包含了所谓的"完美"，那是一颗种子或驱动力。

语篇精粹 C

World history, as we saw, presents the development of consciousness, the development of Spirit's consciousness of its freedom, and the actualization that is produced by that consciousness. This development entails a gradual process, a series of further determinations of freedom, that arise from the concept of world history. The logical nature, and moreover the dialectical nature of the concept in general is

that it is self-determining: it posits determinations in itself, then ne-
gates them, and thereby gains in this negation (Aufheben) an affirm-
ative, richer, and more concrete determination. This necessity, and
the necessary series of the purely abstract determinations of the
concept, is dealt with in logic. Here we need only make the point that
every stage has its own definite characteristic principle, and so it
differs from the others.

In history, any such principle is a distinct differentiation of Spir-
it—the particular Spirit of a People (Volksgeist). In this
particularity, Spirit expresses in concrete ways all the aspects of its
consciousness and will, its entire reality: the shared stamp of its reli-
gion, its political system, its ethics, its system of law, its customs,
as well as its science, art, and technology. These special characteristics
are to be understood in the light of the universal character that is the
particular principle of a people. Conversely, that specifically universal
character has to be sought in the factual details presented by a people's
history. ①

译文参考 C

世界历史，如前所述，呈现了意识的发展过程，即精神的自
由意识的发展过程，以及由此意识产生的现实化。这个发展必须
是一个渐进的过程，由世界历史的概念生发出来的一系列自由的
规定。那个概念的逻辑本质，以及它辩证的本质一般是指它是自

---

① Hegel, *Introduction to The Philosophy of History*, translated, with Introduction by Leo Rauch,
Indianapolis/ Cambridge: Hackett Publishing Company, 1988, p. 67.

决的：它在自身中提出规定，又否定它们，在否定中得到肯定，即一个更丰富、更具体的规定。这种必然性，以及概念的一系列必要的纯粹抽象的规定，要在逻辑中探讨。这里我们只需指出，每一个阶段都有它确定的特征原则，以区别于他物。

在历史中，任何这样的原则都是"精神"的特性—— 一种特别的"民族精神"。在这种特性的限度内，精神以具体的形式表达了意识和意志的方方面面，即它的整个现实。民族的宗教、民族的政体、民族的伦理、民族的立法、民族的习俗，甚至民族的科学、艺术和技术，都具有民族精神的特征。这些特定特征需要借助一个民族的普遍特征来理解。而对于其具体的普遍特征的理解，则需要从一个民族的历史所呈现的事实中寻求。

主要参考文献

一、中文文献

1. 《马克思恩格斯全集》（第 2 卷），人民出版社，1956 年。

2. 《马克思恩格斯选集》（第一、二、三、四卷），人民出版社，2012 年。

3. 《新黑格尔主义论著选辑》（上卷），张世英等译，商务印书馆，1997 年。

4. ［德］福尔伦德：《康德生平》，商章孙等译，商务印书馆，1986 年。

5. ［德］黑格尔：《法哲学原理》，范扬、张企泰译，商务印书馆，1982 年。

6. ［德］黑格尔：《精神现象学》（上、下卷），贺麟、王玖兴译，商务印书馆，1979 年。

7. ［德］黑格尔：《历史哲学》，王造时译，生活·读书·新知三联书店，1956 年。

8. ［德］黑格尔：《逻辑学》（上卷），杨一之译，商务印书馆，1966 年。

9. ［德］黑格尔：《小逻辑》，贺麟译，商务印书馆，1980 年。

10. ［德］黑格尔：《哲学史讲演录》（第一、二、三、四卷），贺麟、王太庆译，商务印书馆，1983 年。

11. ［德］黑格尔：《自然哲学》，梁志学等译，商务印书馆，1986 年。

12. ［德］康德：《纯粹理性批判》，蓝公武译，商务印书馆，1960 年。

13. ［德］康德：《道德形而上学探本》，唐钺重译，商务印书馆，1957 年。

14. ［德］康德：《判断力批判》，邓晓芒译，杨祖陶校，人民出版社，2002 年。

15. ［德］康德：《判断力批判》，宗白华译，商务印书馆，1964 年。

16. ［德］康德：《任何一种能够作为科学出现的未来形而上学导论》，庞景仁译，商务印书馆，1978 年。

17. ［德］康德：《实践理性批判》，邓晓芒译，杨祖陶校，人民出版社，2003 年。

18. ［德］康德：《实践理性批判》，韩水法译，商务印书馆，1999 年。

19. ［德］康德：《宇宙发展史概论》，上海外国自然科学哲学著作编译组译，上海人民出版社，1972 年。

20. ［德］克劳斯·杜辛：《黑格尔与哲学史》，王树人等译，社会科学文献出版社，1992 年。

21. ［德］莱布尼茨：《人类理智新论》，陈修斋译，商务印书馆，1982 年。

22. ［德］莱布尼茨：《新系统及其说明》，陈修斋译，商务印书馆，2002 年。

23. ［德］施泰因克劳斯编：《黑格尔哲学新研究》，王树人等译，商务印书馆，1990 年。

24. ［德］文德尔班：《哲学史教程》（上、下卷），罗达仁译，商务印书馆，1996 年。

25. ［德］沃·考夫曼：《黑格尔——一种新解说》，张翼星译，郑志宁校，北京大学出版社，1989 年。

26. ［荷］斯宾诺莎：《伦理学》，贺麟译，商务印书馆，1958 年。

27. ［荷］斯宾诺莎：《神学政治论》温锡增译，商务印书馆，1963 年。

28. ［荷］斯宾诺莎：《知识改进论》，贺麟译，商务印书馆，1960 年。

29. ［英］罗素：《西方哲学史》（上、下卷），何兆武、李约瑟译，商务印书馆，1976 年。

30. ［英］休谟：《人类理解研究》，关文运译，商务印书馆，1957 年。

31. 邓晓芒：《思辨的张力——黑格尔辩证法新探》，湖南教育出版社，1992 年。

32. 贺麟：《黑格尔哲学讲演集》，上海人民出版社，1992 年。

33. 梁启超：《李鸿章传》，中国城市出版社，2010 年。

34. 杨寿堪：《黑格尔哲学概论》，福建人民出版社，1986 年。

35. 杨祖陶：《德国古典哲学逻辑进程》，武汉大学出版社，1993 年。

36. 张世英等编：《哲学与人——德国哲学中人的理论》，商务印书馆，1993 年。

二、外文文献

1. Ardis B. Collins, *Hegel on the Modern World*, State University of New York Press, 1995.

2. Atwell, J. E., *Schopenhauer: The Human Character*, Temple University Press, 1990.

3. Aune, B., *Kant's Theory of Morals*, Princeton University Press, 1979.

4. Beiser, Frederick. C., *The Cambridge Companion to Hegel*, Cambridge University Press, 1993.

5. Benedict de Spinoza, *The Political Works*, Clarendon Press, 1958.

6. Benedict de Spinoza, *Spinoza, Complete Works*, Hackett Publishing Company, 2002.

7. Bennett, *Jonathan A Study of Spinoza's Ethics*, Hackett Publishing Company, 1984.

8. Broad, O. D., *Kant: An Introduction*, Cambridge University Press, 1978.

9. Daniel Garber, *Leibniz: Body, Substance, Monad*, Oxford University Press, 2009.

10. Deleuze, Gilles, *Philosophy: Spinoza*, New York, 1990.

11. Ewing, A. C., *Short Commentary on Kant's 'Critique of Pure Reason'*, University of Chicago Press, 1987.

12. Fox, M., *Schopenhauer: His Philosophical Achievement*, Harvester, 1980.

13. Frederick Copestone S. J., *A history of philosophy. 4. Modern philosophy: from Descartes to Leibniz*, Image Books, 1994.

14. G. W. Leibniz, *Philosophical Texts*, Oxford University Press, 1998.

15. G. W. Leibniz, *Theodicy Essays on the Goodness of God, the Freedom of Man and the Origin of Evil*, Open Court Publishing Company, 1985.

16. Gottfried Wilhelm Leibniz, *Leibniz Political Writings*, Cambridge University Press, 1988.

17. Gottfried Wilhelm Leibniz, *Monadology, The philosophical works of Leibniz*, SophiaOmni, 2001.

18. Gottfried Wilhelm Leibniz, *New Essays on Human Understanding*, Cambridge University Press, 1996.

19. Gottfried Wilhelm Leibniz, *Philosophical Essays*, Hackett Publishing Company, 1989.

20. Gottfried Wilhelm Leibniz, *Selections*, Scribner, 1951.

21. Gottfried Wilhelm Leibniz, *Principles of Nature and Grace*

Based on Reason, New Synthese Historical Library, 2004.

22. Guyer, Paul, *The Cambridge Companion to Kant*, Cambridge University Press, 1992.

23. Guyer, Paul, *Kant's Groundwork of the Metaphysics of Morals: Critical Essays*, Rowman & Littlefield, 1998.

24. Hardimon, M., *The Project of Reconciliation: Hegel's Social Philosophy*, Cambridge University Press, 1994.

25. Hegel G. W. F., *Elements of the Philosophy of Right*, Cambridge University Press, 1991.

26. Hegel G. W. F., *Introduction to the Philosophy of History*, Hackett Publishing Company, 1988.

27. Hegel G. W. F., *Lectures on the Philosophy of Religion*, University of California Press, 1984.

28. Hegel G. W. F., *Phenomenology of Spirit*, Clarendon Press, 1970.

28. Hegel G. W. F., *Philosophy of Nature*, Allen & Unwin, 1970.

30. Henry E., *Allison Benedict. de Spinoza An Introduction*, Yale University Press, 1987.

31. Hoffe O., *Immanuel Kant*, State University of New York Press, 1994.

32. Immanuel Kant, *Critical Assessment* , Routledge, 1992.

33. Immanuel Kant, *The Critique of Pure Reason*, Hackett Publishing Company Inc. , 2010.

34. Immanuel Kant, *Critique of Pure Reason* (2nd revised ed.), Macmillan, 1922.

35. Immanuel Kant, *Groundwork for the Metaphysics of Morals*, Yale University Press, 2002.

36. Immanuel Kant, *Prolegomena to Any Future Metaphysics*, Cambridge University Press, 2004.

37. Inwood M., *Hegel*, Routledge &Kegan Paul, 1983.

38. Jacques D., *Hondt Hegel in Seiner Zeit*, Akademin – Verlag Berlin, 1984.

39. Immanuel Kant, *Critique of Judgment: Including the First Introduction*, Hackett Publishing Company, 1987.

40. Immanuel Kant, *Grounding for the Metaphysics of Morals*, Hackett Publishing Company, 1985.

41. Immanuel Kant, *Kant's Critique of Judgment*, Clarendon Press, 1952.

42. Immanuel Kant, *Lectures on Ethics*, Cambridge University Press, 1997.

43. Immanuel Kant, *Prolegomena to Any Future Metaphysics That Will Be Able to Come Forward as Science*, Hackett Publishing Company, 1977.

44. Gottfried Wilhelm Leibniz, *The ShorterLeibniz Texts*, Continuum: New York, 2006.

45. M. B. W. Tent. Gottfrie, *Wilhelm Leibniz The Polymath Who Brought Us Calculus*, Taylor & Francis Group, 2012.

46. M. Holis and S. Lukes, *Rationality and Relativism*, Basit Blackwell Publisher, 1982.

47. Nicholas Jolley, *Leibniz*, Routledge, 2005.

48. R. S. Woohouse and Richard Francks, *Leibniz's 'New System' and Associated Contemporary Texts*, Clarendon Press, 1997.

49. René Descartes, *A Discourse on the Method of Rightly Conducting the Reason and Seeking Truth in the Sciences*, Liaoning People's publishing House, 2015.

50. René Descartes, *Meditations on First Philosophy*: *With selections from the objections and replies*, Cambridge University Press, 2013.

51. René Descartes, *Rules for the direction of the mind*, Encyclopedia Britannica, 1952.

52. René Descartes, *The Philosophical Writings of Descarte*, Cambridge University Press, 1985.

53. René Descartes, *The Philosophical Writings of Descartes*: Volume II, Cambridge University Press, 1985.

54. René Descartes, *The Philosophical Writings of Descartes*: Volume III, Cambridge University Press, 1991.

55. René Descartes, *The World and Other Writings*, Cambridge University Press, 1998.

56. Richard T. W., *Arthur Leibniz*, Polity, 2014.

57. Rudiger Bubner, *Modern German Philosophy*, Cambridge University Press, 1981.

58. Schopenhauer, Arthur, *Manuscript Remains*, Berg, Schopenhauer, Arthur, 1988.

59. Schopenhauer, Arthur, *On the Basis of Morality*, Berhahn Books, 1995.

60. Schopenhauer, Arthur, *On the Will in Nature*, Berg, 1992.

61. Schopenhauer, Arthur, *Schopenhauer's Early Fourfold Root*, Avebury, 1997.

62. Schopenhauer, Arthur, *The World as Will and Representation*, Dover, 1969.

63. Stace W. T., *The Philosophy of Hegel*, Dover Publications, 1995.

64. Strawson P. F., *The Bounds of Sense: An Essay on Kant's Critique of Pure Reason*, Methuen, 1975.

65. Taylor C., *Hegel*, Cambridge University Press, 1975.

66. Voltaire, *Candide*, Boni and Liveright, 2006.

67. Walker R. C. S., *Kant*, Routledge & Kegan Paul, 1978.

68. Walter Kaufman, *HEGEL texts and commentary*, University of Notre Dame Press, 1986.

69. Wolf A., *Spinoza's Short Treatise*, A. and C. Black, 1910.

70. Wolf R. P., ed., *Kant: A Collection of Critical Essays*, Doubleday Anchor, 1967.

71. Yitzhak Y. Melamed, *Spinoza's Metaphysics. Substance and Thought*, Oxford university press, 2013.

后　记

西方哲人智慧丛书是我于 2014 年在美国佛罗里达州立大学
（Florida State University）从事国际访问学者项目期间策划的选题，
也是我在主持完成国家社会科学基金项目《西方后现代主义哲学
思潮研究》（天津人民出版社，2003 年）和天津市哲学社会科学重
点项目《全球化与后现代思潮研究》（天津人民出版社，2012 年）
及《当代西方生态哲学思潮》（天津人民出版社，2017 年）基础
上继续探索的新课题。

我在美国从事国际访问学者项目期间，天津外国语大学原校
长修刚教授、校长陈法春教授、原副校长王铭钰教授、副校长余
江教授等对我和欧美文化哲学研究所的学科建设和科研工作给予
了真挚的帮助，在此深表敬谢！本丛书得以出版要感谢天津外国
语大学求索文库编委会的大力支持。

我在美国佛罗里达州立大学从事学术研究期间，得到了该校
劳伦斯 C. 丹尼斯教授（Professor Lawrence C. Dennis）、斯蒂芬·
麦克道尔教授（Professor Stephen McDowell）和国际交流中心、交
流访问学者顾问塔尼娅女士（Ms. Tanya Schaad，Exchange Visitor
Advisor, Center for Global Engagement）的热情帮助，他们为我提
供了良好的科研条件。佛罗里达州立大学图书馆为我从事项目研

究，提供了珍贵的经典文献和代表性的有关资料。美国佛罗里达州立大学蓝峰博士和夫人刘婍（Dr. Feng Lan and Mrs. Duo Liu）等给予了多方面的关照和帮助，在此一并致谢。

天津外国语大学欧美文化哲学研究所设置的外国哲学专业于2006年获批硕士学位授权学科。2007年至2018年已招收培养11届研究生，共71名。2012年外国哲学获批天津市"十二五"综合投资重点学科，2016年评估合格。在外国哲学学科基础上发展为哲学一级学科，主要有三个学科方向：外国哲学、马克思主义哲学、中国哲学。2017年获批"天津市高校第五期重点（培育）学科"。2018年获批教育部哲学硕士一级授权学科。

十余年的学科建设历程，我们得到了南开大学陈晏清教授、周德丰教授、阎孟伟教授、王新生教授、李国山教授、北京大学赵敦华教授、北京语言大学李宇明教授、中国社会科学院黄行研究员、山西大学江怡教授、北京师范大学王成兵教授、河北大学武文杰教授、中山大学陈建洪教授、天津大学宗文举教授、天津医科大学苏振兴教授、美国中美后现代研究院王治河教授、清华大学卢风教授、北京林业大学周国文教授、天津社联副主席张博颖研究员、原秘书长陈根来教授、天津社科院赵景来研究员、秘书长李桐柏、天津市哲学社会科学工作领导小组办公室主任袁世军、天津社联科研处处长杨向阳等同志的关怀、帮助和支持，在此深表敬谢！

山西大学江怡教授（长江学者特聘教授、中国现代外国哲学学会荣誉理事长）在百忙之中应邀为本丛书作序，是对我团队全体编写人员的鼓励。江怡教授学识渊博，世界哲学视野宽广，富有深刻的哲学洞察力和严谨的逻辑思想，在学界享有赞誉，短短几天，洋洋洒洒万言总序，从宏观上对西方两千五百年的哲学史做了全面概括，阐述了深刻的哲学思想并做了实事求是的评价，值得我们认真学习。江怡教授对书稿有关内容提出了宝贵的修改意见，感谢江怡教授对我们工作的支持和鼓励！

特别要感谢授业恩师南开大学车铭洲教授一如既往对我的关怀和帮助。记得每次拜望车先生，聆听老人家对西方哲学的独到见解，总有新的收获。祝车先生和师母身体健康！

本丛书能顺利出版，要感谢天津人民出版社副总编王康老师。本丛书的出版论证、方案设计、篇章结构、资料引用、插图（包括图片收集的合法途径）及样稿等，均得到天津人民出版社的帮助和认可。特别要感谢王康老师曾把我们提交的样稿和图片咨询了天津人民出版社法律顾问和有关律师，目的是尊重知识产权，尊重前人成果，以符合出版规范和学术规范。天津人民出版社责任编辑郑玥老师、林雨老师、王佳欢老师等为本丛书的出版做了大量编审工作，在此深表敬谢！

我希望通过组织编写这套丛书，带好一支学术队伍，把"培养人才，用好人才"落实在学科建设中，充分发挥中青年教师的才智，服务学校事业发展，而我的任务就是为中青年才俊搭桥铺路。外国哲学的研究离不开外语资源，把哲学教师和英语教师及研究生组织起来，能够发挥哲学与外语学科相结合的优长，锻炼一支在理论研究和文献翻译方面相结合的队伍，在实践中逐步凝练天外欧美哲学团队精神，"凝心聚力，严谨治学，实事求是，传承文明，服务社会。"同时为"十三五"学科评估积累科研成果，我的想法得到了学校领导和有关部门的大力支持和帮助，在此深表致谢！

编写这套丛书，自知学术水平有限，只有虚心向哲学前辈们学习，传承哲学前辈们的优良传统，才能做好组织编写工作。我们要求每一位参加编写的作者树立敬业精神，撰写内容必须符合学术规范和出版规范；要求每一位作者和译者坚持文责自负、译文质量自负的原则，签订郑重承诺，履行郑重承诺的各项条款，严格把好政治质量关和学术质量关。由于参加编写的人数较多，各卷书稿完成后，依照签订的承诺，验收"查重报告"，组织有关教师审校中文和文献翻译，做了数次审校和修改，以提高成果质量。历经五年多的不懈努力，丛书终于面世了，在此向每一位付出辛勤劳动的作者，深表感谢！

由于我们编著水平有限，书中一定存在诸多不足和疏漏之处，欢迎专家学者批评指正。

佟　立

2019 年 4 月 28 日